毛泽东

晚年读书生活20问

徐中远 著

人民出版社

写在前面的话

　　毛泽东的一生是革命实践的一生，是执著追求的一生，是全心全意为各族人民服务的一生，也是读书学习的一生。毛泽东渊博的知识，卓越的才能，深邃的思想，理性的思维，运筹帷幄的领导指挥艺术，等等，一是来源于读书，二是来源于实践，三是来源于人民群众。毛泽东非常重视书本知识，非常重视实际知识，也非常重视向广大人民群众学习。他既爱读"有字之书"，也重视读"无字之书"，在繁忙的工作中总是挤出时间深入到工厂、农村的广大人民群众中去。广袤的社会天地，艰难曲折的革命道路，火热的革命斗争实际，浩瀚无垠的书籍海洋，亿万人民群众的鲜血、生命和汗水，把这位从湖南韶山冲走出来的普通农民的儿子培育、磨炼、打造成为伟大的马克思主义者和无产阶级革命家、战略家、理论家，成为全党和全国各族人民的伟大领袖。

　　古今中外，领袖人才，帅才将才，有识有志之士，成大业者，有高深造诣和重大成就之人，都爱读书，都会读书，都肯读书，都善读书。读书是成功人士的阶梯，是有追求有抱负的人成长成才的必经之路。读书，贵在持之以恒，日积月累，坚持不懈，下苦功夫。俗话说，台上十分钟，台下十年功。知识、智慧、谋略、才能、水平、造诣等等皆如此。毛泽东广博的知识，独有的领导才能，高瞻远瞩的政治远见，文武韬略兼备，运筹帷幄，用兵如神，文采超人，智慧过人

的品质和素质，都绝非一蹴而就、一日之功；都是他长年累月、孜孜不倦、"把工作以外的剩余精力"几乎都用来读书、勤奋潜心钻研的结果。一本《共产党宣言》放在案头、床头57年。57年里一遍一遍带着问题去请教、去钻研、去思考、去应用。一部二十四史24年朝夕相伴，24年手不释卷，24年读而不厌。一部《鲁迅全集》从延安带到北京中南海，38年书随人走，人书相伴，人到哪里把书就带到哪里，读到哪里。无论在革命战争年代，还是在社会主义建设时期，毛泽东日常工作生活的地方最多的东西就是书籍。在中南海游泳池住地的办公室里、会客室里、卧室床上、吃饭桌旁，甚至卫生间里，到处都放着他在读要读的书籍。他睡觉的木板床上大半边放满了书籍，只留下够一个人睡觉的地方。毛泽东中南海日常生活、办公、会客、休息的地方就像书籍的海洋，他老人家爱读的、在读的、看过一遍又一遍的书籍也是随处可见。在耄耋之年，在身患多种疾病的情况下，他老人家每天还是以惊人的毅力不停地读书。

毛泽东青年时代，就有拯救民族于危难的远大志向。为了推翻压在中国人民头上的三座大山，实现"改造旧中国，建设新中国"的伟大抱负，毛泽东几十年如一日，矢志不移、执著追求、忘我奋斗。在他老人家生命的最后几年，在多种疾病缠身的岁月里，每天还夜以继日、不知疲倦地读马列著作，读二十四史，读鲁迅著作，读政治、读经济、读文学、读各种社会科学著作和各种自然科学著作。病重期间，医生建议他少读书或不读书，可是他还是天天带病坚持读书。腿病不能站立、不能走路了，坐在沙发上、躺在床上也要读书。因患老年性白内障两眼全不能看书了，每天还要让身边的工作人员给他读书。直到他心脏停止跳动的前几个小时，已经无力说话了，还示意工作人员给他读书。此时此景，感人至深，令人景仰，古今罕见！

读书是人生的一种追求，人生的一种信仰，人生的一种修养，人生的一种境界。人人需要读书，读书丰富人生，读书改变人生，读书造就人生。读书使毛泽东更渊博，读书使毛泽东更睿智，读书使毛泽东更有才华。读书和实践是毛泽东成长、成才、成功之源。毛泽东的一生是读书的一生，也是实践的一生，实践使毛泽东更坚定，实践使毛泽东更伟大。"读万卷书，行万里路"，"从天下国家万事万物而学之"，毛泽东做到了。读万卷"有字之书"，毛泽东是我们的榜样。密切联系天下国家万事万物读"无字之书"，毛泽东也是我们的榜样。毛泽东的一生是孜孜以求的一生，是密切联系天下国家万事万物实际读书的一生。

读书是毛泽东人生实践的重要组成部分。读书是毛泽东在人生实践中不断从胜利走向新的胜利的重要保证。毛泽东与书有缘，毛泽东与书相伴，他的身边不能没有书，他每天不能不读书。毛泽东在成长中读书，在读书中成长；毛泽东在实践中读书，在读书中实践。毛泽东出生于湖南韶山冲的一个普通农家，自幼生长在农村。从小读过私塾，上过师范。后来逐步走上革命道路，在漫长、曲折、艰难的革命征途上逐步成长为全中国各族人民的伟大领袖，成长为中国新民主主义革命和社会主义建设的最伟大的领导者。毛泽东没有上过大学，他能成为"举世无双的领袖"，他渊博的知识和伟大的领导才能全是靠自己博览群书与广泛地、不懈地深入实际读"无字之书"获得的。读书成就了毛泽东，实践铸就了毛泽东。毛泽东的一生就是融书本与实际于一体的一部魅力无比的大书。读"有字之书"的毛泽东永远是我们学习的榜样，密切联系实际读"无字之书"的毛泽东，更是一代一代中华儿女的光辉榜样。

《毛泽东晚年读书生活20问》是笔者研究毛泽东晚年读书生活的进一步深化的成果，也是笔者深入研究毛泽东晚年读书生活的一种新的尝试。2012年以来，围绕"毛泽东生前读书生活"这个主题，笔者先后撰写出版了《毛泽东晚年读书纪实》、《毛泽东读书十法》、《毛泽东是怎样读二十四史的》、《毛泽东读书生活十二讲》四本书，这些书中独家揭秘了许多毛泽东晚年读书生活鲜为人知的相关资料，较为全面、较为具体地"实况转播"了毛泽东晚年读书生活的真实情况，

受到广大读者和毛泽东研究者及相关人士的广泛欢迎。但总体来说，这四本书的主要意旨是"实况转播"、"实事实说"，向广大读者和毛泽东研究者及相关人士真实地、较为全面地介绍毛泽东晚年是怎样读书的，主要读的是什么书等等基本的情况。这对广大读者全面认识、了解毛泽东的读书生活，学习毛泽东勤奋刻苦的读书精神，推动新时代毛泽东研究、毛泽东读书研究等都产生了积极的作用，也受到了多方面人士的好评和称赞。其中《毛泽东晚年读书纪实》被原国家新闻出版广电总局评选为2013年向全国青少年推荐百种优秀图书的第一本。

《毛泽东晚年读书生活20问》与前四本书有些不同，如果说前四本书主要是"实况转播"、"实事实记实说"，这本书就是"实事评说"、"现场解说"。其主旨在于深入剖析、探究毛泽东的读书生活、读书需求，着重分析、评说"为什么"。例如，为什么在病魔缠身的岁月里每天还手不释卷、夜以继日地读书？为什么一部《共产党宣言》又读又批又圈画了57年？为什么终身爱读《水浒》？为什么年过花甲还阅读、批注、圈画《聊斋志异》？为什么耄耋之年还天天读报章杂志？为什么晚年还爱读爱书写唐诗宋词？为什么在生命最后的日子里还要读《容斋随笔》？等等。笔者收集了20个广大读者较为关注的问题，在书中作了较有深度的分析和评说，提出了自己的看法和想法。读者读了这本书既能知道毛泽东一生主要爱读什么书，也能知道毛泽东为什么爱读这些书，还能知道这些书对毛泽东产生过什么影响，对他成长、成才、成功起到了怎样的作用，从而从中得到启示，开阔视野，拓宽思路，促进、改进自己的读书生活，为实现中华民族伟大复兴的中国梦多读书，善读书，读好书，多做实事，多做好事，多做成事。

毛泽东一生酷爱读书，直到体弱多病的晚年，每天还不停地读书。他常对身边的同志说：饭可以少吃，觉可以少睡，书可不能少读啊！毛泽东说到了，做到了。毛泽东是一个活到老，读书到老，生命不息，读书不止的人。读书当学毛泽东。毛泽东永远是我们学习的榜样。

在习近平新时代中国特色社会主义思想指引下，每个共产党员、领导干部应当带头读书，努力贯彻落实习近平总书记对全党"大兴学习之风"的要求，让学习之风、读书之风在举国上下，在城乡各地，在工厂军营，在机关学校变成人们的自觉行动。我们都应当向毛泽东学习，把读书当成吃饭、睡觉一样的事，每天不能少。把工作之外的剩余时间和剩余精力主要放在读书上，养成天天读书、月月读书、年年读书的好习惯。真正做到全党爱读书，全国爱读书，全社会人人都爱读书。读书改变中国，读书振兴中华。读书把中华民族建设得更富裕、更繁荣、更强大！

这就是笔者撰写本书的主要意旨。

徐中远

2019 年 10 月 26 日

目　录

1 问

为什么晚年体弱多病的毛泽东 每天还不停地读书?

　　毛泽东一生酷爱读书,与书为伴,以书为友。一生以读书为乐,手不释卷,废寝忘食,孜孜以求。革命战争年代如此,社会主义建设时期亦如此。直到生命多病垂危的最后岁月,他老人家躺在病床上,甚至在生命进入抢救状态的最后时刻,仍然以惊人的毅力坚持读书。

　　毛泽东晚年患有老年性白内障,两只眼睛几乎都看不见东西了。1975 年 7 月 23 日下午,在周恩来总理的亲自关照下,眼科专家唐由之医生给他做了拖延已久的白内障针拨手术。手术之后的第二天,毛泽东的左眼就能看见东西了。他就要求医生摘掉蒙在他眼睛上的纱布,借助刚刚治好的这只眼睛不停地读

书。这时候他虽然能自己看书，但由于身体过于虚弱，两手已经没有举书的力量了。为了满足他读书的需要，身边的工作人员就帮他举着书。为了保护他刚刚治愈的一只眼睛，医生嘱咐他不要看书过多，不要使眼睛太疲劳。可是，他不顾医生的劝告，还是每天不停地读书。1975年8月，也就是他老人家做完眼科手术后不久，他就同以往一样夜以继日地读鲁迅著作、读二十四史等多种书籍。他用颤抖的手在新印的大字线装本《鲁迅全集》、二十四史的许多册的封面上画了红圈，在书中画了许多红道道。一边读，一边用颤抖的手提笔在《晋书》三个分册的封面上分别写了"一九七五，八"，在五个分册的封面上分别写了"一九七五，八月再阅"、"一九七五，九月再阅"。在《鲁迅全集》第五卷第五分册的封面上还写下了"吃烂苹果"四个字。在他生命的最后时刻，工作人员很为他的健康担心，可是他自己并不在意，每天还坚持读书。

1976年9月初，毛泽东再度病危，医护人员立即实施抢救并加强监护。医护人员通过监护器械紧张地观察血压、心律、呼吸等数据，并随时为他输氧、输液……

从9月7日到8日下午，弥留之际的毛泽东仍坚持要看书。7日这天，经过抢救刚苏醒过来的毛泽东示意要看一本书。由于声音微弱和吐字不清，在身边的工作人员没能明白他是要哪一本书。毛泽东显得有些着急，用颤抖的无力的手握着笔在纸上画了三横，大家还不知其意。他又用手敲敲木制的床头。此时有工作人员猜出他是不是想看有关日本首相三木武夫的书。三木武夫是当时日本自由民主党总裁、内阁总理大臣。他正在日本进行大选，此时病重的毛泽东仍密切地关注着他在日本大选中的情况。当工作人员把书找来时，他略微点头，露出满意的神态。在工作人员帮助下，毛泽东只看了几分钟，就又昏迷过去。根据医疗组护理记录，当时的情况是这样的：8日当天，毛泽东看文件、看书11次，共2小时50分钟。他是在抢救的情况下看文件、看书的：上下肢插着静脉输液导管，胸部安有心电监护导线，鼻子里插着鼻饲管。文件和书是由别人用手托着。当年有关他老人家读书的最后记录是1976年9月8日晨，也就是在他老人家临终前一天的5时50分，在全身布满多种监护抢救器械的情况下读了7分钟。毛泽东辞世的那一刻，也就是他老人家读书生活结束的时刻。

毛泽东一生读书很多，知识很为渊博，是一个大学问家。尤其是对经、史、子、集等各类中国历史典籍，他读得多、记得住、用得上，能与他相比的人不是很多。我们知道，读书是毛泽东人生中一项重要的日常活动，也是他人生实践的一个重要组成部分。他老人家几十年如一日，不懈地追求，不懈地读书，不懈地奋斗，不懈地为全中国人民和全世界人民服务。特别是生命的最后几年，他老人家在身患多种疾病的情况下每天还不分白天黑夜、无休止地读二十四史，读鲁迅著作，读政治、经济、文学、各种自然科学著作，等等。读书、看书、谈书、评书，这是毛泽东晚年岁月中每天不可缺少的。为什么到了晚年，体弱了，病多了，两腿肿得不能走路了，在多种疾病缠身的日子里，他老人家还如此每天不停地、无休止地读书呢？

笔者认为，原因应当是多方面的。既有毛泽东本人主观方面、个人内在因素的原因，也有当时国事、家事等客观方面、外界因素的原因。如果简单地认为这完全是毛泽东个人酷爱读书，活到老、学到老的原因，笔者认为也是有些不完全符合毛泽东晚年面临的生活实际的。总括毛泽东晚年本人及其面对的党事、国事、家事等方面的具体实际，毛泽东晚年岁月每天不停地、无休止地读书，笔者认为，主要有以下五个方面的原因。

第一，读书是毛泽东一贯的、一生的主张。

走上革命道路，特别是走上领导岗位之后，毛泽东对读书就更加重视，对读书重要性的阐述和强调也就更多了。这是他晚年还坚持天天读书的内在思想、理念源头。

早在1939年1月28日，毛泽东在八路军延安总兵站检查工作会议总结讲话中，在谈到读书求知的重要性时，曾经形象地说："有了学问，好比站在山上，可以看到很远很多东西；没有学问，如在暗沟里走路，摸索不着，那会苦煞人。"①

1939 年 5 月 20 日，毛泽东《在延安在职干部教育动员大会上的讲话》中就饱含深情地说道："古人讲过：'人不通古今，马牛而襟裾'（见韩愈《符读书城南》诗——笔者注），就是说：人不知道古今，等于牛马穿了衣裳一样。什么叫'古'？'古'就是'历史'，过去的都叫'古'，自盘古开天地，一直到如今，这个中间过程就叫'古'。'今'就是现在。我们单通现在是不够的，还须通过去。延安的人要通古今，全国的人要通古今，全世界的人也要通古今，尤其是我们共产党员，要知道更多的古今。通古今就要学习，不但我们要学习，后人也要学习，所以学习运动也有它的普遍性和永久性。"②

在讲到读书学习的直接原因时，毛泽东说："共产党在全国的党员过去是几万个，现在有几十万，将来会有几百万，这几十万、几百万共产党员要领导几千万、几万万人的革命，假使没有学问，是不成的，共产党人就应该懂得各种各样的事情。因此，要领导革命就须要学习"。③

就是在这次讲话中，毛泽东还联系当时干部队伍和党的建设的实际强调说："在部队中发命令，这是威风，但光有威风而没有本领是无用的。我们的八路军、新四军和游击队，所有的干部，在有威风之外，还要有本领，这就要学习。……我们队伍里边有一种恐慌，不是经济恐慌，也不是政治恐慌，而是本领恐慌。过去学的本领只有一点点，今天用一些，明天用一些，渐渐告罄了。好像一个铺子，本来东西不多，一卖就完，空空如也，再开下去就不成了，再开就一定要进货。我们干部的'进货'，就是学习本领，这是我们许多干部所迫切需要的。我们的干部要使工作做得好，就要多懂一点，单靠过去懂

---

① 逢先知、金冲及主编：《毛泽东传》第二册，中央文献出版社 2011 年版，第 500 页。
② 《毛泽东文集》第二卷，人民出版社 1993 年版，第 177 页。
③ 《毛泽东文集》第二卷，人民出版社 1993 年版，第 177 页。

的一点还不够，那只是一知半解，工作虽然可以做，但是要把工作做得比较好，那就不行，要工作做得好，一定要增加他们的知识。无论党、政、军、民、学的干部，都要增加知识，才能把工作做得更好。"① 毛泽东说："我们要建设大党，我们的干部非学习不可。学习是我们注重的工作，特别是干部同志，学习的需要更加迫切，如果不学习，就不能领导工作，不能改善工作与建设大党。"②

毛泽东历来重视理论的指导，在重要的历史时刻需要总结经验的时候，他就特别强调读书，学习理论。在延安的时候，一次与郭化若同志谈到读书问题的时候，毛泽东说："不读书不行呀，人家不是说我狭隘经验论吗？再说抗日战争有许多新情况、新问题要研究，没有理论武器不行。"③

新中国成立以后，对为什么要读书学习，毛泽东强调得就更多了。1955年3月，毛泽东在中国共产党全国代表会议开幕词中说："只要我们更多地懂得马克思列宁主义，更多地懂得自然科学，一句话，更多地懂得客观世界的规律，少犯主观主义错误，我们的革命工作和建设工作，是一定能够达到目的的。"④

1956年9月15日，毛泽东在《中国共产党第八次全国代表大会开幕词》中说："要把一个落后的农业的中国改变成为一个先进的工业化的中国，我们面前的工作是很艰苦的，我们的经验是很不够的。因此，必须善于学习。"⑤

1957年3月12日《在中国共产党全国宣传工作会议上的讲话》中，他又说："情况是在不断地变化，要使自己的思想适应新的情况，

---

① 《毛泽东文集》第二卷，人民出版社1993年版，第178页。
② 《毛泽东文集》第二卷，人民出版社1993年版，第179页。
③ 中共中央文献研究室《缅怀毛泽东》编辑组：《缅怀毛泽东》（下），中央文献出版社1993年版，第148页。
④ 《毛泽东文集》第六卷，人民出版社1999年版，第393页。
⑤ 《毛泽东文集》第七卷，人民出版社1999年版，第117页。

就得学习。即使是对于马克思主义已经了解得比较多的人，无产阶级立场比较坚定的人，也还是要再学习，要接受新事物，要研究新问题。"①

1959年1月，一位外宾问起毛泽东学习英文的情况时，他说：在一字一字地学。若问我问题，我勉强答得上几个字。我要订五年计划，再学五年英文，那时可以看点政治、经济、哲学方面的文章。现在学了一半，看书不容易，好像走路一样，到处碰石头，很麻烦。他对当时的秘书林克说过，他"决心学习，至死方休"。他还诙谐地说："我活一天就要学习一天，尽可能多学一点，不然，见马克思的时候怎么办？"②

1959年6月29日、7月2日，毛泽东在庐山谈到在职领导干部要多读书、多思考时说："有鉴于去年（指1958年——笔者注）许多领导同志，县、社干部，对于社会主义经济问题还不大了解，不懂得经济发展规律，有鉴于现在工作中还有事务主义，所以应当好好读书。"毛泽东还说，"我们提倡读书，使这些同志不要像热锅上的蚂蚁，整年整月陷入事务主义，搞得很忙乱，要使他们有时间想想问题。现在这些人都是热锅上的蚂蚁，要把他们拿出来冷一下。去年有了一年的实践，再读书会更好些。"③

1960年6月18日，毛泽东在他写的《主动权来自实事求是》文章中指出："我们是辩证唯物论的认识论者，不是形而上学的认识论者。自由是必然的认识和世界的改造。由必然王国到自由王国的飞跃，是在一个长期认识过程中逐步地完成的。对于我国的社会主义革命和建设，我们已经有了十年的经验了，已经懂得了不少的东西了。但是我们对于社会主义时期的革命和建设，还有一个很大的盲目性，

---

① 《毛泽东文集》第七卷，人民出版社1999年版，第271页。

② 转引自龚育之、逄先知、石仲泉：《毛泽东的读书生活》，生活·读书·新知三联书店1986年版，第251页。

③ 《毛泽东文集》第八卷，人民出版社1999年版，第75—76页。

还有一个很大的未被认识的必然王国，我们还不深刻地认识它。我们要以第二个十年时间去调查它，去研究它，从其中找出它的固有的规律，以便利用这些规律为社会主义的革命和建设服务。"①

1962年1月30日，毛泽东《在扩大的中央工作会议上的讲话》中进一步强调说："在社会主义建设上，我们还有很大的盲目性。社会主义经济，对于我们来说，还有许多未被认识的必然王国。……社会主义建设，从我们全党来说，知识都非常不够。我们应当在今后一段时间内，积累经验，努力学习，在实践中间逐步地加深对它的认识，弄清楚它的规律。一定要下一番苦功，要切切实实地去调查它，研究它。"②

毛泽东一直是这样想的，一直是这样说的，也一直都是这样做的。他要别人读书，要别人学理论、学政治、学军事、学历史、学经济、学科技等，他自己总是带头读书，带头学习。说到做到，从不懈怠。我们知道，毛泽东一生读书无数，但他总认为读得不够多，对中国历史的了解、对各种知识的掌握等还是很不够、很有限、很不全面的。他从来没有满足过，从来没有松懈过。正如1938年8月22日，他在延安中央党校的讲话中说的那样："你学到一百岁，人家替你做寿，你还是不可能说：'我已经学完了'，因为你再活一天，就能再学一天。你死了，你还是没有学完，而由你的儿子、孙子、孙子的儿子、孙子的孙子再学下去。照这样说，人类已经学了多少年呢？据说是五十万年（这是当时科学界的说法。迄今为止，考古发现证明，人类的历史至少有二百万年——笔者注），有文明史可考的只有二三千年而已。以后还要学多少年呢？那可长哉长哉，不知有多少儿孙，一代一代学下去。"③

---

① 《毛泽东文集》第八卷，人民出版社1999年版，第198页。
② 《毛泽东文集》第八卷，人民出版社1999年版，第302—303页。
③ 龚育之、逄先知、石仲泉：《毛泽东的读书生活》，生活·读书·新知三联书店1986年版，第16页。

以上只是摘录了毛泽东关于读书学习的思想、理念、主张、讲话、谈话等，只是很有限的一部分。但从中我们也足以看出，毛泽东是一个很重视读书的人。他的一生与书有缘，晚年岁月仍然是身不离书，身边不能没有书，每天不能不读书。这是他个人的终身喜好，也是他成才成功的一条基本路径。

第二，读书是毛泽东追求真理、实现远大志向的必然要求，必然行动。

毛泽东从小就很爱读书。在1936年同斯诺谈话时说："我8岁那年开始在本地一个小学里读书，一直在那里读到13岁。清早和晚上我在地里劳动，白天我读儒家的《论语》等四书。"毛泽东读书自幼就善于思考，他从所读的大量书籍里，发现多是写的将相乡绅，很少有种地的农民。从而得出了书中的那些"有名人物"，大多都握有兵权，拥有土地，根本不必劳作，农民就可供养他们这样一个朴素的道理。这种认识为他以后要彻底改变剥削制度，建立一个新中国打下了思想基础。1912年春，毛泽东以第一名的优异成绩考取了著名的湖南省立高等中学（后改名为省立第一中学）。因为忍耐不了刻板的课程和烦琐的校规，半年后他就离开了湖南省立一中，到湘乡会馆（依托湖南图书馆）自学读书。在这里他如鱼得水，在知识的海洋里遨游。每天图书馆一开门，他总是第一个进门的人。中午饿了买两个烧饼充饥，就一直看到晚上图书馆关门才最后一个出来。他自己曾回忆说过：看到图书馆书架上放满的图书，一本接一本地不停地读。如同牛跑进了菜园子，看到到处是新鲜的青菜，一个劲地吃，吃也吃不完！这时候，他读书的兴趣已不再是《三国演义》、《水浒传》等小说了，而是18、19世纪西方资产阶级民主主义和近代科学的著作，如卢梭的《民约论》、达尔文的《物种起源》、亚当·斯密的《原富》、孟德斯鸠的《法意》、赫胥黎的《天演论》等，这些书籍的研读，使他比较集中地接受了一次西方近代思想文化的启蒙教育。特别是他每天都能见到的图书馆墙上挂着的那张《世界坤舆大地图》，更使他开阔了眼界，受到了启迪，增长了见识。通过这张地图，他知道了世界之大、湖南之小。由此，他联想起很多，韶山的劳动人民生活苦，湘潭的劳动人民生活苦，湖南的劳动人民生活也很苦，那么全中国、全世界的劳动人民又何尝不是如此呢？这种大多数人受苦，少数人享受的现象，是绝对不合理的，应当彻底改变！从此看出，毛泽东从青年时代起就胸怀祖国，放眼世界，立下了拯救民族于危难的远大志向。

1919年，毛泽东在《〈湘江评论〉创刊宣言》中写道："时机到了！世界的大潮卷得更急了！洞庭湖的闸门动了，且开了！浩浩荡荡的新思潮业已奔腾澎湃于湘江两岸了！顺他的生。逆他的死。"① 年轻的毛泽东，"书生意气，挥斥方遒。指点江山，激扬文字"，既有"问苍茫大地，谁主沉浮"的仰天长问，又有"到中流击水，浪遏飞舟"的浩然壮气。毛泽东青年时期就形成的追求真理、拯救中华民族危难的远大志向，不是头脑里固有的，是在读了马克思、恩格斯的著作《共产党宣言》之后逐步形成的。《共产党宣言》是毛泽东读的第一本马列主义著作，时间是1920年。后来的半个多世纪里，对这本马克思主义的经典著作，毛泽东不知反复读过多少次，这本书中的许多精辟论断，他几乎全能背下来。《共产党宣言》是毛泽东一生最爱读的，也是读的遍数最多的一本马列主义经典著作。正是这本马克思主义的划时代经典，成了毛泽东选择科学社会主义的入门向导，使毛泽东树立了对共产主义的终身信仰。他自己曾说，读了《共产党宣言》这本书，"我才知道人类自有史以来就有阶级斗争，阶级斗争是社会发展的原动力，初步地得到认识问题的方法论。可是这些书上，并没有中国的湖南、湖北，也没有中国的蒋介石和陈独秀。我只取了它四个字：'阶级斗争'，老老实实地来开始研究实际的阶级斗争。"② 后

---

① 中共中央文献研究室、中共湖南省委《毛泽东早期文稿》编辑组编：《毛泽东早期文稿（1912.6—1920.11）》，中央文献出版社1990年版（内部发行），第294页。
② 《毛泽东文集》第二卷，人民出版社1993年版，第379页。

来，毛泽东自己回忆说：正是《共产党宣言》这部马克思主义著作，"使我树立起对马克思主义的信仰。我接受马克思主义、认为它是对历史的正确解释，以后，就一直没有动摇过。"① 从此，毛泽东就开始了对真理漫漫的执著追求。在此后几十年的革命生涯中，不管是"倒海翻江卷巨澜"，还是"雄关漫道真如铁"，毛泽东都矢志不移、执著追求。尽管晚年在探索社会主义建设的实践中，遇到了一些困难，走了一些弯路，但没有挫伤或损害他对真理的追求，改造旧中国，建设社会主义新中国，造福全世界、全人类的宏伟目标，依然激励着毛泽东从书本中、从实践中、从群众中去探索，去思考，去找答案、找智慧、找办法、找良策。这是他的逻辑信念，也是他的心理企盼。毛泽东是一个非常自信的人，从不服输，意志坚强，无论是面对国际、国内错综复杂、千变万化的客观实际，还是在党和国家命运攸关的重大时刻，毛泽东总是沉着应对，每天坚持在书海中遨游，在学海中采撷，一边读书一边思考，不懈追求，朝着远大目标永远前进。这就是毛泽东晚年每天坚持读书的又一个内在动力。

第三，读书是为了更好地治党、富国，谋划、制定、调整党和国家大政方针政策，同时也是为了更好地解决国际、国内工作中面临的诸多实际问题。

毛泽东晚年天天不懈地读书，应该说最主要的还是为了更好地领导、指导中国社会主义建设的实践，为了更好地处理、解决实践中出现的国际、国内面临的诸多实际问题。企盼从有关书籍中找到答案、找到办法、找到启示，找到理论的指导，找到解决问题的智慧或途径等等。密切联系社会主义建设的实际去读书，密切联系党内外斗争的实际去读书，密切联系实际工作中遇到的问题去读书，这是毛泽东坚持终身的一条最重要、最有效的读书方法。到了晚年的岁月，他老人家仍然恪守这一行之有效的读书方法。

---

① 《毛泽东一九三六年同斯诺的谈话》，人民出版社 1979 年版，第 39 页。

就拿读《共产党宣言》来说。毛泽东青年时代通过读《共产党宣言》树立起对马克思主义的信仰，使他选择并坚持了科学社会主义这条光明大道。

据史籍记载，毛泽东最早读到《共产党宣言》的全译本，是1920年8月陈望道翻译的、在上海正式出版的《共产党宣言》。这是《共产党宣言》在中国出版的第一个全译本，也是马克思和恩格斯的著作在中国出版的第一个单行本。自从倾心研读了《共产党宣言》全译本之后，毛泽东就确立了对《共产党宣言》所阐述的共产主义基本原理的终身信仰，开始了他对真理的执著追求。在整个新民主主义革命时期，毛泽东不仅自己反复研读《共产党宣言》，而且多次提醒领导干部和全党注意学习这部经典著作。新中国成立之后，根据新的工作实际，毛泽东又多次用心阅读《共产党宣言》，一边读，一边思考，一边在书上圈圈画画。这本书中有关废除资产阶级所有制，剥夺资产阶级占有他人劳动、奴役他人劳动的权力，与传统的所有制观念决裂等处，都作了密密麻麻的圈画。这些标记，一方面说明毛泽东读书是非常认真、非常用心的，另一方面也说明当时的他很希望能从本书中找到解决中国社会主义建设中遇到的实际问题的答案。在他看来，《共产党宣言》对解决中国社会主义建设中遇到的实际问题是有指导和启发作用的。在整个社会主义建设时期，毛泽东从未中断对《共产党宣言》的研读。

从青年到晚年，一直到他老人家生命的最后岁月，毛泽东对《共产党宣言》都充满着浓厚的兴趣。《共产党宣言》陪伴毛泽东57年，毛泽东读《共产党宣言》也读了57年，这是毛泽东非常珍视、非常爱读，也是生前读的遍数最多的一本马列主义著作。

《共产党宣言》为我国新民主主义革命以及社会主义建设事业提供了宝贵的思想武器。在革命和建设的探索与实践中，面对前进道路上遇到的种种艰难险阻，种种没有想到而实际遇到的实际困难和问题，怎么办？除了依靠人民，依靠实践，毛泽东还有一条重要的参考方法，那就是读书，读马列经典，尤其是《共产党宣言》，从中找到克服困难、解决问题的信心和力量，找到战胜困难、解决问题的启示、思路、途径和办法。对于这一点，毛泽东自己曾这样说过："要学马列主义经典著作，要精读，读了还要理解它，要结合中国国情，结合自己的工作实践去分析、去探索、去理解。理论和实践结合了，理论就会是行动的指南。"毛泽东还说："马列主义的书要经常读，当然不必要一律都精读，而且遇到实际问题，就去请教马列主义，时常翻阅，从理论上进行分析。"毛泽东接着说："《共产党宣言》，我看了不下一百遍，遇到问题，我就翻阅马克思的《共产党宣言》，有时只阅读一两段，有时全篇都读，每阅读一次，我都有新的启发。我写《新民主主义论》时，《共产党宣言》就翻阅过多少次。"① 这是毛泽东读《共产党宣言》的体会，也是他的一贯做法。新民主主义时期是这样，新中国成立初期到20世纪60年代中期，毛泽东一直都是这样做的。面对实际的困难和遇到的问题，毛泽东不仅自己反复研读《共产党宣言》，而且多次提醒领导干部和全党同志注意学习这部经典著作。

读马列经济学著作，毛泽东也是这样做的。新中国成立后，党的工作重心逐步转移到了经济建设上来。面对新中国社会主义经济建设各项工作的实际，毛泽东读书的重点也随之转移到经济学经典著作上来了。他先后阅读过的马列经济学方面的著作有：《哥达纲领批判》、《政治经济学批判》、《经济学大纲》、《资本论》、《帝国主义是资本主义的最高阶段》、《列宁有关政治经济学论文十三篇》、《马克思　恩格斯　列宁　斯大林论共产主义社会》、《苏联社会主义经济问题》、《俄国资本主义的发展》等。我们知道，这一时期毛泽东读马列著作读得最多、下功夫最多的是《苏联社会主义经济问题》和苏联

---

① 曾志：《谈谈我知道的毛主席》，《缅怀毛泽东》（上），中央文献出版社1993年版，第400—401页。

《政治经济学教科书》"社会主义部分"。

这里，笔者就主要说说毛泽东当年是如何联系实际读批《苏联社会主义经济问题》一书的情况。

《苏联社会主义经济问题》一书是斯大林经济思想的代表作。这部著作是斯大林对苏联三十多年来社会主义建设的经验总结。斯大林这部著作的中文版1953年一出版，毛泽东就很快地通读了一遍，并在封面上用铅笔画了一个大大的圈，表示他已经读过一遍。1957年，该书又出了第二版，毛泽东又多次阅读，一边读，一边批画。我们从存书中看到，他批注、批画过的就有四个本子，书上留下了不同颜色的批注文字和批画符号。由此可见，毛泽东对这本书是下了很多功夫的。毛泽东很想从其中找到解决当时中国社会主义经济革命和经济建设所遇到的诸多实际问题的办法，及时纠正"大跃进"和公社化运动中人们思想认识上和实际工作中所出现的种种错误。

毛泽东在读《苏联社会主义经济问题》时，对书中论述社会主

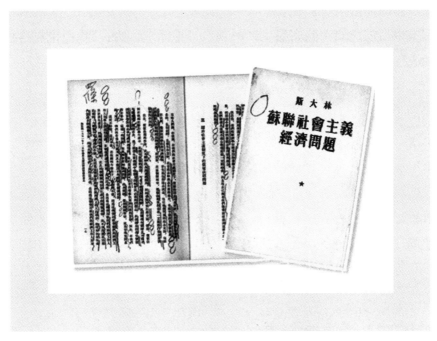

毛泽东读《苏联社会主义经济问题》批画

义制度下经济规律的性质问题很重视。"关于社会主义制度下经济法则的性质问题"一节，他在"经济法则的性质"下用铅笔画了三条着重线，对这一章的内容，三本书中都密密麻麻地画着着重线和圈，在重要的段落下画着两个圈、三个圈，有的天头上还画着三个圈。并批注："这是完全重要的一章。"① 在书中批评那种认为"苏维埃政权有可能来消灭现存的经济法则和创造新的经济法则"时，毛泽东批注："这是一个客观的法则。"他还进一步联系实际批问："我们是否研究了、掌握了、学会熟练地应用了这个客观法则？我们的计划是否完全反映了这个客观法则？"② 同时还在这一段的天头上画了一个大圈。在书中讲到"生产关系一定要适合生产力性质这个经济法则"时，批注："在往后亿万年中，生产力性质不会不发生变化的，为了一定要适合它，生产关系也得改变，而且将有无数的改变。""关于社会主义制度下的商品生产问题"一章，毛泽东在"商品生产"下画着双直线，文内几乎全画满了直线、双直线、圈、双圈、三个圈、三角等等他特有的标记。对文中批评那种认为党在取得政权并把生产资料收归国有以后就应当消除商品生产的观点，毛泽东认为："我们也有这样的人"③。

　　1958 年，陈伯达、张春桥等人提出取消商品生产，甚至废除货币的主张。在 1958 年 11 月召开的第一次郑州会议上，10 日上午和下午，毛泽东两次讲话，谈他对斯大林《苏联社会主义经济问题》一书的看法，着重批评混淆集体所有制同全民所有制的界限和取消商品的错误观点。他说："现在仍然是农民问题。有些同志忽然把农民看得很高，以为农民是第一，工人是第二了，农民甚至比工人阶级还高，是老大哥了。……这样看，是不是马克思主义的？有的同志读马克思主义教科书时是马克思主义者，一碰到实际问题就要打折

① 《建国以来毛泽东文稿》第七册，中央文献出版社 1992 年版，第 661 页。

② 《建国以来毛泽东文稿》第七册，中央文献出版社 1992 年版，第 664 页。

③ 《建国以来毛泽东文稿》第七册，中央文献出版社 1992 年版，第 663、665 页。

扣。……于是谨慎小心，避开使用还有积极意义的资本主义范畴——商品生产、商品流通、价值法则等来为社会主义服务。第三十六条①的写法就是证据，尽量用不明显的词句，来蒙混过关，以便显得农民进入共产主义了。这是对马克思主义不彻底、不严肃的态度。这是关系到几亿农民的事。……我们没有宣布土地国有，而是宣布土地、种子、牲畜、大小农具社有。这一段时期内，只有经过商品生产、商品交换，才能引导农民发展生产，进入全民所有制。"

他又说："现在，我们有些人大有要消灭商品生产之势。他们向往共产主义，一提商品生产就发愁，觉得这是资本主义的东西，没有分清社会主义商品生产和资本主义商品生产的区别，不懂得在社会主义条件下利用商品生产的作用的重要性。这是不承认客观法则的表现，是不认识五亿农民的问题。在社会主义时期，应当利用商品生产来团结几亿农民。我以为有了人民公社以后，商品生产、商品交换更要发展，要有计划地大大发展社会主义的商品生产，例如畜产品、大豆、黄麻、肠衣、果木、皮毛。现在有人倾向不要商业了，至少有几十万人不要商业了。这个观点是错误的，这是违背客观法则的。"

他还说："商品生产不能与资本主义混为一谈。为什么怕商品生产？无非是怕资本主义。现在是国家同人民公社做生意，早已排除资本主义，怕商品生产做什么？不要怕，我看要大大发展商品生产。"②

针对陈伯达、张春桥等人错误的观点和主张，毛泽东曾气愤地说："现在秀才（指陈伯达）要造反了，你们知道不知道？今天我给大家开课，讲《苏联社会主义经济问题》。"他结合我国的具体实践，

---

① 指《十五年社会主义建设纲要四十条（1958—1972）》第一次修正稿修改时重新改写的第三十六条，内容是："人民公社应当根据必要的社会分工发展生产，既要增加自给性的产品，又必须增加用以交换的产品。产品的交换，除了在公社相互之间可以继续采取合同制度以外，在国家和公社之间，应当逐步地从合同制度过渡到调拨制度。"

② 《毛泽东文集》第七卷，人民出版社 1999 年版，第 436—439 页。

领着与会同志逐章逐段地分析了斯大林的这本书，驳斥了陈伯达的错误观点。对于斯大林著作中的观点，毛泽东有肯定和发挥，也有否定和商榷。他针对当时公社化运动中普遍存在的混淆社会主义与共产主义、集体所有制与全民所有制的情况，明确指出，必须划清这两种界线，肯定现阶段是社会主义，肯定人民公社是集体所有制。同时，关于商品生产和价值法则，从现实出发，从理论上作了精辟的阐述。毛泽东说："商品生产是个经济法则问题。现在有些人，对于商品生产，价值法则的积极意义毫不估计，避而不谈，这是对马克思主义极不严肃的态度。""现在我国还是商品生产很不发达的国家，比印度和巴西还落后。现在还必须利用商品生产和价值法则来积极地为社会主义服务。商品生产，不但资本主义社会有，封建社会有，奴隶社会也有嘛！为什么社会主义社会不能有商品生产呢？商品生产看它和哪个经济相联系就为哪个经济服务。社会主义商品生产和社会主义公有制经济相联系，因此它是为社会主义公有制经济服务的。这正是它和资本主义商品生产区别之所在。在我国社会主义阶段，你不搞商品生产、商品交换，你就要剥夺农民。农民有三权：生产资料权，产品所有权，劳动权。你只要废除商品，实行调拨，就要剥夺农民这三权。现阶段应当利用商品生产，团结几亿农民。只要存在两种公有制，商品生产就极其必要，极其有用。只要有商品生产，你没有人民币怎么行！我是用斯大林这个死人来压活人。斯大林对俄国革命胜利后是否废除商品生产仍有保留。但现在我们有些同志却想在我国废除商品，岂非咄咄怪事。这些同志只能是像斯大林所说的'可怜的马克思主义者'。"

针对当时一些领导同志思想上的错误观点和模糊认识，毛泽东进一步指出："人民公社的经济主要是自给经济的说法不对。公社要扩大社会交换，要尽量生产能和本地、本省、本国和世界交换的东西。公社不能'小国寡民'，要搞多种经济作物，要搞工业，扩大生产可交换的产品。农业人口可以减少一半，就地搞到工业中去。为什么要5亿人口搞农业?农业和工业要有一个大的分工。苏联集体农庄不办工业,无法消灭城乡差别。商品、工资、价值法则、经济核算、价格、货币,这些概念在目前阶段还有它的积极作用。我们是为了消灭商品生产而发展商品生产,正如为了消灭专政而加强专政一样。商品,如斯大林所说'只限于个人消费品'货币,行不通。还有农业工具(包括拖拉机)、手工业工具也是商品。这样是否会导致资本主义?不会。斯大林把拖拉机完全由国营拖拉机站垄断,不卖给集体农庄。赫鲁晓夫不是把农业机械卖给农庄了吗?农庄并没有因此而变成资本主义嘛!历来就有商品生产,现在加上一种社会主义商品生产。"①

在这本书"关于社会主义制度下的价值问题"一章,毛泽东对价值法则发生作用的范围、价值法则受到限制等处也都画了着重线,天头、句末还画上了圈圈。

在斯大林讲到社会主义条件下商品生产的"活动范围只限于个人消费品"的地方,毛泽东则写道:"限于个人消费品吗?不,在我国,农业和手工业生产工具也是商品。是否会导致资本主义呢?不。"②书中还有许多的批注和批画情况。这些批注和批画反映了当时毛泽东对社会主义社会发展商品生产的一些基本观点,在一定程度上澄清了我国社会主义建设过程中出现的一些混乱认识问题。

毛泽东不仅自己下功夫读《苏联社会主义经济问题》,而且还要求中央、省市自治区、地、县四级党委委员读这本书。1958年11月9日,毛泽东亲自给中央、省市自治区、地、县四级党委委员写信。他在信中写道:"不为别的,单为一件事:向同志们建议读两本书。一本,斯大林著《苏联社会主义经济问题》;一本,《马恩列斯论共产主义社会》。每人每本用心读三遍,随读随想,加以分析,哪些是正确的(我以为这是主要的);哪些说得不正确,或者不大正确,或者

---

① 陶鲁笳:《我记忆中的毛泽东同志》,《缅怀毛泽东》(下),中央文献出版社1993年版,第340—342页。

② 《建国以来毛泽东文稿》第七册,中央文献出版社1992年版,第672页。

模糊影响，作者对于所要说的问题，在某些点上，自己并不甚清楚。读时，三五个人为一组，逐章逐节加以讨论，有两至三个月，也就可能读通了。要联系中国社会主义经济革命和经济建设去读这两本书，使自己获得一个清醒的头脑，以利指导我们伟大的经济工作。……

"为此目的，我建议你们读这两本书。将来有时间，可以再读一本，就是苏联同志们编的那本《政治经济学教科书》。乡级同志如有兴趣，也可以读。"①

对为什么要读这两本书，怎样读这两本书，毛泽东在信中都写得清清楚楚。1958 年 11 月初，参加第一次郑州会议的同志每人都发了这两本书。会上，毛泽东带领大家边读边议，使与会同志受到深刻的启示和教育。

毛泽东在信中要求读的另一本书《马恩列斯论共产主义社会》（即《马克思　恩格斯　列宁　斯大林论共产主义社会》，人民出版社 1958 年版），也有很大篇幅讲到社会主义的经济问题。在毛泽东读过的这本书里，他在有关国家消亡、公有制的建立、共产主义社会的物质基础、共产主义社会中生产可以大大发展、有计划地发展生产、充分地发挥群众的创造性、共产主义劳动等等论述的地方，几乎通篇都画满了直线、双直线、三直线、圈、曲线，重要的段落旁边还画上竖线、圈等标记。我们看到，他对书中列宁的《苏维埃政权的当前任务》一文中的"我们甚至不可能确切地想象到，在社会主义社会制度之下蕴藏着怎样的力量，和能够发挥出怎样的力量。我们的任务就是为这些力量扫清道路"② 这段话下，画了着重线、曲线，在句子后面连着画了五个圈。在列宁《伟大的创举》一文中有这样一段文字："劳动生产率，归根到底是保证新社会制度胜利的最重要最主要的东西，资本主义造成了在农奴制度下所没有过的劳动生产率。资本主义

---

① 《毛泽东书信选集》，人民出版社 2003 年版，第 508—509 页。

② 《马克思　恩格斯　列宁　斯大林论共产主义社会》，人民出版社 1958 年版，第 48 页。

可以被彻底战胜，而且一定会被彻底战胜，因为社会主义能造成新的高得多的劳动生产率。……共产党主义就是利用先进技术的、自愿自觉的、联合起来的工人所创造出来的较资本主义更高的劳动生产率。共产主义星期六义务劳动所以异常宝贵，因为它是共产主义的实际开端，而这是极稀罕的，因为我们现时所处的阶段，'只是实行从资本主义向共产主义过渡的第一步'（如我们党纲中完全正确地所说的那样)。"① 毛泽东在这段文字下面画着着重线，有好几句的后面都画着三个圈。旁边还画着竖的双直线和三个圈。从对本书的批画，也能看出毛泽东对当时经济革命和经济建设中的实际问题是非常重视的。同时，我们可以看到他对社会主义制度的优越性有着坚定不移的信念，对群众建设社会主义的积极性有着高度的信任。

1961 年 6 月 12 日上午，毛泽东在中央工作会议结束时的讲话中又建议大家再读一读斯大林的《苏联社会主义经济问题》。他说：这本书只有极少数个别问题有毛病，我最近又看了三遍。他讲客观规律，把社会科学的这种客观真理，同自然科学的客观真理并提，你违反了它，就一定要受惩罚。我们就是受了惩罚，最近三年受了大惩罚。②

对《苏联社会主义经济问题》一书，从 1953 年中文版出版以来，特别是从 1958 年以来，毛泽东多次强调，号召大家读这本书。这次他说"又看了三遍"。他看过的版本至少有四种，在多种会上还与大家一起读，一起讨论。这本书，毛泽东不知读了多少遍！

毛泽东晚年读马列著作，读其他多种著作，最重要的就是实践的需要，就是为了正确解决、处理好实际工作中所遇到的实际问题。读马列主义经典著作是这样，读鲁迅著作，笔者认为，也是如此。毛泽东在读《写在〈坟〉后面》这篇文章时，在许多的文字旁

---

① 《马克思　恩格斯　列宁　斯大林论共产主义社会》，人民出版社 1958 年版，第 44 页。

② 转引自逄先知、金冲及主编：《毛泽东传》第五册，中央文献出版社 2011 年版，第 2128 页。

边都画了红道道。鲁迅在这篇手稿中写道："古人说，不读书便成愚人，那自然也不错的。然而世界却正由愚人造成，聪明人决不能支持世界。"鲁迅在这里所说的"愚人"是指广大劳动人民，"聪明人"是指少数封建统治者。鲁迅的话充满了"人民创造历史"的历史唯物主义观点，毛泽东对此也非常赞同，在阅读1956年出版的单行本时就在"世界却正由愚人造成，聪明人决不能支持世界"下面重重地画了两道红线，这次在读手稿本时，又在这一段文字旁边重重地画了两道红线，使鲁迅的这句名言在整本手稿中显得格外引人注目。

1975年3月，江青等一伙给电影《创业》强安了十大罪名，将《创业》一棍子打死。但《创业》的作者并没有被反革命分子的淫威所吓倒，他们向毛泽东上书，陈述创作《创业》的实际情况。毛泽东收到《创业》作者的申诉信以后，对江青一伙的武断行为极为反感，就让身边工作人员给他读鲁迅的关于吃烂苹果的文章，因为当时他老人家两只眼睛都看不清东西了，而工作人员也不知道这篇文章在鲁迅著作哪一卷里，一时找不到。毛泽东就告诉她在《准风月谈·关于翻译》这篇文章中。当工作人员读到"苹果一烂，比别的水果更不好吃，但是也有人买的，不过我们另外还有一种相反的脾气：首饰要'足赤'，人物要'完人'，一有缺点，有时就全部都不要了"这一段时，毛泽东高兴地连声称赞说："写得好！写得好!"毛泽东针对当时江青一伙的横行霸道，严肃指出："此片无大错，建议通过发行。不要求全责备。而且罪名有十条之多，太过分了"。毛泽东当时很不满意文艺界的现状和对知识分子一概否定的做法。同年七月，毛泽东在同江青、张春桥的谈话中指出："对于作家，要惩前毖后、治病救人，如果不是暗藏的有严重反革命行为的反革命分子，就要帮助。""鲁迅那时被攻击（指二三十年代的文艺界情况——笔者注），有胡适、创造社、太阳社、新月社、国民党。鲁迅在的话，不会赞成把周扬这些人长期关起来。脱离群众。""处分人要注意，动不动就要撤职，动不动就要关起来，表现是神经衰弱症。"①1975年10月16日，毛泽东又一次在一份向他反映情况的材料上批示："打破'金要足赤'、'人要完人'的形而上学错误思想。"②再一次批评了江青一伙。这从一个侧面告诉我们，毛泽东晚年为什么还一卷一卷读鲁迅著作，其中重要的原因是因为他欣赏鲁迅的精神，赞同鲁迅的思想。鲁迅著作中的许多话、许多主张和思想观点，都深深地留在毛泽东的脑海里。毛泽东借用鲁迅的话、鲁迅的思想和观点批评江青，纠正江青一伙的错误思想和错误行为。

第四，读书是为了学习掌握新的理论、新的知识、新的信息，不断充实自己、丰富自己，更好地胜任领导工作。

说到这一点，我们自然就会说到毛泽东晚年会见两位著名科学家李政道和杨振宁博士并阅读他们新的学术理论著作。

先说杨振宁博士和他的著作《基本粒子发现简史》。1973年夏天，毛泽东80岁高龄时在中南海游泳池书房会见美籍华裔物理学家、曾获诺贝尔物理学奖的杨振宁博士。杨振宁后来回忆这次会见时说：

> 我到中国既不是以记者身份去的，也不抱有任何具体的目的，唯一的目的是想促进中美两国间的相互了解。所以当我去见毛的时候，我没有任何拟定的问题要问他，也一点不知道谈话大概会怎么进行。其实，这样倒也好，因为这是一次非常轻松和漫谈性的谈话，毛主席非常有办法使我不感到拘束。
>
> 他问我们在物理学研究方面正在做些什么，当我告诉他我们正在研究基本粒子的结构的时候，毛主席对此非常感兴趣。使我感到惊奇的是，他显然是一直密切注意着当代高能物理学的某些发展情况，特别是基本粒子是否可分的问题。我告诉他

---

① 以上转引自逄先知、金冲及主编：《毛泽东传》第六册，中央文献出版社2011年版，第2711页。

② 逄先知、金冲及主编：《毛泽东传》第六册，中央文献出版社2011年版，第2709页。

这个问题仍然在激烈地辩论，迄今还没有作出明确的结论。

我觉得毛主席对物理学的兴趣确实是浓厚的。我估计他在哲学方面的兴趣同他对于我们想在实验室里弄清楚的东西的了解和好奇心有关系。

我们的谈话涉及许多方面。比如，他告诉我，中国古代哲学家也曾推测过物质的结构，他还引了一些古典著作中的话，我很乐于了解这些著作，因为我原先还不知道有这些东西。

谈话间，毛主席问我："在你们的领域里对'理论'这个词和'思想'这个词是如何用的？"啊，我可未曾想过这两个词之间的区别，因此我不得不想一想。经过一番思考之后，我作了一个未能说清问题的答复。接着我们就讨论这两个词在日常中文和英文中的含义，以便同它们在物理学学术方面的含义作比较。这两个词的含义的区别是细微的，这次讨论没有得出任何具体的结论，但是却给我留下了深刻的印象。毛主席还和我讨论了不同程度的概念问题，并非常仔细地把他要用的每一个词句都用得确切。①

杨振宁博士《基本粒子发现简史》这本论著，原是英文本，英文本面世后不久即被译成俄文、德文和意大利文。中文本是由杨振玉和范世藩翻译，上海科学技术出版社 1963 年 9 月出版的。本书中文版出版之后，作者就赠给毛泽东一本，并在这本书的扉页上用中文恭恭敬敬地写了一段话，表达作者对毛主席的敬意，请伟大领袖指教。有一段时间，毛泽东把这本书一直放在自己的案头，时常翻阅。

《基本粒子发现简史》全书约 4 万字，根据作者于 1959 年在美国普林斯顿大学讲座时的讲稿修订而成。书中按照历史发展顺序介绍

---

① 张一心、王福生编：《巨人中的巨人——外国名人要人笔下的毛泽东》，中共中央党校出版社 1993 年版，第 321—322 页。

了截至 20 世纪 60 年代末在基本粒子物理学领域内的重要发现,最后着重讨论了宇宙守恒问题。作者的演讲对象原本是大学中对科学有一般兴趣的听众,因此虽然所涉及的问题有不少是当时基本粒子物理学中最突出和最深奥的,但并不要求读者具备多么高深的物理学知识。对于这些,作者在本书的前言里也特意作了说明:"本书主要是根据1959 年 11 月我在普林斯登大学担任凡纽兴讲座时的讲稿略加修订而成。这些讲座是专为大学中对科学有一般兴趣的听众而设立的。通过采用简单的词句来叙述发现基本粒子过程中所包含的种种概念,我试图向听众描绘过去六十年来在探索物质结构方面的研究工作的情况。"在谈到出版这本书的深层意义时,作者接着写道:"当然,一种概念,特别是科学概念,除非在促使它形成和发展的知识基础上加以确切解释,便不会具有充分的意义。然而我希望类似本书这样一种叙述性的历史,即使不能对主题作适当的讨论,却可以稍稍表达出物理学家在探讨这种问题时所具有的精神和所处的气氛。"

这次会见交谈之后,毛泽东对杨振宁博士的《基本粒子发现简史》一书,似乎意犹未尽。几个月之后,即 1973 年 12 月 14 日毛泽东又嘱咐我们把《基本粒子发现简史》印成大字线装本,放在自己的身边,多次翻阅。这样的理论著作,他老人家也充满兴趣,说明他是在学习,是在用心了解这些新的知识。

再来说说李政道博士和他的著作《不平常的核态》。1974 年 5 月30 日,毛泽东 81 岁时在中南海游泳池书房会见了美籍华裔物理学家、诺贝尔物理学奖获得者李政道。对这次会见,李政道在《我同毛泽东的会见——对称在物理和政治中的含义》一文中是这样写的:

"请你谈谈,为什么对称是重要的?"毛泽东问。那是 1974年 5 月 30 日,当时中国仍处于"文化大革命"的灾难中,"四人帮"居于权力的巅峰。我十分痛心地看到,在这个文明古国,我出生的地方,教育几乎完全停止了。苦闷之中,我急切地希

望找到能够改变这种状况的办法，哪怕改变一点点也好。

没想到那天清晨约6点钟，我住的北京饭店的房间里电话突然响了。我被告知，毛主席打算在一小时后，在中南海住处见我。尤其使我感到惊讶的是，见面时他想了解的第一件事竟是物理学的对称。

根据韦伯斯特词典，对称（Symmetry）的意思是"平衡的比例"，或者"产生于平衡的比例的形式美"。在中文里，对称是几乎完全相同的含义。从本质上说，这是个静止的概念。而根据毛泽东的观点，社会进化的基础在于变革，动态，而非静态，才是唯一重要的基本要素。他强烈地感觉到这种认识对于自然界肯定也是对的，所以奇怪为什么对称会在物理学中占有那么崇高的地位。

在我们的会见中，我是唯一的客人。我们的座椅之间是一个小茶几，上面放着铅笔、笔记本和两杯绿茶。我把铅笔放在笔记本上，把笔尖指向毛泽东，然后再把笔尖转向我。铅笔转过来又转过去。我指出，这运动没有一刻静止，但这整个过程却具有对称性。毛泽东很欣赏这种演示，并且问到对称的更深含义，问到物理学家能否仅仅根据对称性原理真正描述出普遍规律。我解释了爱因斯坦根据等价原理的对称要求而建立的相对论所具有的深远意义，我们讨论了粒子和反粒子之间的对称以及它们产生和湮灭的动力学过程。看起来对称所具有的美感简洁性与其含义的深刻普遍性的统一给毛泽东留下了很深的印象。他为自己一直没有时间学习科学而遗憾，但他仍记得并很欣赏生物学家阿瑟·汤姆森（J.Arthur Thomson）所著的一套著作，那还是他年轻时读过的。

我们的谈话逐渐从自然现象转到人类活动。我谈到教育同创造性、同社会的健康是不可割裂的。谈话结束时，毛泽东接受了我的建议，中国的教育应该加强。后来这导致大学"少年班"的建立，让那些聪颖过人的十三四岁优秀学生跳级进入大学学习。

　　在"文化大革命"制造的巨大混沌中，这次会见带来的只不过是微量有序。然而，它在某种意义上却揭示出人寻求自然界对称的迫切愿望同他建立有意义的平衡社会的强烈要求之间的相互关系。第二天，我在机场收到了毛泽东的送别礼物：一套阿瑟·汤姆森的 1922 年出版的原版著作《科学概要》（*Outline of Science*）。[①]

　　这次会见，从头到尾，毛泽东紧紧围绕着"粒子和反粒子之间的对称"这个主题进行交谈。为了加深对李政道观点的了解，1974

不平常的核态

李 政 道

1.0⁺介子或共振的存在

　　在這一個報告中，想和各位討論一下最近我做的一些理論上的推測。今天報告的題目是"不平常的核態"。我們先討論一下，從理論上的觀點，爲什麽會去猜測它有存在的可能？什麼是它能存在的條件？然後討論一下，怎麼樣才可以做實驗來證實這"不平常的核態"是不是真的能够存在？

1

毛泽东读过的大字线装本《不平常的核态》一页

---

① 张一心、王福生编：《巨人中的巨人——外国名人要人笔下的毛泽东》，中共中央党校出版社 1993 年版，第 295—296 页。

年 4 月 6 日，毛泽东提出要读李政道写的《不平常的核态》一文，还嘱咐我们将此文印成大字线装本。6 月 4 日大字线装本印出后，毛泽东又多次仔细阅读。

毛泽东分别和以上两位美籍物理学家会见时，已是 80 岁和 81 岁的高龄，但他对基本粒子研究的关注，垂老不倦用心阅读《基本粒子发现简史》、《不平常的核态》等自然科学论著的精神是很感人的。从倾心交谈到专心致志地反复读两位博士的译文著作，毛泽东渴望了解掌握这方面新知识的心情、态度是很真挚的。

毛泽东虽然不是一位专门从事自然科学、技术科学研究的专家，但他却是一位对自然科学研究、技术科学研究有着浓厚的兴趣，并予以高度重视的伟大领导人。他一生都在尽可能地从繁忙的工作中挤出时间来学习和了解自然科学、技术科学的发展情况。

第五，读书是为了调节大脑、休息身体，为了缓解郁闷、孤独、寂寞的心情，为了摆脱内心的不安、忧虑、忧伤和痛楚。

我们知道，毛泽东晚年读书的兴趣仍然是很广泛的。他每天除了开会和与人谈话外，大部分时间都在看文件、看书、看新华社编印的《参考消息》和《参考资料》。工作累了，他就广泛地浏览各种中外著作和报纸杂志，尤其是中国古典文学作品、名人字画墨迹、笑话、诗话、楹联等等来调节一下。调节什么呢？调节一下大脑，调节一下身体，调节一下郁闷、孤独、寂寞的情感。

那么毛泽东晚年内心深处最大的忧虑和不安是什么呢？这里笔者先介绍 1975 年，毛泽东在中南海游泳池住地召见华国锋等的一次谈话。在这次谈话中，毛泽东又一次谈到他自己一生中做的两件大事。毛泽东说："'人生七十古来稀'，我八十多了，人老总想后事。中国有句古话叫'盖棺定论'，我虽未'盖棺'也快了，总可以定论吧！我一生干了两件事：一是与蒋介石斗了那么几十年，把他赶到那么几个海岛上去了；抗战八年，把日本人请回老家去了。对这些事持异议的人不多，只有那么几个人，在我耳边叽叽喳喳，无非是让我及早收回那几个海岛罢了。另一件事你们都知道，就是发动文化大革命。这事拥护的人不多，反对的人不少。这两件事没有完，这笔'遗产'得交给下一代。怎么交？和平交不成就动荡中交，搞不好就得'血雨腥风'了。你们怎么办？只有天知道。"①从这段谈话中，我可以清楚地看出毛泽东当时的复杂心态。

毛泽东晚年除了有许多的忧虑和不安，内心还有很多的悲伤和痛楚。在毛泽东生命最后的九个多月的日子里，就先后痛哭流泪过三次。1976年，毛泽东的健康状况迅速恶化，吃药吃饭都要靠人喂，就在这个时候，周恩来于1月8日在北京305医院病逝。毛泽东得到噩耗后，沉默很久。当听到工作人员读中央政治局报送的《讣告》时，他的眼眶渐渐地湿润了。14日下午，当听到邓小平代表中共中央宣读悼词时，毛泽东再也不能控制自己，失声痛哭起来。这是极少见的。这是我们工作人员第一次见到他老人家痛哭流泪。

第二次痛哭，是在1976年初农历春节前后。这段时间内，毛泽东总喜欢怀念往事，常谈起战争年代和新中国成立初期的事情，也爱看这方面内容的电影。一天看电影时，银幕上伴随着高昂雄壮的乐曲，出现人民解放军整队进入刚攻克的某城市，受到市民们热烈欢迎的场面。渐渐地，毛泽东开始控制不住自己的感情，先是阵阵抽泣，随即失声大哭。当时，他还爱看一些旧的照片，有两张旧照片，他反复看，看得津津有味。一张是他穿着打补丁的裤子在延安给一二〇师干部作报告，另一张是1947年他骑马行军转战陕北的途中。那段时间毛泽东的病情不断加重，身体极度衰弱。6月初还突患心肌梗塞，经过及时抢救，才脱离危险。

第三次痛哭，是1976年7月28日凌晨3时42分，河北唐山、丰南一带发生了7.8级的强烈地震，随后又出现多次余震。当听到地震造成极其惨重的人员财产损失后，毛泽东号啕大哭起来。

---

① 逄先知、金冲及主编：《毛泽东传》第六册，中央文献出版社2011年版，第2750页。

在他老人家情绪最低落、疾病缠身的最后岁月里，他反复吟诵的是一首《枯树赋》。

笔者记得当时的情况是这样的：1976年1月8日，深受全国各族人民爱戴的周恩来总理逝世。到了7月初，他的老战友朱德委员长又突然逝世。短短半年时间里，两位与自己患难与共、风雨同舟的老战友都走了，毛泽东此时的心情更加忧伤和悲凉。有一天，毛泽东突然让工作人员给他读《枯树赋》。《枯树赋》的作者是南北朝时期著名文学家庾信。这篇赋写得很好，有五百多字，毛泽东早年就熟读过。这篇赋讲的是晋朝时候的一个人，来到一棵大树下，看到这棵大树过去也有过生长繁盛的时期，而现在已经变得逐渐衰老了，让人内心油然而生一种悲凉。几乎整天躺在病床上的毛泽东，此时突然让工作人员给他读这篇赋。工作人员当时读得很慢，毛泽东微闭着眼睛，似乎在体味赋中描述的情景，回顾自己一生走过的路。

工作人员慢慢念了两遍，毛泽东突然对工作人员说："你拿着书，看我能不能把它背出来。"工作人员看着《枯树赋》，他老人家一字一句富有感情地背诵起来。"此树婆娑，生意尽矣！……昔年种柳，依依汉南。今看摇落，凄怆江潭。树犹如此，人何以堪！"背诵一遍后，毛泽东好像意犹未尽，尽管当时说话已略显吃力，他还是又背了一遍。

《枯树赋》是我国赋史上的一篇著名的感伤身世之作。作者庾信在赋中着重表现的是对国破家亡之痛和故国故乡之思，情真意切，血泪迸溢。一位疾病缠身、内心苦闷的83岁高龄的老人，还能这样全文背诵一篇长达五百多字的赋作，一方面说明毛泽东对我国传统文化佳作的谙熟，另一方面也是当时当刻老人家悲凉心境的真实写照。

在周恩来总理逝世之后的一段日子里，毛泽东的情绪一直很低沉，不愿讲话，不愿见人，每天饭吃得很少。他不顾医生和身边工作服务人员的劝阻，借助刚刚治好的一只眼睛，每天夜以继日地读书和阅读文件。由于当时已经多种重病缠身，身体过于虚弱，他老人家两只手已没有举书、举文件的力量了。为了满足老人家阅读的需要，当时在场的每一位工作人员轮流帮他举着书或文件。看得出来，他老人家用不停地、无休止地读书来转移和摆脱内心深处的忧伤、悲凉和痛楚。这是毛泽东晚年每天不停地、无休止地读书的又一种情形。这种情境下的读书，虽也是读书，但与他正常状态下的读书已不完全一样了，我们发现此时的读书已基本不用笔圈画或写批注了。

除了党事国事令毛泽东晚年忧虑和不安，他个人的家事同样也给老人家晚年生活带来悲凉和寂寞。这是当时外界很少知道的。

虽然有家庭，但晚年毛泽东却丝毫没有享受到亲人之爱和子孙满堂的天伦之乐。毛泽东晚年生活的孤独和寂寞，在当时是不为人知的。当时的情况是怎样的呢？

毛泽东与江青从 1949 年 6 月搬进中南海丰泽园居住，开始一段时间，应当说相互关系还是可以的。1966 年 9 月，有关方面报经毛泽东本人同意，要对丰泽园进行修理。毛泽东就搬到中南海游泳池居住，江青住进钓鱼台。从此，毛泽东与江青就分居了。"文化大革命"初期，出于政治斗争的需要，江青一跃成为中央"文革"小组副组长。1969 年 4 月，党的"九大"，江青又进入中央政治局。江青的任职和江青任职之后与中央"文革"小组在那几年能够到处兴风作浪，都与当时党中央内部复杂的政治斗争是密切相关的，当然，没有毛泽东的信任也是做不到的。但随着江青的肆无忌惮和种种表现引起很多老同志和广大群众的不满，毛泽东对江青的不满也越来越多。毛泽东曾对身边的工作人员这样说过："江青这个人，谁也跟她搞不到一起。"加之江青对待身边的工作人员的态度极为恶劣，这让毛泽东也难以忍受。他曾当着江青的面指责说："你就是资产阶级极端个人主义！""你是改不了的剥削阶级作风！"后来，毛泽东对江青越来越失望，越来越不满！怎么办？毛泽东的办法是：尽可能不见或少见江青。对于这方面的情况，机要秘书张玉凤在回忆材料中是这样写的：

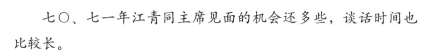

七〇、七一年江青同主席见面的机会还多些，谈话时间也比较长。

七二年春，江青来主席处，主席发过几次脾气，还给我们规定了：没有他的同意，江青不能随便到他的住处来，来了要挡。这以后，主席即使有时同意江青来，有些情况也同过去不一样了，以往江青见主席的笑容不见了。

到了七三年，江青打电话要求见主席，主席总是推托，不见。江青要当面向主席反映什么情况是很难的，只有通过信件或请能见到主席的人把她的意见反映给主席。

此时的江青，依然我行我素，照自己的想法行事。1974 年 1 月 25 日，在未报告主席的情况下，擅自决定在北京首都体育馆召开中央和国家机关批林批孔动员大会，把矛头直指周恩来。毛泽东知道后，对江青擅自召开大会十分不满，并指示大会的录音不要发。针对 1 月 25 日大会的问题，毛泽东专门在游泳池住地召开了中央政治局会议，批评江青擅自召开这次大会和到处送材料。2 月 6 日，江青借给毛泽东转送材料之机，再次附信求见毛泽东。毛泽东在信封上批示："除少数外大都未看。近日体温升高两度，是一场大病！一切人不见，现在恢复中。你有事应找政治局。"

此后，江青又多次提出要见毛泽东的请求。1974 年 3 月 20 日，毛泽东再次致信江青：

> 不见还好些。过去多年同你谈的，你有好些不执行，多见何益？有马列书在，有我的书在，你就是不研究。我重病在身，八十一了，也不体谅。你有特权，我死了，看你怎么办？你也是个大事不讨论，小事天天送的人。请你考虑。

毛泽东一次一次的批评，江青都当成耳旁风，并没有悔悟。在邓小平复出后的工作问题上，江青也同毛泽东的意见唱反调。

1974年4月，联合国大会要召开第六届特别会议。根据会议需要，3月20日，毛泽东通过外交部副部长转告周恩来总理：由邓小平担任团长好，但暂不要讲是我的意见，先由外交部写请示报告。22日，外交部请示报告呈送周恩来总理，建议由邓小平任团长，乔冠华、黄华为副团长。24日，毛泽东圈阅同意。当天夜里，江青无端指责外交部，强令他们收回报告、重新考虑团长人选。25日晚，江青又连续给时任外交部副部长的王海容打电话，逼外交部撤回报告，在遭到拒绝后，竟恼羞成怒，破口大骂。26日晚，江青在周恩来主持的中央政治局会议上继续纠缠，声称她本人对邓小平出国一事"保留意见"。第二天即27日，毛泽东亲笔写信警告江青："邓小平同志出国是我的意见，你不要反对为好。小心谨慎，不要反对我的提议。"江青这才停止了无理取闹。①

1974年6月中旬，毛泽东的健康状况再度出现明显问题。7月中旬，患多种疾病的毛泽东准备赴南方易地休养。出发前，7月17日，在游泳池住地召集在京中央政治局成员开会，才做手术不久的周恩来也从医院赶来参加会议。在会议上，毛泽东用严肃的口吻批评江青以及王洪文、张春桥、姚文元。毛泽东说："江青同志，你要注意呢！别人对你有意见，又不好当面对你讲，你也不知道。不要设两个工厂，一个叫钢铁工厂，一个叫帽子工厂，动不动就给人戴大帽子，不好呢，要注意呢。"又说，"你也是难改呢。"他还指着江青向在场的政治局成员表示："她算上海帮呢！你们（指江、王、张、姚四人——笔者注）要注意呢，不要搞成四人小宗派呢！"由于江青常以毛泽东代言人的姿态出现，不少人弄不清她所说的话是不是毛泽东本人的意见，毛泽东在会上两次郑重宣布："她并不代表我，她代表

---

① 以上参见逄先知、金冲及主编：《毛泽东传》第六册，中央文献出版社2011年版，第2651—2657页。

她自己。""总而言之,她代表她自己。"

这是毛泽东第一次在中央政治局会议上点名批评江青,并且话说得很重,点出了"四人小宗派"的问题。这是很不寻常的举动。但还留有余地。在主要是批评的同时,毛泽东在会上也说了:"对她也要一分为二,一部分是好的,一部分不大好呢!"①

1974年11月6日,毛泽东在长沙同李先念谈话时说:"王母娘娘(指江青——笔者注)就不听呢!"李先念说:"她的帽子公司多一点。"毛泽东说:"钢铁公司厉害呢,又开帽子店。她这个人,别人心里不高兴她。""非跟好多人闹翻不可。她是目中无人。""此人的话不能全信。""我三年来只请她吃了一顿饭,现在又是四年了,一顿饭都没有请吃。总之,我在政治局交代了,政治局都知道,清楚了。叫她不要搞上海帮,她要搞。"

1974年11月12日,毛泽东在江青写给他的信上写了如下的一段批示:"不要多露面,不要批文件,不要由你组阁(当后台老板)。你积怨甚多,要团结多数。至嘱。""人贵有自知之明。又及。"由于眼睛看不清楚,毛泽东的这段批示字写得有些歪斜,有些字还重叠在一起,难以辨认,但毛泽东对江青的要求是郑重的、是严肃的。

11月19日,江青又给毛泽东写信说:"自九大以来,我基本上是闲人,没有分配我什么工作,目前更甚。在路线斗争起伏时我主动的做过一些工作。"在信中,江青还表示:"今后当小心谨慎,不能为党为主席闯祸。当然,需要斗争需要牺牲时,我要有精神准备。"第二天,毛泽东在她的信上批道:"你的职务就是研究国内外动态,这已经是大任务了。此事我对你说了多次,不要说没有工作。至嘱。"此时,江青不知从什么渠道得知毛泽东对全国人大常委会一、二把手还在"再考虑"中,她又托人向毛泽东转达她提名王洪文当全国人大

---

① 以上参见逄先知、金冲及主编:《毛泽东传》第六册,中央文献出版社2011年版,第2661—2662页。

常委会副委员长，毛泽东一针见血地说："江青有野心。她是想叫王洪文作委员长，她自己作党的主席。"实际上，这时候，毛泽东的态度很明确：江青等人不但不能"组阁"，也不能担任党中央和全国人大的主要领导人。①

"四人帮"的"组阁"企图被毛泽东挫败之后，1974 年 12 月 30日，江青又给毛泽东写信说，"昨天晚上政治局开了会。会上由总理、洪文同志传达了主席的指示和对我的批评。我完全拥护主席的指示和批评。"江青在信中还说："我希望人大之后离开北京，更希望能看到毛主席。我低温很久了，脑力有突变的危险———一切都遗忘。"毛泽东收信后即在这封信上批道："江青：不要来看我。有病文件可以少看。我已印两部文学史（指刘大杰著《中国文学发展史》两则——笔者注），暇时可以一阅。"②

江青病中要见毛泽东，毛泽东还是说："不要来看我。"说明此时毛泽东与江青的关系已越来越疏远了。此时是 1974 年底，毛泽东81 岁。

1975 年 1 月，四届人大开过后不久，江青把王海容、唐闻生找去，对几乎所有的中央政治局成员都骂了一遍。她还要王、唐两人向毛泽东报告她的看法。王海容、唐闻生在 1976 年 10 月 17 日写的追记材料中说，她们向毛泽东报告了江青找她们去的谈话情况。毛泽东听后对王、唐说："她看得起的人没有几个，只有一个，她自己。"王、唐问："你呢？"毛泽东说："不在她眼里。"略微停了一下，毛泽东又接着说，"将来她会跟所有的人闹翻。现在人家也是敷衍她。我死了以后，她会闹事。"没过多久，江青不顾毛泽东月初"不要来看我"的批示，于 1 月下旬独自飞往长沙。毛泽东见到江青时表示："对

---

① 以上参见逄先知、金冲及主编：《毛泽东传》第六册，中央文献出版社 2011 年版，第 2674—2677 页。

② 以上参见逄先知、金冲及主编：《毛泽东传》第六册，中央文献出版社 2011 年版，第 2680—2681 页。

你的意见，我已写信告诉你了。"接着，毛泽东又把过去批评江青的话重复了一遍，"不要随便，要有纪律，要谨慎，不要个人自作主张，有意见要跟政治局讨论。人要有自知之明。"江青是出于什么目的独自去的长沙，笔者不得而知，但毛泽东却是很不情愿地见了她，并又重复地批评她一次，这使得江青一无所获而归。①

1975年4月27日，按照毛泽东的意见，召开了中央政治局会议。会上，邓小平、叶剑英等发言，用事实揭露和批评江青等近两年来屡次伺机发难、把矛头对准周恩来总理的行径。江青等认为这次会议是对他们搞"突然袭击"、搞"围攻"。会后，江青给毛泽东处打电话。工作人员接电话后报告了毛泽东。根据工作人员1975年5月作的记录，毛泽东说：这个会有成绩，把问题摆开了。批评江青还是第一次。她这个人只能批评别人，很凶。别人不能批评她。"批林批孔"，什么叫孔老二她也不懂，又加了走后门。几十万人都走后门，又要这几十万人"批林批孔"。有走前门，就有走后门，几万年还会有。

为此，5月3日深夜，毛泽东决定亲自召集在京中央政治局成员开会，直接表明他对这件事的态度。这是毛泽东生前最后一次主持中央政治局会议。会议长达两个多小时，与会者主要听毛泽东讲话。毛泽东说："我看批判经验主义的人，自己就是经验主义。""我看江青就是一个小小的经验主义者。"讲话中，毛泽东又一次批评江青说道："不要随便，要有纪律，要谨慎，不要个人自作主张，要跟政治局讨论。有意见要在政治局讨论，印成文件发下去，要以中央的名义，不要用个人的名义，比如也不要以我的名义，我是从来不送什么材料的。"

这是一次不同寻常的中央政治局会议。毛泽东讲话的主要内容是批评以江青为首的"四人帮"，他甚至把"讲了经验主义的问题我放过了"称为"我自己也犯了错误"。在这次会议上，毛泽东再次批

---

① 以上参见逢先知、金冲及主编：《毛泽东传》第六册，中央文献出版社2011年版，第2686页。

评江青和以江青为首的"四人帮",这对支持周恩来总理、邓小平同志等,遏制江青等的气焰,起了关键性作用。

1975年5月27日,经毛泽东批准,由邓小平主持召开中央政治局会议,批评以江青为首的"四人帮"。6月28日,迫于各方面的压力,江青终于向毛泽东和中央政治局交出一份书面检讨,她在检讨中写道:"我对不起主席、政治局的同志们,更对不起小平同志。"她检查自己一年多来"所犯的错误"。在检讨最后写道:"我有信心和决心遵照主席的教导、党的要求去改正错误。"经在京的中央政治局成员传阅后,毛泽东圈阅了江青这份书面检讨。这是"文化大革命"以来江青第一次向党中央写出书面检讨,承认错误。①

1975年下半年以后,毛泽东的健康状况越来越坏,在床上躺着的时间多,不愿意起来。一天也没有同几个人说话。就是在这样的情况下,毛泽东仍然在很多关于落实干部政策和知识分子政策、文艺政策等来信、材料上写下批示。在这段时间里,毛泽东更多关心的是调整文艺政策和落实知识分子政策的问题。这是江青等长期以来插手最多的"重灾区",也是社会各界反映情况较多的,毛泽东很不满意文艺界的现状和江青的一些做法。1975年7月14日,毛泽东亲自找江青、张春桥谈话指出:"党的文艺政策应该调整一下,一年、两年、三年,逐步逐步扩大文艺节目。"7月下旬起,毛泽东连续就文艺界有关人士的来信或材料写下批语,要求对文艺政策进行调整。毛泽东在听工作人员给他读长春电影制片厂编剧张天民反映江青等人力图扼杀故事片《创业》的来信时即刻写下批示:"此片无大错,建议通过发行。不要求全责备。而且罪名有十条之多,太过分了,不利调整党的文艺政策。"并且非常生气地多遍对工作人员说:"江青这个人不懂事,尽办些蠢事。"这一天,毛泽东一直不高兴,不愿吃饭,也没有

---

① 以上参见逄先知、金冲及主编:《毛泽东传》第六册,中央文献出版社2011年版,第2699—2707页。

睡觉，一直无法休息。①

1975 年 9 月中旬，国务院在山西省昔阳县召开全国农业学大寨会议。会议的主题是讨论农业问题。邓小平到会并作了"全面整顿"的主题讲话，十分鼓舞人心。可是在会上，江青却大谈与会议主题毫不相干的评《水浒》和"两条路线斗争"问题。她危言耸听地说：评《水浒》不单纯是文艺评论和历史评论，它是对当代有意义的大事。《水浒》的要害是排斥晁盖，架空晁盖，搞投降。宋江收罗了一帮子土豪劣绅、贪官污吏，占据了各重要岗位。批《水浒》就是要大家都知道我们党内就是有投降派。江青的话让与会人员莫名其妙。她讲完后，还要播放她的讲话录音，印发她的讲话稿。毛泽东得知这一情况后非常气愤地说："放屁！文不对题。那是学农业，她搞批《水浒》。这个人不懂事，没有多少人信她的，上边（指中共中央政治局——笔者注）。"毛泽东还明确指示，江青讲话的"稿子不要发，录音不要放，讲话不要印"。②

一波未平，一波又起。江青"四人帮"就是这样的拨弄是非，干扰破坏，制造事端，企图抢班夺权。党事、国事、家事，事事充满矛盾和斗争，而且越来越尖锐复杂。致使年迈的毛泽东晚年生活极度疲惫、郁闷和孤寂。这就是晚年毛泽东长达六七年的一种心境。

除了江青上述种种所作所为给毛泽东带来很多的烦恼、忧伤、悲凉之外，毛泽东晚年与儿女们相见也是很少很难的。没有家庭温暖，没有家人亲情，毛泽东病危的时候（大概是逝世前十天），他的女儿李敏经中央同意，才得以到病榻前看望她的父亲。这时的毛泽东微睁双眼，看清了是自己的女儿，便紧握住李敏的手，闭目不语，一会两眼溢出了泪水。其他的儿女牺牲的牺牲，生病的生病，还有的也

---

① 参见逢先知、金冲及主编：《毛泽东传》第六册，中央文献出版社 2011 年版，第 2711—2713 页。

② 参见逢先知、金冲及主编：《毛泽东传》第六册，中央文献出版社 2011 年版，第 2719—2720 页。

是因为江青的"参与"情感受损。毛泽东晚年长时间见不到自己的儿女子孙。这一实际情况使得毛泽东晚年生活很为孤独、寂寞、悲凉。

最后岁月的毛泽东，年老了，病重了，两腿两脚肿得不能走路了，站起来也很困难了，说话也让人难以听清了，老婆不想见，子女们不能见，儿孙绕膝的天伦之乐一天也没有。对一位面对这些"运去英雄不自由"的八十多岁的老人来说，每天还能做什么呢?他本来就很爱读书，在上述种种主观、客观因素的影响之下，每天只有读书。祈望用读书来缓解、转移、消除他的复杂心情，孤独、寂寞、忧虑、忧伤、烦恼、不安、悲凉、痛楚……用读书来调节大脑、休息身体，带来睡眠和安宁。

所以，笔者认为，毛泽东晚年每天不停地、无休止地读书，原因是多方面的。如果只简单地说成是某一个方面的原因，那是不完全符合当时具体实际的。

2 问

为什么晚年还要一遍一遍读
《共产党宣言》?

　　马克思、恩格斯的著作《共产党宣言》,是毛泽东读的第一本马列主义著作,时间是在 1920 年。此后的 57 年里,对这本马克思主义的经典著作,毛泽东不知反复读过多少次,这本书中的许多精辟论断,他几乎都能背下来。我们看到,在他老人家生命最后几年的岁月里,身旁还一直放着一本大字线装本的《共产党宣言》和两本战争年代出版的已经翻看得很破旧的《共产党宣言》。因为这个版本的字太小,他老人家的眼睛看不清,所以就用 1963 年印制的大字线装本对照着看。《共产党宣言》是毛泽东一生最爱读的,也是读的遍数最多的马列主义经典著作。

　　毛泽东到了晚年,也就是在他老人家身患多种

疾病的最后几年岁月，为什么还一遍一遍读《共产党宣言》呢？

笔者认为，至少有以下三个方面的原因：

第一，《共产党宣言》是毛泽东选择科学社会主义的入门向导书，为年轻的毛泽东指明了前进的道路。

《共产党宣言》是阐述无产阶级追求共产主义理想的最进步、最新的世界观和最具唯物辩证法思想的科学著作。我们知道，《共产党宣言》是1848年马克思、恩格斯为共产主义者同盟起草的纲领，是关于共产主义的第一个纲领性文献，它完整、系统而严密地阐述了马克思主义的主要思想。它是共产主义信仰者和广大进步人士的行动指南。正如伟大导师列宁曾评价所说的："这部著作以天才的透彻鲜明的笔调叙述了新的世界观，即包括社会生活在内的彻底的唯物主义、最全面最深刻的发展学说辩证法以及关于阶级斗争、关于共产主义新社会的创造者无产阶级所负的世界历史革命使命的理论。"①

五四运动前后，《共产党宣言》从国外传到了中国，立即成为中国先进知识分子的抢手读物，在短时间内曾一版再版。据史料记载，毛泽东读的《共产党宣言》全译本，是1920年8月陈望道翻译的、在上海正式出版的《共产党宣言》。这是《共产党宣言》在中国出版的第一个全译本，也是马克思和恩格斯的著作在中国出版的第一个单行本。后来，毛泽东自己曾回忆说：正是《共产党宣言》这部马克思主义著作，"使我树立起对马克思主义的信仰。我接受马克思主义、认为它是对历史的正确解释，以后，就一直没有动摇过"②。毛泽东自从倾心研读了《共产党宣言》全译本之后，就确立了对共产党的终身信仰，开始了他对真理漫漫的执著追求。正是这本马克思主义的划时代著作，成了毛泽东选择科学社会主义的入门向导。从此记述中，我们可以清楚地看出，《共产党宣言》对毛泽东的世界观、对毛泽东的

---

① 《列宁选集》第2卷，人民出版社1972年版，第578页。

② 《毛泽东一九三六年同斯诺的谈话》，人民出版社1979年版，第39页。

思想和行动的影响是很大的。《共产党宣言》为年轻的毛泽东指明了前进的道路，在前进的道路上，毛泽东也一直恪守《共产党宣言》的思想、理论。他信仰《共产党宣言》，牢记《共产党宣言》，忠诚《共产党宣言》，为宣传践行《共产党宣言》而不懈奋斗。这是毛泽东晚年还一遍一遍读《共产党宣言》的根本原因。

第二，《共产党宣言》是指导和解决中国新民主主义革命不断取得胜利和新中国社会主义建设事业不断开拓前进的强大的思想理论武器。

我国 28 年的新民主主义革命，新中国成立初期的社会主义建设事业，都是以毛泽东为代表的中国共产党人领导全国各族人民进行的一种探索、一种伟大的实践。在探索、实践中历尽磨难、历尽艰辛。面对前进道路上遇到的种种艰难险阻，种种没有想到而实际遇到了的困难和问题，怎么办？毛泽东一条重要的方法就是靠读《共产党宣言》，从《共产党宣言》中找到克服困难、解决问题的信心和力量，找到战胜困难、解决问题的启示、思路、途径和办法。对于这一点，毛泽东自己曾这样说过："要学马列主义经典著作，要精读，读了还要理解它，要结合中国国情，结合自己的工作实践去分析、去探索、去理解。理论和实践结合了，理论就会是行动的指南。"毛泽东还说："马列主义的书要经常读，当然不必要一律都精读，而且遇到实际问题，就去请教马列主义，时常翻阅，从理论上进行分析。"毛泽东接着说："《共产党宣言》，我看了不下一百遍，遇到问题，我就翻阅马克思的《共产党宣言》，有时只阅读一两段，有时全篇都读，每阅读一次，我都有新的启发。我写《新民主主义论》时，《共产党宣言》就翻阅过多少次。"[①]"遇到实际问题"，"我就翻阅马克思的《共产党宣言》"。这是毛泽东读《共产党宣言》的体会，也是他的一贯做法。

---

① 曾志：《谈谈我知道的毛主席》，《缅怀毛泽东》（上），中央文献出版社 1993 年版，第 400—401 页。

新民主主义时期是这样，新中国成立初期到20世纪60年代中期，毛泽东一直都是这样做的。面对实际的困难和遇到的实际问题，毛泽东不仅自己反复研读《共产党宣言》，而且多次提醒领导干部和全党注意学习这部经典著作。1942年11月，他在西北局高干会议上讲"布尔什维克化的十二条"时指出：我们要注重理论，高级干部要准备读书，从《共产党宣言》起，要能读几十本马克思主义的书，就把我们的党大大地武装起来了。1945年，他在党的七大上，又特别提出要读5本马列主义著作，为首的又是《共产党宣言》。1949年，在新民主主义革命即将取得全国胜利的时刻，党的七届二中全会决定干部要学习包括《共产党宣言》在内的12本马列主义著作，他又亲笔在这12本书的目录前，加上了"干部必读"四个字，并请即刻印发给七届二中全会。在一个较长时期内，把这12本书作为干部学习马列主义的基本教材。

毛泽东在号召全党学习马列经典著作时总是把《共产党宣言》列为首要的必读书之一。

新中国成立之后，新的工作、新的实际情况，毛泽东自己又多次用心阅读《共产党宣言》，一边读，一边思考，一边在书上圈圈画画。这本书中有关废除资产阶级所有制，剥夺资产阶级占有他人劳动、奴役他人劳动的权力，与传统的所有制观念决裂等处，都作了密密麻麻的圈画。

1958年8月北戴河会议之后，各地迅速掀起全民炼钢和人民公社化运动的高潮。这年9月以后，毛泽东对《共产党宣言》中有关建立公有制方面的论述读得更加仔细，在很多地方作了圈点批画。笔者在这里仅举以下几例：

共产主义革命就是同传统的所有制关系实行最彻底的决裂；毫不奇怪，它在自己的发展进程中要同传统的观念实

在这段文字旁画了直线、曲线，段末还加画了一个圈。

行最彻底的决裂。

无产阶级将利用自己的政治统治，一步一步地夺取资产阶级的全部资本，把一切生产工具集中在国家即组织成为统治阶级的无产阶级手里(在这里画了一个圈)，并且尽可能快地增加生产力的总量。

> 在这段文字旁画了直线、双直线、曲线、段末画了三个圈、本段右侧画了三个圈。

要做到这一点，当然首先必须对所有权和资产阶级生产关系实行强制性的干涉，也就是采取这样一些措施，这些措施在经济上似乎是不够充分的和无法持续的，但是在运动进程中它们会越出本身，而且作为变革全部生产方式的手段是必不可少的。

> 在这段文字旁画了直线、曲线。

这些措施在不同的国家里当然会是不同的。

> 在这句话旁画了直线、曲线。

但是，最先进的国家几乎都可以采取下面的措施：

> 在这句话旁画了直线、双直线、曲线。

1. 剥夺地产，把地租用于国家支出。

2. 征收高额累进税。

3. 废除继承权。

4. 没收一切流亡分子和叛乱分子的财产。

5. 通过拥有国家资本和独享垄断权的国家银行，把信贷集中在国家手里。

6. 把全部运输业集中在国家手里。

7. 按照共同的计划增加国家工厂和生产工具，开垦荒地和改良土壤。

> 这几句话分别画了直线、曲线。

8. 实行普遍劳动义务制，成立产业军，特别是在农业方面。

在这段文字旁画了直线，段前还加画了三个圈。

9. 把农业和工业结合起来，促使城乡对立逐步消灭。

在这段文字旁画了直线、曲线，段前还加画了三个圈，段后加画了一个圈。

10. 对所有儿童实行公共的和免费的教育。(此处画圈)取消现在这种形式的儿童的工厂劳动。把教育同物质生产结合起来，等等。

在这段文字旁画了直线、曲线，段前还加画了三个圈，段后加画了一个圈。

当阶级差别在发展进程中已经消失而全部生产集中在联合起来的个人的手里的时候，公共权力就失去政治性质。原来意义上的政治权力，是一个阶级用以压迫另一个阶级的有组织的暴力。如果说无产阶级在反对资产阶级的斗争中一定要联合为阶级，通过革命使自己成为统治阶级，并以统治阶级的资格用暴力消灭旧的生产关系，那么它在消灭这种生产关系的同时，也就消灭了阶级对立的存在条件，消灭了阶级本身的存在条件，从而消灭了它自己这个阶级的统治。

在读这段文字时，他画了双圈。

读完后，他在文字旁画了直线、双直线、曲线，段后加画了三个圈，段左画了双直线。

代替那存在着阶级和阶级对立的资产阶级旧社会的，将是这样一个联合体，在那里，每个人的自由发展是一切人的自由发展的条件。

在这段文字旁画了直线、双直线、曲线。

以上列举的毛泽东在读《共产党宣言》一书所作的圈圈画画，一方面说明毛泽东读书是非常认真、非常用心的；另一方面也说明当时的毛泽东很想从本书中找到解决中国社会主义建设中遇到的实际问题的答案。当时，他已经在思想上把《共产党宣言》与中国社会主义建设中遇到的实际问题紧密地联系起来了。联系实际读马列，联系实际读《共产党宣言》，带着问题读《共产党宣言》，这是毛泽东读马列主义著作一个显著的特点。

第三，研究实际斗争的需要。

毛泽东自己曾说，读了《共产党宣言》这本书，"我才知道人类自有史以来就有阶级斗争，阶级斗争是社会发展的原动力，初步地得到认识问题的方法论。可是这些书上，并没有中国的湖南、湖北，也没有中国的蒋介石和陈独秀。我只取了它四个字：'阶级斗争'，老老实实地来开始研究实际的阶级斗争。"①1958 年 12 月 10 日，他老人家在武昌读《魏书·张鲁传》时写下的读书批注就是："中国的历史，就是一部阶级斗争史。"②

在整个社会主义建设时期，毛泽东从未中断对《共产党宣言》的研读。1963 年，他提出要学习包括《共产党宣言》在内的 30 本马列著作，并指示 30 本书都要出大字本，以便老同志阅读。其中，《共产党宣言》不仅出了大字本，还出了竖排的线装本。1965 年 4 月，他在长沙召集了艾思奇等 5 位专家，连同他自己共 6 个人，要为《共产党宣言》等 6 部马列经典著作的中文版各写一篇序言，毛泽东要亲自为《共产党宣言》中文本作序。他生前还多次表示：要结合中国革命的经验，为《共产党宣言》作注释。遗憾的是，他的这一愿望没有实现。1970 年，在批判陈伯达的"批陈整风"运动中，毛泽东再次号召党内外广大干部和群众学习马列 6 本书，居其首者，仍是这本《共产党宣言》。1974 年，毛泽东在一份指示中，要曾经长期从事《共产党宣言》翻译工作的成仿吾到中央党校，专门从事马恩著作中译本

---

① 《毛泽东文集》第二卷，人民出版社 1993 年版，第 379 页。

② 《毛泽东著作专题摘编》（下），中央文献出版社 2003 年版，第 2393 页。

的校正工作。此后，成仿吾就带着几位助手，对《共产党宣言》中译本进行了严格的校正。1976年5月的一天，当朱德读完成仿吾重新译校的《共产党宣言》试用本以后说："你们重新译校的《共产党宣言》，我昨天一口气看完了，很好，很好懂，主要问题都抓住了。"他又说，"现在许多问题讲来讲去，总是要请教马克思和恩格斯，总得看《宣言》是如何讲的。""有许多干部都亲自听到过，毛主席说自己每年都把《宣言》读几遍。"①

毛泽东不但研读中文本的《共产党宣言》，而且对英文版的《共产党宣言》也颇有兴趣。他老人家当年的秘书林克同志回忆说：从1954年秋天起，毛主席重新开始学英语。"毛主席想学一些马列主义经典著作的英文本，第一本选的就是《共产党宣言》，这本书的文字比较艰深，而且生字比较多，学起来当然有不少困难，但是他的毅力非常坚强。我发现他在《共产党宣言》的第一页到最后一页，全部都密密麻麻地用蝇头小字注得很整齐，很仔细，他的这种精神，很感人。"② 对于这部英文版的《共产党宣言》，一直到晚年，毛泽东每重读一遍，就补注一次。他老人家还风趣地说："我活一天就要学习一天，尽可能多学一点，不然，见马克思的时候怎么办？"

一本《共产党宣言》传到中国，毛泽东前后读了57年。57年里，毛泽东到底读过多少遍呢！没人说得清。我们只知道，他老人家读过的版本中南海故居存放的就有：1943年延安解放出版社出版，博古译的版本；1949年解放出版社出版，根据苏联莫斯科外文书局出版局中文版翻印的版本；1964年人民出版社出版，中共中央马恩列斯著作编译局翻印的大字本等几种。1976年9月毛泽东逝世以后，我们在他书房床边经常阅读的书中，还发现了两本战争年代出版的《共产党宣言》。还有他生前读过的英文版。当然，这还不是很完全的统

---

① 范若愚：《无产阶级将获得整个世界》，《人民日报》1978年2月18日。

② 林克：《真理的召唤》，《人民日报》1990年8月15日。

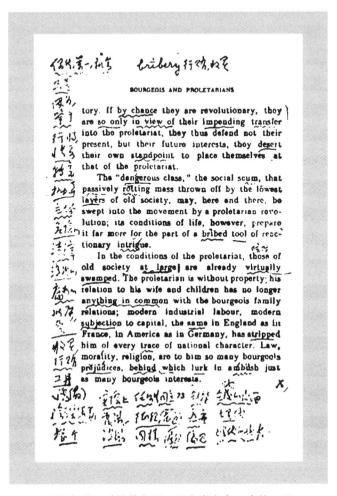

毛泽东学习过的英文版《共产党宣言》中的一页

计，1920 年陈望道的翻译本，故居里就没有看到。还有战争年代他读过的已经丢失的各种版本。这本马列经典著作，多种版本长期放在他睡觉的床边以及会客室的书架上，他随时可以翻阅。1939 年底，他自己说《共产党宣言》读了不下一百遍，后来的几十年里他又读了多少遍（包括读英文版的《共产党宣言》），这谁能说清楚呢！但有一点我们是知道的，《共产党宣言》陪伴毛泽东 57 年，毛泽东读《共产党宣言》也读了 57 年，《共产党宣言》是毛主席非常珍视、非常爱读的一本马列主义著作，是毛泽东生前读的遍数最多的一本马列主义著作。

3 问

为什么生命的最后十年又读
各种不同版本的《红楼梦》?

从 1966 年夏往后,直到 1973 年 5 月 26 日,关
于毛泽东要读《红楼梦》,我们当年的记录如下:

1966 年 11 月 20 日,送主席:

……

《脂砚斋重评石头记》   1—4 册

1967 年 4 月 2 日,送主席:

《红楼梦》   2 函 20 册

……

1968 年 7 月 11 日,送主席:

《红楼梦》（120 回本）   1—24 册

《红楼梦》（80 回本）   上、下册

《红楼梦》（120 回本）   1—4 册

《乾隆甲戌脂砚斋重评石头记》   上、下册

1969 年 9 月 28 日，送主席：

《红楼梦》道光壬辰版   1—24 册

《增评补图石头记》光绪二十四年版   2 函 16 册

1970 年 6 月 27 日，送主席：

《脂砚斋重评石头记》中华书局 1962 年版   1—4 册

《乾隆甲戌脂砚斋重评石头记》1962 年版   1—2 册

《增评补图石头记》光绪二十六年版   1—16 册

《石头记》（120 回本）   4 函 32 册

《增评补图石头记》（120 回本）   4 函 32 册

《脂砚斋重评石头记》商务印书馆影印   1—8 册

1971 年 6 月 9 日，送主席：

《增评补图石头记》商务印书馆版   1—16 册

《增评补图石头记》道光壬辰刻本   1—16 册

1971 年 6 月 10 日，送主席：

《增评补图石头记》光绪戊戌石印本   1—16 册

1971 年 8 月 4 日，送主席：

《红楼梦》道光壬辰刻本   1—24 册

1972 年 5 月 24 日，送主席：

《红楼梦》人民文学出版社 1972 年版　　　　　　1—4 册

1973 年 3 月 9 日，送主席：
《红楼梦》人民文学出版社 1972 年版
……

1973 年 4 月 4 日，送主席：
《红楼梦》人民文学出版社 1972 年版

1973 年 5 月 26 日，送主席：
《红楼梦》等 4 种新版古典小说各 1 部

　　以上多次送给毛泽东的各种不同版本的《红楼梦》，除少数的读后让我们退还有关单位外，大多数都一直放在他的身边。从 1966—1973 年的 8 年中，他每年都看过《红楼梦》。毛泽东逝世后，我们在整理翻阅他故居里的全部图书包括在丰泽园住地和后来的游泳池住地的图书，从中看到，有线装木刻本《红楼梦》，也有线装影印本、石刻本《红楼梦》，还有各种平装本《红楼梦》。笔者曾作过一次统计，中南海毛泽东故居藏书中，不同版本的线装本《红楼梦》一共有 20 种之多。

　　这 20 种《红楼梦》是：

《增评补图石头记》木刻大字本　　　　　　　　4 函 32 册
《脂砚斋重评石头记》影印本　　　　　　　　　1 函 8 册
《脂砚斋重评石头记》（6 回本）
　　上海人民出版社 1975 年版　　　　　　　　1 函 8 册
《乾隆抄本百廿回红楼梦稿》
　　中华书局 1963 年版　　　　　　　　　　　1—12 册

《戚蓼生序本石头记》

    人民文学出版社 1973 年版   2 函 20 册

《脂砚斋重评石头记》

    文学古籍刊行社 1955 年版   1 函 8 册

《原本红楼梦》有正书局版

《红楼梦》道光壬辰版   1—24 册

《脂砚斋重评石头记》   上、下册

《脂砚斋重评石头记》（乾隆甲戌 16 回本）

    中华书局 1962 年版   1—4 册

《乾隆甲戌脂砚斋重评石头记》（胡适评）

    1961 年版   1—2 册

《脂砚斋重评石头记》（俞平伯评）

    中华书局 1962 年版   1—4 册

《全图增评石头记》上海求志斋光绪戊申版   1—16 册

《原本全图红楼梦》   1—16 册

《绘图评注石头记》（王希廉评）道光壬辰版   1—2 册

《乾隆甲戌脂砚斋重评石头记》

    （台湾"中央"印制厂影印）   1—2 册

《增评补图石头记》商务印书馆 1934 年版   1—16 册

《增评补图石头记》道光壬辰版   1—16 册

《增评补图石头记》光绪戊戌年上海石印版 1—16 册

    还有新中国成立之后，国内有关出版社出版的各种平装本《红楼梦》

    以上的记录，还是很不完全的。这些不同线装版本的《红楼梦》，差不多都摆在中南海游泳池住地会客厅里。游泳池住地卧室里还摆放两种：一种是《脂砚斋重评石头记》（1—8 册本），一种是《增评补图石头记》（4 函 32 册本）。这两种，他都有圈画。笔者看到，

放在游泳池住地会客厅里和卧室里的多种不同版本的《红楼梦》,有的是用黑铅笔做了密密麻麻的圈画,有的还打开放着,有的折叠起一个角,有的还夹有纸条。这些都可以说明,晚年的毛泽东还在一遍又一遍地阅读《红楼梦》。

1964 年 8 月 18 日,毛泽东说:"《红楼梦》我至少读了五遍。"①在这之后,又至少 10 次向我们要过不同版本的《红楼梦》,他晚年的书库里、会客厅里、卧室里一直放有 20 多种不同版本的线装大字本的《红楼梦》,书就放在他身边,随时都可以翻阅。在我国的古典小说中,毛泽东读的遍数最多的就要算是《红楼梦》了。如果要问,毛泽东生前读《红楼梦》究竟读了多少遍,恐怕他本人也很难说清楚。反正书中的主要内容,从场面描写到人物对话,从情节到结构,从时代背景到作者创作主题,甚至一些诗句、警语,以及大观园内的许多生活细节的描写,他老人家都记得很熟,常常脱口而出,引用自如。

毛泽东生前常同人谈起《红楼梦》的一些细节的描写。如 1951 年秋同老同学周世钊的一次谈话中就谈到,贾宝玉吃饭穿衣都要丫头服侍,不能料理自己;林黛玉多愁善感,哭哭啼啼,住在潇湘馆,吐血,闹肺病。1973 年 7 月 4 日同王洪文、张春桥的一次谈话中说,贾母一死,大家都哭,其实各有各的心事,各有各的目的。如果一样,就没有个性了。哭是共性,但伤心之处不同。他劝人们去看看柳嫂子同秦显家的争夺厨房那几段描写。

类似这样有关《红楼梦》具体细节描绘的谈话是很多的。这一小小的侧面,也能说明毛泽东对《红楼梦》读得是很熟的。

毛泽东为什么如此爱读《红楼梦》?笔者认为主要有以下几个方面的原因:

第一,毛泽东很推崇《红楼梦》的艺术成就,很欣赏《红楼梦》对人物的塑造和语言的运用。

---

① 《毛泽东文艺论集》,中央文献出版社 2002 年版,第 208 页。

毛泽东曾对《红楼梦》给予极高的评价。他在《论十大关系》中是这样说的，我国"工农业不发达，科学技术水平低，除了地大物博，人口众多，历史悠久，以及在文学上有部《红楼梦》等等以外，很多地方不如人家，骄傲不起来"①。毛泽东这里把《红楼梦》作为我国文学的代表作和主要成就，虽然是以幽默的语气谈及的，但他确实也从内心里引以为豪。《红楼梦》可以说是我国文学的最高成就，也是世界文学的重要成就。其作者曹雪芹如同英国的莎士比亚、意大利的但丁、法国的巴尔扎克、德国的歌德、俄国的托尔斯泰等一样，是各自民族的骄傲，也是世界人民的骄傲。对于这样一部具有深远影响的文学名著《红楼梦》，毛泽东是读了又读，爱不释手。

毛泽东认为，《红楼梦》"语言是古典小说中最好的，人物也写活了"。他多次谈到凤姐这个人物写得好。他在他写的文章和与人谈话中多次引用《红楼梦》中的故事和语言来说明现实问题。例如，在1963年9月的中共中央工作会议的讲话中，用王熙凤对刘姥姥的一句话"大有大的难处"来说明大国的事情也并不那么好办。还有王熙凤说过的一句名言"舍得一身剐，敢把皇帝拉下马"，他很感兴趣，在提倡彻底的唯物主义者是无所畏惧的时候，曾多次引用这句话。1958年，在成都召开的一次会议上，他还用丫头小红说的"千里搭长棚，没有不散的筵席"来说明聚散的辩证法和没有一件事情不是相互转化的。这方面的例子是很多的。

《红楼梦》是我国文学史上的一颗璀璨的明珠，是我国古典小说中的瑰宝。作者曹雪芹以其独特的艺术风格，通过对清朝乾隆时代贾、史、王、薛四大家族由盛到衰的真实生动而细腻的描绘，成功地刻画了几十个封建统治者和数百个奴仆的人物形象。特别是通过对封建统治阶级的一对叛逆者贾宝玉、林黛玉的爱情悲剧的描写，使其思想性和艺术性在同类作品中更为突出。毛泽东爱读《红楼梦》，这与

---

① 《毛泽东文集》第七卷，人民出版社1999年版，第43页。

《红楼梦》在我国古典文学中的独一无二的艺术成就是分不开的。

第二，《红楼梦》在揭示封建社会的黑暗与丑恶的同时，体现了对光明和美好生活的向往与追求。

毛泽东认为，曹雪芹及其作品《红楼梦》，同关汉卿、施耐庵、吴承恩一道体现了古代的"民主文学"的传统。[①] 所谓民主性就是"不满意封建制度"，不满意封建制度对人的摧残，对宗法家庭中被迫害、被侮辱和被毁灭的人们，特别是妇女，表示了莫大的同情。1961年12月20日，毛泽东在中央政治局常委和各大区第一书记会议上的谈话中，说《红楼梦》是尊重女性的，说贾宝玉是同情被压迫的丫鬟的。[②]1962年8月11日，毛泽东在中央工作会议核心小组上的谈话还说："有些小说如《官场现形记》等，是光写黑暗的，鲁迅称之为谴责小说。只揭露黑暗，人们不喜欢看……《金瓶梅》没有传开，不只是因为它的淫秽，主要是它只暴露，只写黑暗，虽然写得不错，但人们不爱看。《红楼梦》就不同，写得有点希望么。"[③] 例如，对贾宝玉这个封建制度的逆子的描写，虽然他没有能够逃脱被压抑而最终走向虚无的悲剧性的命运，但作者曹雪芹的民主倾向和萌生的深情希望渗透在字里行间。这是《红楼梦》区别于其他古典爱情小说的一个显著特点，毛泽东之所以爱读《红楼梦》，这不能不说是其中的一个重要原因。

第三，把《红楼梦》当作历史读，通过读《红楼梦》来形象地了解中国封建社会的历史。《红楼梦》所描写的是清乾隆年间，金陵贾、史、王、薛四大家族的衰败史。在四大家族中，曹雪芹的笔下着重描写的只是贾府一个家族。透过贾府一家，看到史、王、薛各家，

---

① 参见《毛泽东文集》第七卷，人民出版社1999年版，第398页。原文为1958年8月毛泽东在审阅和修改陆定一《教育必须与生产劳动相结合》（载《红旗》1958年第7期）一文时加写的话。

② 参见《毛泽东文艺论集》，中央文献出版社2002年版，第206—207页。

③ 《毛泽东文艺论集》，中央文献出版社2002年版，第207—208页。

从贾、史、王、薛四家看到代表整个封建统治阶级的百千个"大族名宦之家"就如同清代二知道人在《〈红楼梦〉说梦》一书中所说的："太史公纪三十世家，曹雪芹只纪一世家。……然曹雪芹纪一世家，能包括百千世家。"① 通过读《红楼梦》，可以从贾府衰败过程中一系列真实、形象、生动的片段来加深对中国封建社会的认识和了解。早在 1938 年 4 月 28 日在延安"鲁艺"的演讲中，毛泽东就提出，这是一部好书，现在许多人鄙视这部书，以为它写的是一些哥哥妹妹的事情，其实它有极丰富的社会史料。毛泽东在 1965 年对他的表孙女王海容说过：你要不读一点《红楼梦》，你怎么知道什么叫封建社会？1981 年，薄一波也曾写过这样一段回忆："毛泽东同志对《红楼梦》有浓厚的兴趣，讲过这是一部顶好的社会政治小说。他多次要大家读，说不是读故事，而是读历史，你要不读《红楼梦》，怎么知道什么叫封建社会呢？这部小说描写的是乾隆年间，清朝开始走下坡路，曹雪芹借贾、史、王、薛'四大家族'的兴衰，揭示了封建制度的腐朽。"② 直到 1973 年 12 月 21 日，在同部队领导同志的谈话中，他又从《红楼梦》创作的动因和构思的角度，谈到它的历史主题：曹雪芹把甄士（真事）隐去，用贾雨（假语）村言写出来。真事就是政治斗争，不能讲，于是用吊膀子（爱情）掩盖它。《红楼梦》除了具有上述的这些特色外，毛泽东认为《红楼梦》还体现了作为封建根基的家长制的动摇。在 1959 年 12 月至 1960 年 2 月读苏联《政治经济学教科书》"社会主义部分"的谈话中，他这样说："《红楼梦》中就可以看出家长制度是在不断分裂中。贾琏是贾赦的儿子，不听贾赦的话。王夫人把凤姐笼络过去，可是凤姐想各种办法来积攒自己的私房。荣国府的最高家长是贾母，可是贾赦、贾政各人又有各人的打算。"③ 要

---

① 一粟编：《古典文学研究资料汇编·红楼梦卷》第三卷，中华书局 1963 年版，第 102 页。

② 薄一波：《回忆片断——记毛泽东同志二三事》，《人民日报》1981 年 12 月 26 日。

③ 《毛泽东文艺论集》，中央文献出版社 2002 年版，第 206 页。

认识和了解中国封建社会，当然重要的是要读历史，读理论书，这些书可以帮助我们从政治、经济、军事、科学、文化等各个方面对封建社会作出分析，通过许多具体的历史事实来认识、了解封建社会。但是，仅读这些书还不够，还应当读《红楼梦》这类描写封建社会阶级关系、人际关系和统治者与被统治者的生活面貌的文艺作品，这样才能使我们更好、更细致地了解封建社会。事实证明，在读了许多文艺作品后，能使人收到读理论书、读历史书收不到的效果。毛泽东爱读《红楼梦》，这也是一个方面的重要原因。

毛泽东读《红楼梦》，不仅仅是看书中的故事、语言艺术，更重要的是看阶级斗争、看政治斗争、看社会历史。把《红楼梦》当作历史读，这是毛泽东读《红楼梦》的一种主要方法。

早在延安时期，毛泽东就说过，《红楼梦》"有极丰富的社会史料"[1]。1961年12月20日，毛泽东在中央政治局常委和各大区第一书记会议上说过："《红楼梦》……他写的是很细致的、很精细的社会历史。"[2]1964年8月18日在北戴河与几个哲学工作者谈话中，毛泽东又说，"我是把它（《红楼梦》）当作历史读的。开头当故事读，后来当历史读"[3]。1967年10月12日同外宾的谈话中，毛泽东还说：不了解点帝王将相，不看古典小说，怎么知道封建主义是什么呢？当作历史材料来学，是有益的。把《红楼梦》当历史读，这已经不是一般意义上的读小说了，它进到了读小说的更深层次，也对读小说者提出了更高的要求。一般人读小说，只注重小说本身的人物、故事等情节的描写。如果把小说中的人物、故事等内容与一定的社会、历史联系起来，透过小说描写的字里行间看到一定的社会、历史，从历史的视角来读小说，这对读者的要求也就更高了。

毛泽东认为，把《红楼梦》当作历史读，就是应当弄清楚《红

---

① 《毛泽东文艺论集》，中央文献出版社2002年版，第18页。

② 《毛泽东文艺论集》，中央文献出版社2002年版，第206页。

③ 《毛泽东文艺论集》，中央文献出版社2002年版，第208页。

楼梦》产生的时代背景，把作者和作品中的人物、思想与历史背景紧密地联系起来，把书中的内容当作形象的历史来读。通过阅读，透过故事，明白事理，把握历史现象及其规律。

对《红楼梦》的写作背景，1962年1月，毛泽东在扩大的中央工作会议上，在谈到西方资本主义的发展从17世纪开始经过了好几百年的时候，说过这样一段话："十七世纪是什么时代呢？那是中国的明朝末年和清朝初年。再过一个世纪，到十八世纪的上半期，就是清朝乾隆时代，《红楼梦》的作者曹雪芹就生活在那个时代，就是产生贾宝玉这种不满意封建制度的小说人物的时代。乾隆时代，中国已经有了一些资本主义生产关系的萌芽，但是还是封建社会。这就是出现大观园里那一群小说人物的社会背景。"① 这里我们可以清楚地看出，毛泽东把曹雪芹和小说中的人物与时代、社会联系在一起。毛泽东认为，曹雪芹创作《红楼梦》的历史背景，也是形成小说中的人物性格命运的历史背景，这两个方面的思想内涵是一致的。资本主义生产关系的产生，对封建社会来说是矛盾的。这一矛盾必然要影响到作者曹雪芹创作《红楼梦》时的思想倾向，使其形成作品主题的内在矛盾。因此，1964年8月，毛泽东在关于坂田文章的谈话中说："曹雪芹在《红楼梦》里还是想补天，想补封建制度的天，但是《红楼梦》里写的却是封建家族的衰落，可以说是曹雪芹的世界观和他的创作发生矛盾。"② 封建社会制度必然要由资本主义社会制度来代替，这是社会发展的必然趋势。《红楼梦》则是借一家一族的衰败展示封建社会走向没落的客观必然性。封建制度的"天"是无法补的，曹雪芹主观上想"补"也是不可能的。作者主观上的希望和封建社会家族必然衰败的客观结果的矛盾，《红楼梦》中的主人公贾宝玉、林黛玉等萌生的新的希望和他们无法摆脱封建社会制度、家族制度的束缚最终以悲

① 《毛泽东文集》第八卷，人民出版社1999年版，第301—302页。

② 《毛泽东文集》第八卷，人民出版社1999年版，第393页。

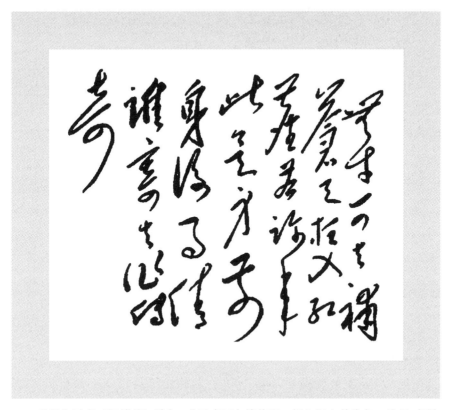

毛泽东手书《红楼梦》诗句:"无才可去补苍天,枉入红尘若许年。此是(系)身前身后事,倩谁寄(记)去作传奇(奇传)"

剧命运告终的矛盾,这两方面的矛盾在《红楼梦》中通过一件一件的具体事实和一个一个的故事、一场一场的人物活动淋漓尽致地表现了出来。从文学作品的意义上来说,《红楼梦》是我国古典小说中的佼佼者。从时代背景思想内容上来说,"这部小说描写的是乾隆年间,清朝开始走下坡路,曹雪芹借贾、史、王、薛四大家族的兴衰,揭示了封建制度的腐朽"①。它又是一部历史小说和一部顶好的社会政治小说。所以,毛泽东一直把《红楼梦》当作"很仔细很精细的历史"来读。

①　史全伟主编:《生活中的老一代革命家》,中央文献出版社 2008 年版,第 349 页。

第四，《红楼梦》中充满着阶级矛盾，通过读《红楼梦》可以了解封建社会生活中的具体的阶级斗争的情况。

《红楼梦》不是直接描写封建社会农民和地主阶级的斗争的专著，它主要描写的是封建社会贾、史、王、薛四大家族内部的冲突及其周围生活中的各种不同性质的矛盾。曹雪芹创作这部小说时，在取材和构思上，并非是着眼于阶级斗争；但小说中众多人物的阶级身份就是"奴隶主"和"奴隶"这两个对立的阶级。四大家族衰败过程中充满着激烈的阶级斗争，小说中也是很为明显的。正如毛泽东所说的："阶级斗争，一些阶级胜利了，一些阶级消灭了。这就是历史，这就是几千年的文明史。"① "在阶级社会中，每一个人都在一定的阶级地位中生活，各种思想无不打上阶级的烙印。"②《红楼梦》里充满阶级矛盾和阶级斗争，毛泽东当时的思想是主张阶级斗争理论的，客观与毛泽东本人当时主观思想、认识上是一致的，这是毛泽东晚年爱读《红楼梦》的又一个显著的原因。

对《红楼梦》里写的阶级斗争，毛泽东多次谈及。早在井冈山时，他就说过：《红楼梦》写了两派的斗争。一派好，一派不好。贾母、王熙凤、贾政，这是一派，是不好的；贾宝玉、林黛玉、丫鬟，这是一派，是好的。③ 在延安时，毛泽东一次与身边的同志谈读《红楼梦》时，他说：还是要看《红楼梦》啊！那里写贪官污吏，写了皇帝王爷，写了大小地主和平民奴隶。大地主是从小地主里冒出来的，麻雀虽小五脏俱全。看了这本书就懂了什么是地主阶级，什么是封建社会。就会明白为什么要推翻它！1954年3月10日，毛泽东又一次对身边的工作人员说："《红楼梦》这部书写得很好，它是讲阶级斗争的，要看五遍才能有发言权哩。"接着又说，"多少年来，很多人

---

① 《毛泽东选集》第四卷，人民出版社1991年版，第1487页。

② 《毛泽东选集》第一卷，人民出版社1991年版，第283页。

③ 参见王行娟：《贺子珍的路》，作家出版社1985年版，第115页。

研究它,并没有真懂。"①1964 年 8 月 18 日,毛泽东在与几个哲学工作者谈话中还说:"什么人都不注意《红楼梦》的第四回,那是个总纲,还有《冷子兴演说荣国府》,《好了歌》和注。第四回《葫芦僧乱判葫芦案》,讲护官符,提到四大家族:'贾不假,白玉为堂金作马。阿房宫,三百里,住不下金陵一个史。东海缺少白玉床,龙王来请金陵王。丰年好大雪,珍珠如土金如铁。'《红楼梦》写四大家族,阶级斗争激烈,几十条人命。统治者二十几人(有人算了说是三十三人),其他都是奴隶,三百多个,鸳鸯、司棋、尤二姐、尤三姐等等。讲历史不拿阶级斗争观点讲,就讲不通。"② 有一次,毛泽东游泳后在岸上休息,问在身边的薛焰:"最近读过些什么书?你看过《红楼梦》吗?"薛焰回答说:"这是一本文艺书,我是搞公安的,没有看过。"毛泽东一听,便认真地对薛焰说:"搞公安就不要看?你知道里面有多少条人命案子呀!这是一部讲阶级斗争的书,应该看看,你最少要看上五遍才能搞清楚。"说到这里,毛泽东点燃一支烟,又接着说,"这里面有你们学习的,书内有四大家族,知道吗?……"③

　　说到《红楼梦》第四回中的"护官符"和这部书中写阶级斗争的事,1973 年 12 月 21 日,毛泽东在同一些部队领导同志的谈话中,说到《红楼梦》写的"真事"是政治斗争时,他又很有兴趣地把第四回的"护官符"背了一遍,引以为证。对《红楼梦》描写四大家族的这四句话,他老人家记得很熟,和身边的同志谈《红楼梦》时,他常一字不差地背出来。笔者还看到,毛泽东在读影印本《脂砚斋重评石头记》时,这几句话的书页天头上,他用黑铅笔画了三个大圈。在"雨村……细问这门子,这四家皆连络有亲,一损皆损,一荣皆荣,扶持遮饰,俱有照应的"这一段文字旁边,他用铅笔都一一画了圈。毛泽东所以把第四回看作是《红楼梦》全书的

①　张仙朋:《为了人民……》,《当代》1979 年第 2 期。
②　《毛泽东文艺论集》,中央文献出版社 2002 年版,第 208 页。
③　参见薛焰:《光辉的形象,亲切的教导》,《广州文艺》1977 年第 5 期。

纲,大概也是因为"护官符"从一个侧面揭示了封建统治阶级维护其统治地位和统治秩序的形式和法宝,封建统治者就是利用这一法宝来剥削、欺压平民百姓,来剥夺和占有奴隶们用汗水和解血创造的财富。这个"纲"最能体现作品的主题并能引导读者透过文字的表面看到问题的实质。抓住了这个"纲"就是抓住了"阶级斗争",就是抓住了作品的主题,就等于掌握了理解整个作品的钥匙。所以,毛泽东读《红楼梦》很关注这个"纲",他与人谈《红楼梦》时谈得最多的大概也是这个"纲"。毛泽东从阶级斗争的角度来读《红楼梦》,来理解《红楼梦》,这是毛泽东读《红楼梦》的又一个独到之处。

第五,《红楼梦》了解中国封建社会经济生活。

《红楼梦》中关于中国封建社会经济生活的描写不是很多,1963年5月11日,毛泽东在杭州召开的中央工作会议上曾谈道:"《红楼梦》主要是写四大家族统治的历史。""四大家族统治的历史"中,当然也包括经济的统治。封建地主阶级对平民百姓和奴隶们的剥削、侵占等主要的表现也应当是在经济方面。然而,《红楼梦》中"写封建剥削只有一两处"。这是因为作者曹雪芹的形象构思和艺术描绘的着重点不在这个方面。尽管作品中关于经济问题的描写不是很多,但是,毛泽东在阅读过程中也都一一注意到了。对于这一点。1959年12月至1960年2月,毛泽东在读苏联《政治经济学教科书》"社会主义部分"的有关谈话中有所谈及。根据当时有关人员的记录,毛泽东的话是这样说的:"《红楼梦》里有这样的话:'陋室空堂,当年笏满床。衰草枯杨,曾为歌舞场。蛛丝儿结满雕梁,绿纱今又在蓬窗上。'这段话说明了在封建社会里,社会关系的兴衰变化,家族的瓦解和崩溃。"① 这种变化造成了土地所有权的不断转移,也助长了农民留恋土地的心理。

---

① 《毛泽东文艺论集》,中央文献出版社 2002 年版,第 205 页。

读《红楼梦》这样的文学作品，对类似这样的话，一般人是不太关注的，然而毛泽东却注意到了，还能够随口背出来。不仅熟记于心，而且还常在练习书法时，多次书写这几句诗。从这个小小的侧面也可以说明，毛泽东从《红楼梦》中读出了一般人没有读出的社会和时代的内涵，这也是他老人家为什么爱读《红楼梦》的原因吧。

总之，《红楼梦》包含的内容是极为深广的，既描绘了封建家族命运的兴衰际遇，爱情的悲欢离合；又描写了封建家族内部的政治斗争和阶级斗争。阅读这部小说，既可以看一个个生动、细腻的爱情故事；又可以看封建社会的历史，看封建社会的政治斗争和阶级斗争。

4 问

为什么终身爱读《水浒》？

据当年我们服务工作的记录，1964年8月3日，毛泽东在北戴河的时候，还要过《金圣叹批改水浒传》。送给毛主席的是影印贯华堂原本。到了20世纪70年代，我们先后给他送过12种不同版本的《水浒》。按照当时登记的顺序，这12种不同版本的《水浒》是：

《金圣叹批改水浒传》

    上海中华书局1934年影印件　　1—24 册

《水浒传》顺治丁酉冬刻本　　　　1—20 册

《全像绘图评注水浒全传》

    上海扫叶山房1924年版　　　　1—12 册

《五才子水浒传》上海同文书局版 1—16 册

《水浒》人民文学出版社 1972 年版　　　　　　　上、下册

《明容与堂刻水浒传》上海人民出版社 1975 年版　1—4 册

《明容与堂刻水浒传》上海中华书局 1966 年版　　1—20 册

《第五才子书施耐庵水浒传》中华书局 1975 年

　影印　　　　　　　　　　　　　　　　　　　1—8 册

《水浒传》人民文学出版社 1975 年影印　　　　　1—100 册

《第五才子书施耐庵水浒传》中华书局 1975 年

　影印　　　　　　　　　　　　　　　　　　　1—32 册

《水浒传》人民文学出版社 1975 年版　　　　上、中、下册

《水浒全传》人民文学出版社 1975 年版　　　上、中、下册

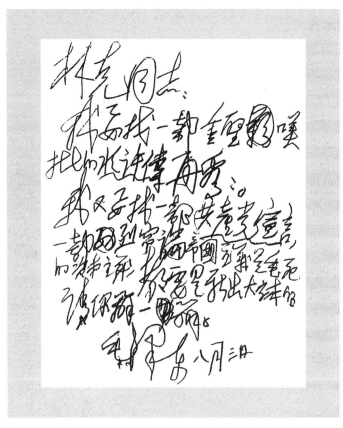

毛泽东 1964 年 8 月 3 日致林克的信中写道：我要找一部
金圣叹批的《水浒传》再看看

以上不同版本的《水浒》，后来一直放在他的书房里。其中，上海中华书局 1966 年出版的《明容与堂刻水浒传》（线装大字本 1—20册），毛泽东生前一直把它放在卧室里。

1964 年 8 月 3 日，送给毛泽东的那部上海中华书局 1934 年影印贯华堂原本《金圣叹批改水浒传》，是毛泽东最喜爱看的版本之一。70 年代，他还先后两次看过这部《水浒传》。第一次是 1971 年 8 月 3 日，这天上午大约 10 点多钟，主席要看他几年前看过的线装本金圣叹批改的《水浒传》。我们找到并在"毛主席用书登记本"上登记后，急忙送交主席。第二次是 1972 年 2 月 1 日，主席又要看《金圣叹批改水浒传》，同时还要看别的版本的《水浒》，要线装本，字大一些的。毛泽东自己的存书中，还有几种版本的《水浒》，是线装本，但字都比较小。我们即到北京琉璃厂中国书店买了一部线装本《五才子水浒传》（70 回本，上海同文书局版，16 册），字也比较大。巧得很，这部《水浒》也是金圣叹评点过的。我们又到首都图书馆借来一部《全像绘图评注水浒全传》（上海扫叶山房 1924 年版，12 册）。后一种，主席翻阅后第二天即 2 月 4 日就退回来了。前一种《五才子水浒传》，主席一直留在身边，默默伴随着他度过终生。毛泽东晚年看过不少版本的《水浒传》，但是，他最爱看的版本，就要数金圣叹批改的《水浒传》了。不过，主席对金圣叹"腰斩"《水浒》是不满意的，他说金圣叹砍掉《水浒传》的后半部分"不真实"。

1972 年 1 月 6 日，陈毅元帅因病逝世。1 月 8 日，毛泽东亲笔签发了陈毅的悼词。1 月 10 日下午，大病初愈身体还很虚弱的毛泽东穿着睡衣突然来到八宝山参加陈毅的追悼会。参加陈毅追悼会回来后，他又大病了一场。2 月初，他身体还未完全康复，就要看《水浒》，看了《金圣叹批改水浒传》，还要看《五才子水浒传》。是受"武松打虎"、"柴进门招天下客，林冲棒打洪教头"、"三打祝家庄"和"鲁智深大闹野猪林"等许多英雄故事的吸引呢，还是舒解对陈毅这位英勇善战、功勋卓著、大度豁达、爽直忠诚的战友、诗友之死的

《金圣叹批改水浒传》

不平、不安、不忍以及深情的思念呢？是要看小说、读故事，重温历史呢，还是要调节一下大脑、调节一下情绪，借此消除心中的不安呢？作为主席身边工作人员，笔者也是很难说清的。无论如何，毛泽东当时的心情是非常复杂、矛盾的，也是非常寂寞、苦涩、孤独的。

毛泽东自少年时代起就喜爱读《水浒》，到了晚年，还兴味依然，一次又一次、一遍又一遍阅读《水浒》。毛泽东在耄耋之年，多次颇有兴致地谈论《水浒》。直到1975年，因患老年性白内障眼睛不能看书了，在与身边同志谈到《水浒》的时候，他还侃侃而谈。

毛泽东为什么终身爱读《水浒》呢？笔者认为，主要有以下几个方面的原因：

第一，《水浒》描写的是农村和农民革命斗争的故事，毛泽东出生在农村，对这类故事有天然的亲近感。

毛泽东是一个农民的儿子，青少年时代差不多都是在农村度过的。走上革命道路以后，也是从解决农民问题开始的。1926年5月至9月，他主持广州农民运动讲习所的工作，讲课的中心问题就是农民问题。他关注和着重研究的问题也是农民问题。为了动员农民，组织农民，1927年1月至2月，毛泽东在大革命高潮中用了33天的时间考察湖南的农民运动，在考察的基础上写下了光辉的篇章——《湖南农民运动考察报告》。在考察中，他看到不愿做奴隶的农民们纷纷起来造反、抗争的情景：他们举起他们那粗黑的手，加在绅士们头上，用绳子把劣绅们捆绑起来，牵着游乡；土豪劣绅的小姐少奶奶的牙床上，他们也可以踏上去滚一滚；他们打翻了土豪劣绅在地上，并且踏上一只脚；农会会员漫山遍野，梭镖短棍一呼百应，土匪无处藏踪；女子和穷人不能进祠堂吃酒的老例被打破，女子们结队拥入祠堂，一屁股坐下便吃酒，族尊老爷们只好听她们的便……对一切代表农民利益的"反常"现象，毛泽东非常高兴地称之为："这是四十年乃至几千年未曾成就过的奇勋。这是好得很。"① 毛泽东生在农村，长时期地和农民们生活在一起。因此他很熟悉农村和农民的疾苦。他很憎恶当时那些草菅人命、欺压百姓等极不合理的社会现象。他理解农民，同情农民，对农民和农民运动一直有着特殊的感情。《水浒》是我国历史上第一部专门描写农民起义发生、发展直至失败的全过程的古典小说。书中描写并且颂扬的一个个英雄人物，有打鱼的，有种菜的，有打铁的，有卖膏药的，还有许多形态各异的被压迫的普通平民百姓，书中的人物面貌毛泽东好像都似曾相识；他们反抗官府、劫富济贫的种种行为，毛泽东似乎也有所闻、也有同感、也曾有所实践，他们的生活，他们的言谈话语，他们的要求，他们的愿望，毛泽东好像也都是眼见过、耳听过、心想过。对于这样一部与农村和农民有密切联系的古典小说，引起毛泽东的兴趣和关注，这是非常自然的。毛泽东自己生前在谈到早年读《水浒》、《三国演义》等古典小说对他产生的影响时说过："我认为这些书对我的影响大概很大，因为这些书是在易受感染的年龄里读的。"② 在他的少年时代对他影响最大的读物就算是《水浒》了。"不过，《水浒》对毛泽东，从少年时起最重要的影响，主要还是在思想方面。书中'替天行道、劫富济贫'的

① 《毛泽东选集》第一卷，人民出版社 1991 年版，第 15—16 页。
② 《毛泽东自述》，人民出版社 1993 年版，第 9 页。

思想，激起了他反抗现存秩序的精神。这是毛一生的思想中，从中国旧文化（区别于官修典籍的民间传统文化）继承来的一个很重要的部分。"①

第二，《水浒》反映的是一些农民造反思想和反抗精神，毛泽东对此产生了共鸣。

毛泽东青少年时代就具有造反思想和强烈的反抗精神。1936年，在同斯诺的谈话中，毛泽东有这样一段自我介绍：

> 有一件事我记得特别清楚。在我大约十三岁的时候，我父亲请了许多客人到家里；我们两人当着他们的面争论起来。父亲当众骂我懒而无用。这一下激怒了我。我回骂了他，接着就离家出走。我母亲追着我想劝我回去。父亲也追上来，边骂边命令我回去。我跑到一个池塘边，并且威胁说如果他再走近一步，我就要跳进水里。在这种情况下，停止内战的要求和反要求都提出来了。我父亲坚持要我道歉并磕头认错。我同意如果他答应不打我，我可以跪一只脚磕头认错。战争就这样结束了。我从这件事认识到，当我用公开反抗的办法来保卫自己的权利的时候，我父亲就软了下来；可是如果我保持温顺的态度，他只会更多地打骂我。②

这段自我介绍，造反的矛头固然是对着他的父亲，但字里行间都显示出少年毛泽东的反抗精神。毛泽东在青少年时代，无论是在家庭里，还是在学校里，表现他勇于造反、敢于反抗、善于斗争的例子是很多的。

走上革命道路之后，从秋收起义到井冈山斗争的岁月，从震撼

---

① 《毛泽东早年读书生活》，辽宁画报出版社2007年版，第19页。
② 《毛泽东一九三六年同斯诺的谈话》，人民出版社1979年版，第7—8页。

世界的二万五千里长征到延安，从抗日战争、解放战争到新中国的诞生，直到他老人家生命的最后几年，他还以斗争的精神和非凡的智慧，不失时机地奋力叩开关闭已久的中日、中美关系的大门，谱写出新中国外交的新篇章。

《水浒》描写的是农民造反的传奇故事，书中塑造了李逵、鲁智深、武松、林冲等敢于反抗官府的诸多英雄群像，并通过他们不同的反抗道路展现了中国历史上的农民起义如何由分散的单个的复仇火星发展到熊熊燃烧的燎原大火，最后又完全被熄灭的完整过程。在中国的封建社会里，农民的起义，农民的反抗，都是地主阶级对农民的残酷的经济剥削和政治压迫的必然结果。哪里有压迫，哪里就有反抗。《水浒》中众多的农民造反，众多的英雄投奔梁山泊，铤而走险参加起义，这是"官逼民反"的历史必然，这是《水浒》这部小说最有价值的思想内容。毛泽东所以爱看这部小说，一个重要的原因，就是小说揭示的"官逼民反"的这一主题思想与毛泽东本人具有的强烈的反抗精神产生了共鸣。对书中许多的英雄好汉的义气、侠行、胆识、才干等等，毛泽东是很敬佩和向往的。1944年1月9日，毛泽东看了延安平剧院编演的历史剧《逼上梁山》以后，当即高兴地给编导们写了这样热情赞誉的信："看了你们的戏，你们做了很好的工作，我向你们致谢，并请代向演员同志们致谢！历史是人民创造的，但在旧戏舞台上（在一切离开人民的旧文学旧艺术上）人民却成了渣滓，由老爷太太少爷小姐们统治着舞台，这种历史的颠倒，现在由你们再颠倒过来，恢复了历史的面目，从此旧剧开了新生面，所以值得庆贺。……你们这个开端将是旧剧革命的划时期的开端，我想到这一点就十分高兴。"[1] 这出戏是《水浒》的精髓，体现了作品强烈的反抗精神，受到毛泽东的赞誉，这是很自然的。在大革命高潮中，毛泽东说农民的"造反"有理，因为这是"逼出来的"，"凡是反抗最力、乱子

---

[1] 《毛泽东文集》第三卷，人民出版社1996年版，第88页。

闹得最大的地方，都是土豪劣绅、不法地主为恶最甚的地方"。①1939年7月9日，毛泽东在陕北公学作题为《三个法宝》的演讲时，还把自己带队伍上井冈山说成是"没法子，被逼上梁山"。在延安给斯大林祝寿的时候，毛泽东还把马克思主义的道理，概括为一句极简单的话。他说："马克思主义的道理千条万绪，归根结底就是一句话：'造反有理'。……根据这个道理，于是就反抗，就斗争，就干社会主义。"②新中国成立以后，毛泽东在谈自己的革命生涯，谈中国共产党的历史经验时还颇有感触地说："革命家是怎样造就出来的呢？他们不是开始就成为革命者的，他们是被反动派逼出来的。我原先是湖南省的一个小学教员，我是被逼迫这样的。反动派杀死了很多人民。"最后他借用《水浒》的故事归纳成一句话："每个造反者都是被逼上梁山的。"③

第三，把《水浒》作为反面教材来读。毛泽东晚年在夜以继日的工作之余，在病魔缠身的最后几年的岁月中，还一遍又一遍地阅读《水浒》。他不是为了寻求艺术的审美享受，也不是像少年时代那样追慕英雄造反的故事，而是把《水浒》当作反面教材，通过阅读这部反面教材，使人们知道如何发展和保持我们已经取得的革命成果，使社会主义的红色江山千秋万代永不变色。

1975年8月13日，毛泽东与芦荻（北京大学中文系讲师，1975年5月29日到9月底，在中南海给毛泽东读书）谈《三国演义》、《红楼梦》和《水浒》等几部古典小说的时候，曾说过："《水浒》这部书，好就好在投降。作反面教材，使人们都知道投降派。"1974年在武汉读《水浒》时，毛泽东对张玉凤也说过，宋江是投降派，搞修正

① 《毛泽东选集》第一卷，人民出版社1991年版，第17页。

② 《在延安各界庆祝斯大林六十寿辰大会上的讲话》（1939年12月21日），《人民日报》1949年12月20日。

③ 毛泽东1964年1月同安娜·路易斯·斯特朗的谈话，转引自《毛泽东哲学思想研究》1986年第6期。

主义。① 《水浒》中的农民起义最终失败，宋江招安投降，这是历史的必然。封建社会的历次农民起义总是以失败而告终。对于这一点，早在1939年12月，毛泽东就说过："只是由于当时还没有新的生产力和新的生产关系，没有新的阶级力量，没有先进的政党，因而这种农民起义和农民战争得不到如同现在所有的无产阶级和共产党的正确领导，这样，就使当时的农民革命总是陷于失败，总是在革命中和革命后被地主和贵族利用了去，当作他们改朝换代的工具。"② 那么，中国共产党领导团结全国各族人民夺取的政权，取得的胜利，能不能不断地巩固和发展，特别是新中国成立之后，中国共产党还能不能领导团结全国各族人民沿着社会主义的康庄大道不断前进，人民已经夺取的政权还会不会丧失，中国还会不会重蹈"农民革命总是陷于失败"的历史覆辙，这是晚年的毛泽东极为关注而且一直在用心实践和探索的一个问题。在进城前夕召开的中国共产党第七届中央委员会第二次全体会议上，毛泽东饱含深情地说过："夺取全国胜利，这只是万里长征走完了第一步。如果这一步也值得骄傲，那是比较渺小的，更值得骄傲的还在后头。在过了几十年之后来看中国人民民主革命的胜利，就会使人们感觉那好像只是一出长剧的一个短小的序幕。剧是必须从序幕开始的，但序幕还不是高潮。中国的革命是伟大的，但革命以后的路程更长，工作更伟大，更艰苦。这一点现在就必须向党内讲明白，务必使同志们继续地保持谦虚、谨慎、不骄、不躁的作风，务必使同志们继续地保持艰苦奋斗的作风。"③ 这段话，在20世纪50年代和60年代曾一直鼓舞着中国共产党人和中国人民不断地前进。到了60年代末70年代初，刘少奇含冤离世，林彪叛国出逃，周恩来、朱德等老一辈无产阶级革命家相继重病住院。"四人帮"紧锣密鼓，迫不及待地抢班夺权。在这样特定的历史条件下，毛泽东大力提倡"继

---

① 《毛泽东评〈水浒〉真相》，《中国青年报》1988年9月24日。
② 《毛泽东选集》第二卷，人民出版社1991年版，第625页。
③ 《毛泽东选集》第四卷，人民出版社1991年版，第1438—1439页。

续革命",并要人们注意《水浒》中宋江的招安投降,导致梁山农民起义的彻底失败这一反面教材,这是完全符合毛泽东当时的思想逻辑的。笔者认为,毛泽东在这里把《水浒》作为反面教材,其本意主要还是要人们从宋江招安投降导致革命失败的这一特定的历史事实中吸取教训,从而能够"继续革命",沿着社会主义方向不断前进。

毛泽东把《水浒》作为反面教材来读,可能还有这样一个心理背景。我们知道,宋江领导的农民起义队伍接受招安,并非在当时客观形势对他们极为不利而毫无其他办法的情况下作出的选择;恰恰相反,他们是在取得了两赢童贯、三败高俅等一系列胜利的大好形势下自愿主动接受招安的。小说的这种描写,与毛泽东在60年代以后一直思考和忧虑的课题,是很为一致的。毛泽东认为,革命的真正目的在于取消压迫,改变产生压迫和官僚主义的社会结构。而这一切,在当时不仅没有达到,反而在社会主义土壤上滋生了不少欺压迫害百姓的大大小小的官僚,严重地损害了党群关系和干群关系。毛泽东还联系到我国农民革命的历史,他注意到历史上的农民革命在获得胜利以后,原来的革命者的革命热情往往就逐渐消退,革命意志也逐渐丧失,图安逸,求享受,直至最后完全违背原来革命的真正的目标,以失败而告终。这样的历代革命的悲剧,会不会在我们共产党人领导的经过无数的革命先烈用鲜血和生命换来的社会主义的大地上重演?正是因为有这样特殊的心理背景,所以毛泽东把《水浒》后面的宋江招安投降的描写作为反面教材来读。这也是毛泽东晚年爱读《水浒》的一个原因。

一部《水浒》,半个多世纪,毛泽东不知读过多少遍,也不知读过多少次,书中的人物、故事、情节等内容,他都熟记在胸,信手拈来即成妙喻,随口引用恰到好处。

第四,《水浒》中有许多唯物论和辩证法的思想,有很多唯物辩证法的事例。

《水浒》虽然是一部小说,但是其中有许多唯物论和辩证法的思想，有很多唯物辩证法的事例。

《水浒》中"三打祝家庄"的故事是毛泽东很为欣赏的故事之一。毛泽东在 1937 年写的《矛盾论》中曾把这个故事上升到哲学高度来理解和评价。他在《矛盾论》中是这样说的：

> 《水浒传》上宋江三打祝家庄，两次都因情况不明，方法不对，打了败仗。后来改变方法，从调查情形入手，于是熟悉了盘陀路，拆散了李家庄、扈家庄和祝家庄的联盟，并且布置了藏在敌人营盘里的伏兵，用了和外国故事中所说木马计相像的方法，第三次就打了胜仗。《水浒传》上有很多唯物辩证法的事例，这个三打祝家庄，算是最好的一个。①

1942 年，延安平剧院还根据毛泽东的这个论述创作了新编历史剧《三打祝家庄》。新中国成立后在一次省市委书记会议上向人们谈到三打祝家庄的故事给人的启示时又说，"一打"后石秀探庄，解决了道路问题；"二打"分化祝家庄、李家庄、扈家庄的三庄联盟；然后是解决祝家庄内部问题，于是有了孙立的假投降，"三打"就成功了。②

1957 年 11 月上旬，在苏联莫斯科的一天晚上，毛泽东将郭沫若、胡乔木及十来名工作人员请来一道吃饭。在饭桌上，在谈论《三国》以及"原子弹和关云长的大刀究竟哪个死人多"的话题之后，毛泽东忽然问翻译李越然："你读过哪些古书？"李越然回答："《三国》、《水浒》……"说到《三国》、《水浒》，毛泽东说："《三国》、《水浒》这些好书至少要读他三遍，不要去注意那些演义式的描写，而要研究故

---

① 《毛泽东选集》第一卷，人民出版社 1991 年版，第 313 页。
② 1959 年 2 月在省市委书记会议上的讲话，转引自陈晋：《毛泽东与文艺传统》，中央文献出版社 1992 年版，第 161 页。

事里的辩证法。"①《水浒》里有辩证法，读《水浒》，主要是研究、理解故事里的辩证法，这是毛泽东读《水浒》的一大特色。

第五，《水浒》中有不少与政治、与政策、与思想方法和工作方法有关的描写，这是毛泽东感兴趣的地方。

毛泽东的革命生涯是从农村开始的。毛泽东最具独创性的工作，是从农民问题开始的。在进行和领导中国革命的历史长河中，毛泽东一直非常重视和关注农村工作和农民问题。在毛泽东看来，农村工作和农民问题，是中国革命和建设中的一个至关重要的政治问题。早在1926年5月至9月，毛泽东在主持广州农民运动讲习所期间，为了说明现实的国民革命的中心问题就是农民问题，毛泽东在讲课中反复用地主阶级同农民的关系来阐明传统中国的政治结构。当时，毛泽东阐述的一个基本观点是：封建社会的政治完全是地主阶级的政治，中国历史上任何一次造反起义运动代表的都是农民利益，因此他们的失败是不可避免的。为了说明他的这个基本观点，当时他就举了《水浒》中农民造反起义失败的例子。他说："梁山泊宋江等人英勇精明，终不能得天下者，以其代表无产（农民）阶级利益（即为农民利益，因为毛泽东在当时的表述中对无产阶级利益和农民利益还没有做细致区分——笔者注），不容于现时（当时）社会，遂致失败。"②但是，他们虽然失败了，却促成了朝代的更换，历史的变迁。这是毛泽东第一次运用《水浒》故事来印证或阐发自己的政治观点。

毛泽东曾经说过：《水浒》要当作一部政治书看。它描写的是北宋末年的社会情况。中央政府腐败，群众就一定会起来革命。当时农民聚义，群雄割据。占据了好多山头，如清风山、桃花山、二龙山等，最后汇集到梁山泊，建立了一支武装，抵抗官兵。这支队伍，来自各个山头，但是统率得好。他从这里引申出我们领导革命也要从认

---

① 李越然：《外交舞台上的新中国领袖》，解放军出版社1989年版，第157—158页。

② 《广东农民运动讲习所资料选编》，人民出版社1987年版，第195页。

识山头、承认山头、照顾山头，到消灭山头，克服山头主义。①

　　新中国成立以后，我国广大劳动人民翻身做了主人，掌握了国家政权，全国各族人民在中国共产党的领导下沿着社会主义道路前进的形势下，《水浒》中英雄好汉们的造反斗争精神和行为模式在毛泽东的脑海里仍然还留有深深的印记。1956 年 2 月 20 日，一次在听取工作汇报的谈话中，毛泽东说：《水浒传》是反映当时政治情况的，《金瓶梅》是反映当时经济情况的。这两本书不可不看。②1957 年 3 月 19 日，在南京党员干部会议上的讲话中，他强调在新的工作中仍然要保持和发扬光大《水浒》中英雄们的革命热情和拼命精神。他说："我们要保持过去革命战争时期的那么一股劲，那么一股革命热情，那么一种拼命精神，把革命工作做到底。什么叫拼命？《水浒传》上有那么一位，叫拼命三郎石秀，就是那个'拼命'。我们从前干革命，就是有一种拼命精神。"③

　　1959 年夏庐山会议期间，在一次谈到当时社会上刮的"共产风"的问题时，毛泽东又意味深长地说道："宋江立忠义堂，劫富济贫，理直气壮，可以拿起来就走。宋江（晁盖）劫的'生辰纲'（劫生辰纲的实为晁盖等人——笔者注）是不义之财，取之无碍。我们长期不打土豪了。打土豪，分田地，都归公。那也取之无碍，因为是不义之财。"④

　　毛泽东在这里把宋江等人取的不义之财和中国共产党在土地革命时期打土豪、分田地取的不义之财一并加以肯定，他认为这些做法是对的，都是义行。而在社会主义时期，在人民公社化运动中，对农民们的集体财产如肥猪、大白菜等，要拿就拿，拿起就走，则是不对的。

---

① 参见薄一波：《回忆片断——记毛泽东同志二三事》，《人民日报》1981 年 12 月 26 日。
② 参见陈晋：《毛泽东与文艺传统》，中央文献出版社 1992 年版，第 123 页。
③ 《毛泽东文集》第七卷，人民出版社 1999 年版，第 285 页。
④ 李锐：《庐山会议实录》，湖南教育出版社 1989 年版，第 131 页。

毛泽东读《水浒》，从小说联想到政治，从政治的角度来读《水浒》，来谈《水浒》，这方面事例是很多的。就拿重视知识分子这个问题来说，1945年4月24日在党的七大会议上的讲话中就这样说过：《水浒传》里若没有公孙胜、吴用、萧让这些人物，梁山的事业就不行。又如，在如何对待犯错误的干部的问题上，毛泽东也常常从读《水浒》中得到启示。1955年10月11日，毛泽东在中国共产党第七届中央委员会扩大的第六次全体会议上的讲话中，在谈到怎样对待犯错误的同志时，他就联系到《水浒》。他说："我想只有两条：一条，他本人愿意革命；再一条，别人也要准许他继续革命。……我们不要当《阿Q正传》上的假洋鬼子，他不准阿Q革命；也不要当《水浒传》上的白衣秀士王伦，他也是不准人家革命。凡是不准人家革命，那是很危险的。白衣秀士王伦不准人家革命，结果把自己的命革掉了。"①

这里我们可以看出，毛泽东对《水浒》里人物印象是多么深刻。毛泽东读《水浒》，特别注意书中的一些细节和情节的描绘，从政治的角度来分析人物和事物，从而有目的、有针对性引申出一些有益于现代中国革命和社会主义建设的经验和教训。

例如：1938年在延安的时候，毛泽东在一次有关保卫工作的讲话中，为了提高人们对做好保卫工作的认识，他不是侃侃而谈许多的大道理，而是用《水浒传》中的有关故事情节，像讲故事一样来启发人们。毛泽东说，《水浒传》梁山上有军队有政府，也有保卫侦察这些特务工作。一百零八位高级将领中就有做特务工作的。梁山的对面，朱贵开了一酒店，专门打听消息，然后报告上面。如果有大土豪路过，就派李逵去搞了回来。这像家常聊天似的，将深刻的政治道理寓于通俗的谈话之中，使人听起来感到亲切，入耳，入脑。

在江西革命根据地的时候，红军游击队里有人在行动计划之前

---

① 《毛泽东著作专题摘编》（下），中央文献出版社2003年版，第2057页。

不留心了解社会实际情况，往往离开实际调查去估量政治形势，去指导斗争工作，鲁莽处事，因此弄出许多错误。毛泽东把红军游击队里的这种人称为"李逵式的官长"。他说："那些李逵式的官长，看见弟兄们犯事，就懵懵懂懂地乱处置一顿。结果，犯事人不服，闹出许多纠纷，领导者的威信也丧失干净，这不是红军里常见的吗?"[①] 李逵是《水浒》中的一个英雄人物。他朴直豪爽，对农民革命事业很忠诚，但是处事鲁莽。这里毛泽东把游击队里的这些人比作"李逵式的官长"，既有批评的意思——批评他们在行动计划之前不留心了解社会实际情况，鲁莽处事；又有肯定的意思——肯定他们对革命事业的忠诚。这样的评价，通过《水浒》中李逵这个英雄人物来加以说明，寓批评于说理之中，这样就能使被批评者心服、口服，收到最佳的效果。我们从这个小小的事例中，也能约略看出毛泽东从读小说中寻求政治的启示。把小说当成政治来读，这是毛泽东读小说的又一特色。

第六，《水浒》中描写梁山农民的革命斗争，有的是很注意斗争的政策和策略的，这与毛泽东的一贯主张是一致的。

说到毛泽东从政策和策略的视角阅读《水浒》，我们从1945年4月24日，在中国共产党第七次全国代表大会上的谈话中可以看得清楚。在这次会议上，毛泽东在谈到城市工作与根据地工作同等重要时，就用《水浒》上的例子加以说明。他说："梁山泊也做城市工作，神行太保戴宗就是做城市工作的。"[②] 这里毛泽东又一次提到"三打祝家庄"，他颇有感触地说：祝家庄没有城市工作就打不下来。在谈到军队要尽可能扩大同党外人士合作共事的这一政策时，他又想到了《水浒》里梁山泊的例子。他说："我们有饭大家吃，有敌人大家打，发饷是没有的，自己动手，丰衣足食，还实行三大纪律、八项注意，七搞八搞便成了正果。像梁山泊，就实行了这个政策，他们的内

---

① 《毛泽东选集》第一卷，人民出版社1991年版，第112页。
② 《毛泽东文集》第三卷，人民出版社1996年版，第333页。

部政治工作相当好，当然也有毛病就是了，他们里面有大地主、大土豪，没有进行整风。那个卢俊义是被逼上梁山的，是用命令主义强迫人家上去的。他不是自愿的。"①

　　从小说中读政策和策略，这是毛泽东读《水浒》的一大特色。不同的历史时期和不同的客观环境，不同的革命斗争和不同的工作实际，毛泽东阅读《水浒》的角度是不同的。毛泽东能从不同的角度去阅读、去研究，从不同的角度去解释、去运用。这是毛泽东晚年爱读《水浒》的一个非常重要的原因。

---

① 《毛泽东文集》第三卷，人民出版社 1996 年版，第 329 页。

5 问

为什么花甲之年还常把
《聊斋志异》放在身边？

　　如果说，我国古典文学神魔小说中毛泽东最爱读的是《西游记》，那么，要说鬼狐传奇小说，毛泽东最爱读的就要算是《聊斋志异》了。

　　《聊斋志异》是我国清朝初年蒲松龄所撰。蒲松龄长期生活在农村，书中的故事大都是以民间流传的故事为基础，想象丰富，构思奇妙，情节曲折，语言生动，境界瑰丽，具有独特的艺术价值。作者通过民间广泛流传的、人们喜闻乐道的一个个故事，通过自己独特的思维和艺术创造，塑造了一系列栩栩如生、性格鲜明、深受人们同情和喜爱的人物形象；以谈狐说鬼的形式，对当时社会现实的黑暗和统治阶层的腐朽生活及种种的罪恶、对科举制度和种种封建礼教等

多有揭露和批判；以火一样的激情和无限同情的笔调描绘了许多敢于冲破封建礼教束缚、执著追求人身自由和个性解放、热烈向往美好生活的妇女形象。无论从作者的文学语言艺术特色，还是从作品的主题思想及社会现实价值，《聊斋志异》在我国古典文学中都是独树一帜的。

毛泽东早在少年时代就爱读《聊斋志异》等中国古典小说。

1937年8月，毛泽东在著名的哲学论著《矛盾论》中，在谈到矛盾的互相转化的问题时就说到了《聊斋志异》。他说："神话中的许多变化，例如《山海经》中所说的'夸父追日'，《淮南子》中所说的'羿射九日'，《西游记》中所说的孙悟空七十二变和《聊斋志异》中的许多鬼狐变人的故事等等，这种神话中所说的矛盾的互相变化，乃是无数复杂的现实矛盾的互相变化对于人们所引起的一种幼稚的、想象的、主观幻想的变化"。① 这大概是毛泽东在自己的著作中第一次说到《聊斋志异》。从这里我们可以知道，《聊斋志异》与《西游记》、《淮南子》、《山海经》一样，毛泽东都是读得很熟的，这些书中的传说和神话故事他都一直记得很清楚。

新中国成立以后，直到生命垂危的最后岁月，毛泽东还多次阅读《聊斋志异》。说到毛泽东晚年读《聊斋志异》的事，这里笔者先向读者介绍一下当年服务工作过程所见到、所知道的一些情况。

在中南海游泳池住地的会客厅里，放有许多毛泽东晚年常看的图书，其中就有蒲松龄著的《聊斋志异》。有线装大字本的，也有平装小字本的。笔者知道至少有以下四种不同的版本：

《详注聊斋志异图咏》

上海同文书局印行 1—8册

《聊斋志异》

---

① 《毛泽东选集》第一卷，人民出版社1991年版，第330—331页。

文学古籍刊行社 1955 年 9 月版	1—4 册
《铸雪斋抄本聊斋志异》	
上海人民出版社 1974 年 2 月版	1—12 册
《铸雪斋抄本聊斋志异》	
上海人民出版社 1975 年 6 月版	上、中、下册

　　1974 年 2 月出版的《铸雪斋抄本聊斋志异》有两部,一部是放在会客厅里,另一部是放在办公桌的书架上。这四种《聊斋志异》,毛泽东晚年都翻看过,有的看过多遍,有的还作了圈画,有的还写有批注。圈画和批注的具体情形,笔者下面再详细介绍。

　　除这四种外,据笔者的不完全统计,中南海毛主席书库里还存放了以下十种线装本的《聊斋志异》:

《聊斋志异评注图咏》	1—16 册
《聊斋志异新评》	1—13 册
《详注聊斋志异图咏》	
光绪十二年(1886 年)版	1—8 册
《聊斋志异》(影印本)	1—4 册
《聊斋志异新评》	1—13 册
《聊斋志异》	
文学古籍刊行社 1956 年 5 月版	1—5 册
《聊斋志异》	1—8 册
《聊斋志异新评》	
康熙己未年(1679 年)版	1—16 册
《聊斋志异》	
文学古籍刊行社 1955 年 9 月版	1—4 册
《聊斋志异》	
咸丰乙卯年(1855 年)版	1—16 册

还有四种平装本的蒲松龄的著作：

《聊斋故事选》

　　上海文化出版社 1956 年 3 月版　　　　　　　　　　　 1 册

《聊斋故事选评》

　　中华书局 1962 年 8 月版　　　　　　　　　　　　　 1—3 册

《聊斋白话韵文》

　　朴社 1929 年 3 月版　　　　　　　　　　　　　　　　 1 册

《聊斋志异拾遗》　　　　　　　　　　　　　　　　　　　 1 册

　　这些不同版本的《聊斋志异》与蒲松龄的著作，差不多都是新中国成立以后从事图书服务管理的工作人员根据毛泽东本人的具体读书要求和广泛阅读中国古籍的总体需要，陆续从旧书店、旧书摊上购买来的。为什么要购买这么多种版本呢？这主要是因为：第一，毛泽东不是古籍版本的收藏家，对各种古籍版本也没有什么特别的要求，但是，毛泽东非常嗜爱中国古书，特别是对中国古典文学名著等，他尤为喜爱。所以从事图书服务的工作人员在旧书店里、旧书摊上，一见到毛泽东喜爱的图书就把它购买回来放到他的书房里。每当毛泽东走进他的书房，看到新购买来的图书，总要先粗粗地翻一翻，先知道个大概，然后才看其他的书。第二，毛泽东读《聊斋志异》，如同读《红楼梦》、《水浒》、《西游记》一样，常常将几种不同的版本放在一起，对照着看，或者翻翻这一种，又看看那一种，这些不同版本的《聊斋志异》，据笔者了解，不能说是全部，恐怕绝大多数，毛泽东都阅读过。有的不知道反复看过多少遍。笔者听毛泽东身边工作人员陈秉忱同志说过，上海同文书局印行的《详注聊斋志异图咏》和文学古籍刊行社 1955 年 9 月出版的《聊斋志异》，大概是 1955 年秋季购买的，那时候，毛泽东不在丰泽园居住。这两种书买回之后就放在丰泽园菊香书屋西厢房毛泽东的书房里，他一见到就很喜爱。1966

年 8 月毛泽东从丰泽园搬到游泳池居住后，这两种书随着诸多他晚年爱看的古籍（包括 1952 年购置的那部大字线装本二十四史和各种字帖、墨迹等）一起搬到游泳池的书房里。毛泽东逝世之后，1979 年初遵照中央有关负责同志指示，陈秉忱领着我们几个工作人员在游泳池住地整理毛泽东生前阅批过的图书时，偶然看到了这两种书，陈秉忱动情地对我们说："这两种书是我替主席买的。"他说，那时候，他和田家英、逄先知等在主席身边工作的同志，晚饭后、星期天等闲暇时间，常到琉璃厂中国书店、东安市场等处为主席购买图书。说到这里，陈老突然停了下来，想了片刻后又接着说，大概是一天晚上，田家英找到了他，说主席要看《聊斋》。第二天他就去中国书店买了这两种。说着他就情不自禁地一页一页翻看起来，似乎沉浸在了过去岁月的回忆之中。从 1955 年到 1976 年，从丰泽园搬到游泳池，21 年来，毛泽东把这两种《聊斋志异》一直放在自己的身边，可见他对蒲松龄的这部著作是多么喜爱了。毛泽东在阅读过程中，对《详注聊斋志异图咏》用黑铅笔在许多地方作了圈画，在文学古籍刊行社的《聊斋志异》上面写了一些批注。这两种《聊斋志异》，连同上面提到的各种《聊斋志异》，现在它们都还存放在中南海毛泽东故居里。瞻仰过中南海毛泽东故居的人们都会看到，故居里到处都放着书，在那浩如烟海的图书典籍中就有笔者上面说到的几种不同版本的《聊斋志异》。

毛泽东在《聊斋志异》上写的批注，很多读者一定是很有兴趣的。这里笔者将其中比较重要的几条批注向读者作一简略的介绍。

《聊斋志异》中有一篇题目叫《小谢》的，这一篇写的是渭南一个穷书生陶望三借住在一座鬼魅惑人的旧府第内，被乔秋容和阮小谢两个女鬼恫吓、纠缠、捉弄，但他不惧、不恼、不动，且与两鬼友好相处，平等相待。二鬼被感动，就拜他为"师"习字读书。几个月后，小谢"书端好"，秋容"能诗酬唱"，且因受师开导，她们也"颇知义理"了。当陶生赴试并被诬下狱后，二鬼给他送饭，并赴院申

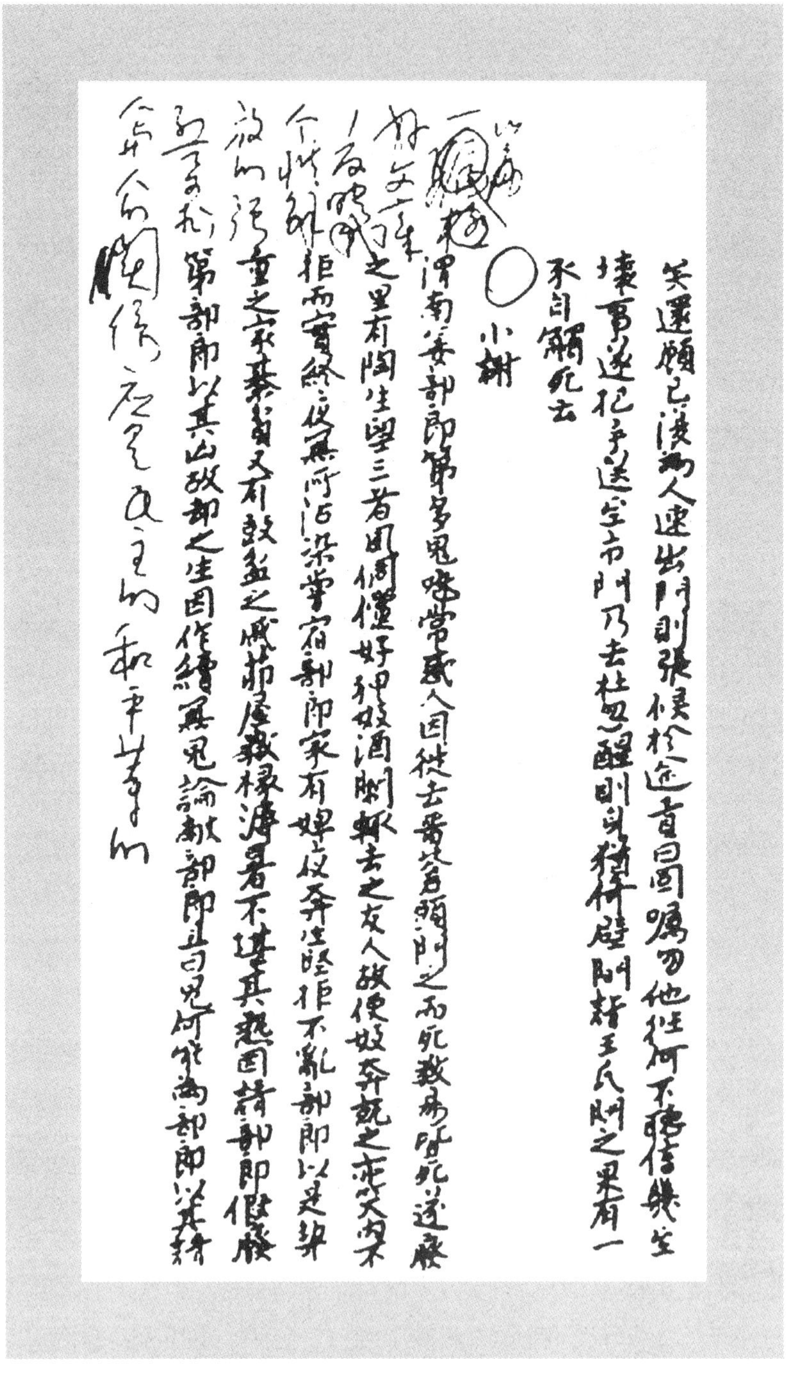
矣還顧已渺入速出門則張候於途責曰固囑勿他往何不聽信幾壞事迷花來送至市門乃去杜忽醒則身猶倚壁間詣王氏問之果有一豕自觸死去

小謝

渭南姜部郎第多鬼魅常惑人因徙去留蒼頭門之而死數易皆死遂廢之里有陶生望三者夙倜儻好狎妓酒闌輒去之友人故使妓奔就之亦笑內不拒而實終夜無所沾染常宿部郎家有婢夜奔生堅拒不亂部郎以是契重之家綦貧又有鼓盆之戚茅屋數椽溽暑不堪其熱因請部郎假廢第部郎以其凶故却之生因作續無鬼論獻部郎且曰鬼何能爲部郎以其請

毛泽东读《聊斋志异》批注

理，遂使陶生获释出狱归家。其中两鬼亦备受艰辛，小谢脚受伤，秋容被黑判摄去幽囚。经过一番曲折，他们得以团聚，"情同伉俪"，但始终无越轨同寝。小谢、秋容的善良、勇敢、多情，以及她们同陶生的和睦相助、真心相爱的行为，感动了一个道士。道士称赞"此鬼大好，不宜负他"，遂用仙术为女鬼重生，方才结为夫妻。作者笔下的小谢和秋容都是容貌绝世、品质纯净、聪明痴情的女性，她们蔑视封建礼教，积极主动地追求幸福美满的爱情生活。作者在这里还赞扬了陶生与小谢、秋容之间的平等关系。小说情节曲折，人物性格鲜明，语言简练，形象生动。毛泽东读后认为这是"一篇好文章"，并饱含深情地挥笔写下了这样一段批注：

"一篇好文章，反映了个性解放的强烈要求，人与人的关系应是民主和平等的。"

蒲松龄的一篇小说在这里能受到毛泽东的称赞，说明这一篇小说的思想内容、人物描写、语言文字等都是很好的，它是我国古典短篇小说中的一篇佳作，在我国短篇小说发展史上也占有非常重要的地位。

《聊斋志异》中还有一篇题目叫《马介甫》的小说。这篇小说写的是河北大名府一个名叫杨万石的秀才。杨秀才非常害怕老婆。他的妻子尹氏非常强悍，杨秀才稍微触犯了她，就要挨她鞭打。一天，杨秀才在府城里等候乡试时遇见了马介甫。从此，他二人交往越来越亲密，便结拜为弟兄。在交往中，马介甫得知杨妻尹氏横蛮地欺侮和摧残杨家老老小小，对杨家老小深表同情。于是，他就想方设法帮助杨万石制服这个悍妇。但是，每当杨万石看到老婆的气焰稍微收敛一些时，就不照马介甫说的办法去做，或者向悍妇讨好献媚，或者向悍妇泄露真实情况。当悍妇一次一次地知道事情的真相后，不仅没有收敛态度，反倒更加认为自己的丈夫没有什么大本事。因此，在马介甫离开杨家后，杨秀才继续过着被轻视、被嘲弄、被辱骂的日子。读罢这则故事，大概是因为作者对杨万石怕老婆和对这个悍妇的横蛮、凶残

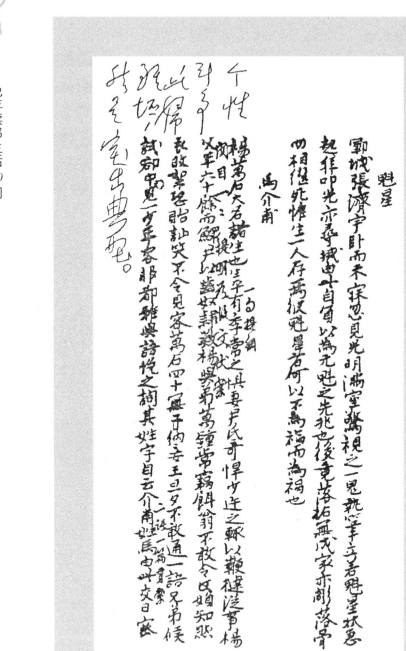

毛泽东读《聊斋志异》批注

描写得淋漓尽致的缘故，所以，毛泽东写下了这样一段批注："个性斗争，此妇虽坏，然是突出典型。"

读过这篇故事的人大概都知道，蒲松龄笔下杨万石的老婆尹氏是一个心肠狠毒的女人，然而从小说描写的艺术上来说，她又是作者着力塑造的一个突出的典型。从这段批语中，我们也可以看出毛泽东对作者人物刻画技艺的称赞。

书中还有一篇题目叫《白莲教》的小说，写的是白莲教的首领徐鸿儒，得到了一部旁门左道的书，能够役使鬼神。略微试了一试，看到的人无不惊异，趋之若鹜。于是他暗地里图谋不轨，便拿出一面镜子，说是能够预见一个人的未来，挂在厅堂上面，叫人自己去照。镜中有时映出的是一顶平民所戴的幞头，有时是一只贵人所戴的纱帽，有时是一袭大官所穿的绣衣或所戴的貂蝉冠，出现的形象很不一样，人们便更加感到惊异。因此到处传播，登门求见者络绎不绝。于是徐鸿儒便宣称："凡是镜子里出现的文武官员，都是如来佛祖命定要参加龙华会的人。各自应该努力，不要退缩。"便拿镜子自己来照，只见冕旒龙袍，就像一个帝王。大家互相看着，大吃一惊，一齐拜伏在地。徐鸿儒就势造起旗帜，拿起武器，众人莫不踊跃相从。没有几个月，聚集的人马以万计，山东的滕县、峄县一带，听到风声，就倒向他一边了。后来，朝廷派了大兵来围剿，有一个彭都司，济南地区长山人，武艺和勇力都超过了别人，徐鸿儒派了两个垂着头发的少女出来应战。两个少女都拿着双刀，骑着大马，刀白如霜，马嘶若怒，轻快迅速，周旋进退，但从早战到晚，两个少女没有能够伤害彭都司，彭都司也没能够打败她们。就这样打了三天，彭都司终于精力俱竭，气喘吁吁地倒地死了。最后等到徐鸿儒兵败被杀，把捉到的同党拘系起来拷问，才知道刀乃木刀，骑乃木凳，两个少女也是假人，假的兵马战死了真的将军。

这篇小说写得虽然很离奇，但它说的是与农民起义有关的事，所以毛泽东很喜爱看。看了以后，他还提笔写下这样一条批注："表

现作者的封建主义，然亦对农民有些同情。"

毛泽东写的这段批注，虽然文字不长，但对作者和作品的评价是很客观的。小说中虽然故事写得很离奇，但作者封建主义的观点是很明确的，这是由作者的世界观所决定的。尽管是这样，毛泽东从这篇小说的字里行间还看到了作者同情农民的心理倾向。在封建社会里，作者能有同情农民的心理，并且还能将这种心理公开地渗透在自己的文学作品中，这样的作者、这样的作品都是值得称道的。毛泽东爱读《聊斋志异》，与作品所表现的这种积极的社会意义是分不开的。

《聊斋志异》中还有一篇题目叫《细侯》的小说，写的是浙江昌化一个姓满的书生，在杭州教书，偶然到街上去走走，经过一所靠近街坊的阁楼时，忽然有一只荔枝壳掉在他的肩上。抬起头来一看，一个年轻的女子靠着栏杆站在那里，姿色妖媚，十分美好，不由得凝神注视，心动情摇。那女子俯着身子往下一看，微笑着进去了。一打听，原来这女子是妓院里贾家的养女，名叫细侯。她的身价很高，满书生自觉到无法如愿以偿，便回到书房里冥思苦想，整夜都没有入睡。第二天，他试着拿了名片来到妓院里见细侯，居然如愿以偿，两人还说说笑笑，十分开心，于是满书生更加被她迷惑了，便假借其他事由，向好友借了一笔钱，带到细侯那里去，得到极其殷勤的招待，还在枕上口吟绝句一首赠给她："膏腻铜盘夜未央，床头小语麝兰香。新鬟明日重妆凤，无复行云梦楚王。"细侯皱着眉头说："我虽然出身卑贱，常常希望找到一个同心同德的人托以终身。你既然还没有娶亲，看我可不可以给你做个当家的？"满书生非常高兴，再三叮嘱她要坚守盟约。细侯也很高兴地说："吟风咏月的事，我自己认为也并不难。往往没有人在的时候，也想学作一首，恐怕不一定就好。如果能够嫁给你，希望能指点我啊。"顺便又问："家里有多少田产？"满书生回答说："薄田五十亩，破屋几间罢了。"细侯说："我嫁给你以后，希望常常生活在一块，不要再出去教书了。种四十亩地勉强可以维持生活了，再种十亩黍，织五匹绢，缴纳平常的赋税还有多了。关着门互相照应着，你读书，我织布，有空的时候，喝几杯酒，吟几句诗，消遣消遣，就是千户侯也不过如此啊！"

在满书生和细侯这一段对话后面，毛泽东写下批注："资本主义萌芽"。

这里，毛泽东写的批注虽然仅6个字，但它清楚地告诉我们：毛泽东读《聊斋志异》不仅在读小说，看故事，而且更重要的是在读历史，他把《聊斋志异》当作清朝的历史来看，这是毛泽东读古典小说的一大特点。对于这一点，笔者后面还要作具体介绍。

毛泽东批读文学古籍刊行社1955年9月出版的这部《聊斋志异》，大概是1955年10月之后。此时，毛泽东已经年过花甲。《聊斋志异》中一个个谈狐说鬼的传奇故事，毛泽东早在青少年时代就已经读得烂熟，到了花甲之年，他还保持如此心境，又读又批，爱不释手，充满浓厚的兴趣，这是为什么呢？笔者认为，主要有以下几个方面的原因：

第一，《聊斋志异》具有一定的民主性和进步性的思想倾向，在封建社会里作者能做到这一点是难能可贵的。

在图书服务工作中，我们知道，毛泽东对于中国古典诗词、古典小说等文学作品中的一切多少带有民主性和进步性思想倾向的作品，都是很有兴致阅读的。《聊斋志异》虽然主要是谈狐说鬼的，但字里行间表现出作者一些民主性和进步性的思想倾向。对于这一点，早在延安时期，毛泽东就曾作过评说。1939年5月5日晚，毛泽东专程到"鲁艺"去看望刚从国外归来的老同学萧三，在谈到《聊斋志异》时，毛泽东说："《聊斋》是封建主义的一种温情主义。作者蒲松龄反对强迫婚姻，反对贪官污吏，但是不反对一夫多妻（妾），赞美女人的小脚。主张自由恋爱，在封建社会不能明讲，乃借鬼狐说教。作者写恋爱又都是很艺术的，鬼狐都会作诗。"[1]1942年4月下旬的一

---

① 高陶：《天涯萍踪——记萧三》，中国青年出版社1991年版，第257页。

天，毛泽东与"鲁艺"文学系和戏剧系的几位教师谈到《聊斋志异》时，毛泽东说："《聊斋志异》是反对八股文的。它描写女子找男人是大胆的。"① 毛泽东还曾说过：《聊斋志异》是尊重女性的。《小谢》是《聊斋志异》中表现人与人之间民主平等关系的代表作。到了 20 世纪 50 年代，毛泽东在重读这篇作品时仍然那么有兴趣，称赞它是"一篇好文章，反映了个性解放的强烈要求，人与人的关系应是民主和平等的"。② 毛泽东直到年过古稀，一次与家人的谈话中，还称赞《聊斋志异》写得好。他很有感触地说，《聊斋志异》里写的那些狐狸精可善良啦！帮助人可主动啦！

毛泽东读《聊斋志异》与读其他的古典文学作品一样，常常是带着感情阅读并从中挖掘出强烈的积极的思想价值。例如，他在阅读清代蘅塘退士编，中华书局印行的《注释唐诗三百首》中白居易的《琵琶行》并序时，曾带着感情写下了这样一段批语："江州司马，青衫泪湿，同在天涯。作者与琵琶演奏者有平等心情。白诗高处在此，不在他处。其然岂其然乎？"③ 无论是读古典小说，还是读古典诗词，对作品中所反映的民主性或进步性的思想，毛泽东总是这样加以肯定。这是毛泽东阅读古典文学作品的一大特点。

蒲松龄在《聊斋志异》中，通过一个个人鬼狐自由相恋、自由相爱、自由结合的爱情故事，塑造了诸多的妇女形象，从非常广泛的范围内真实地反映了妇女的悲惨遭遇和苦难命运。作者以其锐敏的观察力和非凡的概括力，不仅深刻地揭露了封建社会的黑暗和腐败，而且在其作品的字里行间凝聚着作者所主张的自由相爱、人与人之间民主和平等的思想，表达了作者追求爱情婚姻自由的美好愿望。《聊斋志异》中一个个人鬼狐相恋、相爱的故事，就如同是作者精心绘制的一幅幅以妇女的觉醒和对种种封建礼教的反抗为主题的精湛的图画。

---

① 《何其芳文集》第三卷，人民文学出版社 1983 年版，第 73 页。

② 《毛泽东读文史古籍批语集》，中央文献出版社 1993 年版，第 82—83 页。

③ 《毛泽东读文史古籍批语集》，中央文献出版社 1993 年版，第 21 页。

所以，毛泽东在年过六旬的时候，重读这部鬼狐传奇小说还是那样情感真挚，流连不舍。

第二，《聊斋志异》形象地反映了清代初期的历史，广泛地描写了那个时代社会政治、生产生活的真实风貌，可以把小说当成"清朝的史料看"。

如果说，毛泽东青少年时代爱读《聊斋志异》，是因为该书中的一个个人鬼狐自由相恋、自由相爱以及他们热烈追求幸福生活的爱情传奇故事的吸引，那么后来，特别是到了晚年，毛泽东对《聊斋志异》还难以释手，一读再读，就不仅仅是因为一个个鬼狐传奇故事的吸引了，而是因为小说深刻地反映了清代初期的历史，形象地再现了清代初期的时代社会风貌。

蒲松龄生于明崇祯十三年（1640 年），殁于清康熙五十四年（1715 年），主要活动于我国清代初期。他长期生活在农村，与农民朝夕相处长达几十年。他对劳动人民的疾苦有深刻的感受，他熟悉农民的心理、愿望、风俗、信仰，他的思想感情有和农民相通之处。《聊斋志异》所描写的有许多都是作者耳闻目睹和亲身经历过的事。每个故事都是那个时代社会政治、生产和生活的一小片投影。蒲松龄构思和创作《聊斋志异》，是从社会基本结构——家庭写起，从封建家庭内的夫妇妻妾、兄弟姊妹、父母子女、公婆妯娌直到族中乡里、朋友宾客等，包括妻妾争宠、兄弟友睦、姊妹易嫁、继母虐子，等等内容，都有不同程度的描写，历史而具体地反映了一定的社会内容以及人与人之间的各种微妙的关系。如果说一个故事就是清代初期社会生活的一隅，那么，整部的《聊斋志异》，就是再现清代初期生活的一幅汪洋恣肆、气象万千、世相纷呈、斑斓多彩的历史画卷。它非常清晰地向人们展现了当时社会的世态人情、社会习俗、道德风尚、宗教信仰以及人与人之间的种种错综复杂的社会关系。《聊斋志异》还以鲜明的人民性和清醒的现实主义，真实地反映了封建社会官与民、官与官、豪绅污吏之间的关系，活生生地描画出平民被贪官虐吏勒索

宰割、搜刮蹂躏的真实情景。《聊斋志异》中塑造了诸多的知识分子的形象，他们一个个不同的命运和悲惨的遭遇从一个侧面艺术地反映了清代初期的社会状况。

纵观《聊斋志异》全书，我们可以清楚地看到，"书中大多数故事都体现出浪漫主义与现实主义相结合的基调。它们一方面把花妖狐鬼和幽冥世界等非现实的幻想事物组织到社会生活中来，又极力把花妖狐鬼人格化，把幽冥世界社会化，通过人鬼相杂、幽冥相间的生活画面深刻地反映了现实矛盾；一方面充分利用花妖狐鬼和幽冥世界所提供的超现实力量，以惩恶扬善，突出地表现了作者理想的人物和生活境界。"① 正因为如此，毛泽东认为："《聊斋》其实是一部社会小说。鲁迅把它归入'怪异小说'，是他在没有接受马克思主义以前的说法，是搞错了。"② 正因为《聊斋志异》是一部社会小说，形象地反映了清代初期社会的历史，所以毛泽东一直把它当作清朝的史料来看，而且越看越爱看。

在延安时，有一次毛泽东与何其芳等谈我国的古典文学，当谈到《聊斋志异》时，毛泽东说：《聊斋志异》可以当作清朝的史料看。这是毛泽东对《聊斋志异》的一种评价，也是他读《聊斋志异》的一种方法。实际上，从延安时期往后的岁月，尤其是晚年的岁月，毛泽东读《聊斋志异》，差不多都是把它当作清朝的历史来阅读的。对于这一点，上面已经介绍过的，从毛泽东在20世纪50年代读《白莲教》、《小谢》、《细侯》这三篇小说时所写的批注中也可以反映出来。

在与何其芳等的这次谈话中，为了表明他的上述看法，毛泽东还以《聊斋志异》中的《席方平》这一篇故事为例，他认为这一篇就可以当作清朝的史料来看，"《席方平》这篇作品的内容是借描写阴间的黑暗，来揭露清朝的人世间的黑暗。它描写阴间的狱吏、城隍、郡

① 陈晋：《毛泽东与文艺传统》，东方出版社2014年版，第181页。

② 高陶：《天涯萍踪——记萧三》，中国青年出版社1991年版，第257页。

司，以至冥王都是贪污受贿，不问是非曲直。阴间的最高统治者冥王，对受地主老财的迫害、因而冤枉死的人来告状，不但不受理，而且用酷刑迫害。结论是：这篇小说的主人公觉得'阴曹之暗昧尤甚于阳间'。"①

《席方平》是《聊斋志异》中很有代表性的一篇。席方平是一个性格刚强的男子。故事说的是：席方平的父亲席廉，与同乡富户羊某有过一些不和。这位姓羊的富翁死了之后，席廉也得病了，在生命垂危时席廉对人说，是羊某贿赂阴司官吏来拷打他，最后席廉浑身红肿，惨叫着死去。父亲惨死，席方平悲痛欲绝，如呆如痴，他发誓说："我要到阴间为你申冤。"席方平的魂魄离开了身体，来到了阴间，远远地看见他父亲在向他哭诉：狱吏全受贿赂，日夜拷打他。席方平听了父亲的诉说，更加痛恨狱吏，遂写好状子，向城隍（在旧社会里被说成是十分正直的地方阴司官）告状。但城隍也受了羊某的贿赂，看了席方平的状子后，硬说他的控告证据不足，不能成立。席方平气愤至极，继续往上告，告到郡司。由于郡司也受了贿赂，不但不受理他的状子，还将他痛打一顿，仍将此案交城隍办理。席方平只好又回到城隍辖区，尝尽了械梏之苦而不能申冤。城隍怕席方平再告状，就派人将他押送回阳间的家。鬼差押送到家门口就走了，席方平又悄悄回阴司，状告到冥王那里。谁知冥王偏袒城隍和郡司，不容分说，就下令打他二十大板。席方平厉声问道："小人何罪？"冥王仿佛没有听到。最后席方平在酷刑下愤愤不平地喊道："我是该打的，谁叫我没有钱！"冥王更加发怒，叫鬼卒把他放到烧得通红的铁床上去烤。冥王问："你还敢再告吗？"席方平说："大冤未伸，寸心不死，一定要告。"冥王听后更加大怒，又叫两个鬼卒把他的身子锯成两半，席方平疼痛难忍，却硬是一声不吭。行刑的两个鬼卒大加钦佩说，真是条硬汉子！掌锯的鬼卒同情他是孝子，不忍锯他的心，锯子故意

---

① 《何其芳文集》第三卷，人民文学出版社 1983 年版，第 72 页。

锯偏，这才没有伤到他的心。身子被锯成两半，冥王问席方平还告吗？席方平怕再遭毒刑，便谎说不告了，冥王立即叫鬼差把他送回阳间。

席方平回到阳间，他想阴间的黑暗腐败比阳间还厉害，可是他还不死心，要到玉皇大帝那里再告。他听说二郎神是玉皇大帝的亲戚，聪明正直。于是又重到阴间去找二郎神。不幸又被冥王的鬼卒抓住，冥王软硬兼施，叫他不要再告，并强行把他投胎为婴儿，席方平愤怒哭啼不吃奶，活了三天便夭折了。他的魂魄又跑到阴间告状，结果遇上了玉皇大帝殿下的九王，九王叫二郎神赶快判决，最后二郎神判决，将贪赃枉法的冥王、郡司、城隍以及助纣为虐的鬼役、为富不仁的羊某分别治罪。同时，表彰了席廉父子的善良、孝义，并为他们增加了阳寿三纪（古代的一种计时方法，一纪为12年）。

《席方平》这一篇，毛泽东读得很熟。他认为这一篇就可以当作清朝的史料来读。小说虽描写幽冥，其实正是封建社会现实生活的投影。作者笔下的席方平这个人物形象鲜明，对现实社会的黑暗揭露得淋漓尽致。这篇小说，毛泽东不仅自己爱读，还常有声有色地讲给身边的同志听。毛泽东对席方平受锯刑时忍而不号特别赞赏。毛泽东讲《席方平》的故事，意思是要身边的同志懂得，老实的人，按科学办事的人，虽然要历经磨难，冤案终能昭雪。他说，干部要有坚持原则的勇气，在大是大非面前，要旗帜鲜明，要有"六不怕"的精神，即不怕封为机会主义、不怕撤职、不怕开除党籍、不怕老婆离婚、不怕坐班房和不怕杀头。只要准备好这几条，看破红尘，就什么都不怕了。①

从历史的视角读《聊斋志异》，把《聊斋志异》当作清朝的史料来看，这是毛泽东读《聊斋志异》的一条主要的方法，也是毛泽东读

---

① 参见逢先知、金冲及主编：《毛泽东传》第四册，中央文献出版社2011年版，第1763页。

《聊斋志异》的一个独特之处。如果说，毛泽东青少年时代读《聊斋志异》是着重于看故事，那么，后来的岁月，特别是到了晚年，毛泽东读《聊斋志异》，笔者认为，就是着重于读清朝社会的历史了。

第三，《聊斋志异》的文学艺术价值在中国短篇小说发展史上是史无前例的。

毛泽东爱读《聊斋志异》，除了作品具有的民主性和进步性的思想倾向之外，还与作品独特的写作艺术和语言艺术是分不开的。

对《聊斋志异》的写作艺术，1939 年在延安时，毛泽东与他的同乡同学萧三的一次谈话中就作过评说。他说作者主张自由恋爱，在封建社会里不能明讲，乃借鬼狐说教。作者写恋爱又都是很艺术的，鬼狐都会作诗。《聊斋志异》俗名《鬼狐传》，作者笔下的花妖狐魅多具人情。作者的本意不在写鬼狐，而是借谈鬼抒发孤愤之情，通过拟人化的鬼狐社会活动以及它们的言谈话语来阐发自己的主张和人生理想。因此，作者描写的鬼狐有时比人还可爱，而且很通人情，很会讲道理，对于这一点，研究《聊斋志异》的专家孙一珍写过这样一段评述："蒲松龄在这些花妖狐魅身上，并不突出其物的属性特征，而是把它们作为社会关系总和的人来描写。作者将这些幻化的形象，置于人类社会错综复杂的关系之中，寓意深远地摹写了各种人物的人性和人情。它们不仅具有普遍人的形体、外貌和生活经历，而且具有丰富的内心世界和鲜明的个性特征。如《狐谐》中人称'狐娘子'的女主人公，一直没有露面，当然谈不到什么肖像描写，但是她那呖呖的妖音，诙谐的谈吐，却给人留下深刻的印象。她谈笑风生，若不经意，把那几个轻狂的客人，奚落得目瞪口呆。从而使一个爽朗、幽默、才华洋溢的女性形象脱颖而出。《青凤》中的青凤，尽管点出她是个怕犬的狐狸，终归还是把她当作大家闺秀来写的。她美丽、聪明，对爱情有着向往和追求。然而她又显得那么拘谨、矜持、温情脉脉。"①

---

① 孙一珍：《聊斋志异丛论》，齐鲁书社 1984 年版，第 83 页。

对《聊斋志异》的写作艺术，清人冯镇峦在《读聊斋杂说》一文中也有评说："人各面目，每篇各具局面，排场不一，意境翻新，令读者每至一篇，另长一番精神。如福地洞天，别开世界；如太池未央，万户千门；如武陵桃源，自辟村落。不似他手，黄茅白苇，令人一览而尽。"

《聊斋志异》中，人物形象众多，但作者对每个人物的掌握和描写，做到篇篇有新意，人人有特点，个个有个性。描写的青年妇女达几十名之多，不仅个个都是那么漂亮、聪明、热情、可爱，而且性格彼此各不相同。对人物的描写，文字十分简练，往往只用几个字就把少女的美丽、伶俐等特征呈现在读者面前。

在语言艺术方面，《聊斋志异》在我国古典短篇小说集中，也以简洁、精练著称。有的学者说，蒲松龄在语言上锤炼得具有千金不易一字的功力。例如《红玉》这一篇，作者只用了 32 个字，就把冯相如和红玉月夜初逢，一见钟情，彼此默默无言而又心心相印的内心活动描写得惟妙惟肖！《罗刹海市》的开篇，作者只用了 39 个字，就把人物的姓氏、身世、外貌、衣着打扮、性格和爱好等刻画得栩栩如生。《聊斋志异》在语言艺术方面，除了以简洁精练、形象生动著称之外，同时还极富于表现力和感染力。作者凝练的文字，卓越的语言技巧，笃厚的文字功底，使得《聊斋志异》在中国文学发展史上更放异彩！

创作艺术的独特，语言艺术的高超，使毛泽东对《聊斋志异》一直青睐之至，手不释卷。

第四，《聊斋志异》中描写的许多个妖、狐、鬼的故事，既表现了战略上的藐视，又描写了战术上的重视。这是毛泽东很为喜爱的。

《聊斋志异》不是兵书，也不是战略战术的专著，毛泽东是怎么从战略和战术的视角去阅读的呢？为了说明毛泽东从战略和战术的视角阅读《聊斋志异》，这里，笔者先向读者介绍一下毛泽东在 20 世纪 60 年代初与何其芳的一次谈话。

时间是 1961 年 1 月 4 日上午，地点在中南海毛泽东丰泽园住地的颐年堂。大约在 1959 年 4、5 月间，毛泽东根据国际国内政治斗争的形势的需要，提议编选一本《不怕鬼的故事》。中央书记处根据毛泽东的指示将编选工作落实到当时属于中国科学院的文学研究所，由所长何其芳具体负责。大概是到 1959 年的夏天，《不怕鬼的故事》基本编成。1960 年，毛泽东指示何其芳将已经编好的初稿再加以精选、充实。全书定稿后，何其芳请毛泽东为这本书写个序言，说明编选出版这本书的目的，以便引导读者结合实际更好地阅读。毛泽东让何其芳先起草一个序言，起草好后再送给他看。何其芳几易其稿，写了一篇近万字的序言。毛泽东看了这篇序言后，于 1961 年 1 月 4 日上午11 时左右，在他的住地颐年堂约见了何其芳。毛泽东在与何其芳谈话时说："你比在延安时候书生气好像少了一些。"接着，谈话就转入正题，谈到何其芳起草的《不怕鬼的故事》的序言，毛泽东说：

"你的问题我现在才回答你（指请他审阅稿子）。除了战略上藐视，还要讲战术上重视。对具体的鬼，对一个一个的鬼，要具体分析，要讲究战术，要重视。不然，就打不败它。你们编的书上，就有这样的例子。《聊斋志异》的那篇《妖术》，如果那个于公战术上不重视，就可能被妖术谋害死了。还有《宋定伯捉鬼》。鬼背他过河，发现他身体重。他就欺骗它，说他是新鬼。'新鬼大，旧鬼小'，所以他重嘛。他后来又从鬼那里知道鬼怕什么东西，就用那个东西治它，就把鬼治住了。你可以再写几百字，写战术上重视。"[①]

这次谈话之后，根据毛泽东的指示，何其芳对序言又作了修改。1961 年 1 月 16 日，何其芳将修改稿又送请毛泽东审阅。毛泽东收到这个修改稿时，正值北京主持召开中国共产党第八届中央委员会第九次全体会议。会议间隙，毛泽东又一次审阅了何其芳的这个序言修改稿，并且在这个修改稿的结尾处以何其芳的口吻亲笔加写了以下一大

① 《何其芳文集》第三卷，人民文学出版社 1983 年版，第 127 页。

段话：

> 这本书从一九五九年春季全世界帝国主义、各国反动派、修正主义组织反华大合唱的时候，就由中国科学院文学研究所着手编辑，到这年夏季即已基本编成。那时正是国内修正主义起来响应国际修正主义、向着党的领导举行猖狂进攻的时候，我们决定将本书初稿加以精选充实，并决定由我写一篇序。一九六〇年底，国际情况起了很大变化，八十一个共产党和工人党在莫斯科举行了代表会议，发表了反对帝国主义、反对反动派、反对修正主义的声明。这个"不怕鬼"的声明使全世界革命人民的声势为之大振，妖魔鬼怪感到沮丧，反华大合唱基本上摧垮。但是读者应当明白，世界上妖魔鬼怪还多得很，要消灭它们还需要一定时间；国内困难也还很大，中国型的魔鬼残余还在作怪，社会主义伟大建设的道路上还有许多障碍需要克服，本书出世也就显得很有必要。当着党的八届九中全会于一九六一年一月对国内政治、经济、思想各方面制定了今后的政策，目前条件下的革命斗争的战略战术又已经为更多的人所了解的时候，我们出这本《不怕鬼的故事》，可能不会那么惊世骇俗了。①

除了加写的这一大段话之外，毛泽东对这个序言修改稿还有两处重要的修改。一处是在序言的"难道它们有气，我们反而没有气吗？难道按照实际情况，不是它们怕我们，反而应该是我们怕它们吗？"这一段话后，毛泽东增写了："难道我们越怕'鬼'，'鬼'就越喜欢我们，发出慈悲心，不害我们，而我们的事业就会忽然变得顺利起来，一切光昌流丽，春暖花开了吗？"另一处是序言在谈到一切革

---

① 《中共党史重大事件述实》（增补本），人民出版社 2008 年版，第 154—155 页。

命工作中的困难和挫折"都不过是暂时的现象，都不过是前进的道路上的阻碍和曲折，都是可以克服、可以扭转的"这段话，毛泽东看了后又加写了一句话："事物总是在一定的条件之下向着它的对方交换位置，向着它的对方转化的。"（这句话后来毛泽东在 1 月 24 日再阅时又改作："事物总是在一定的条件之下通过斗争同它的对方交换位置，向着它的对方的地位转化的。"）

1 月 23 日下午两时半，毛泽东在中南海丰泽园住地又一次约见了何其芳。一见面，毛泽东就对何其芳说："你写的序文我加了一段，和现在的形势联系起来了。"说着，他还把他自己添加的上述那一段话念给何其芳和其他在座的几位同志听，像是征求意见，然后又传给大家看。大家传阅后，毛泽东又对何其芳说："你这篇文章原来政治性就很强，我给你再加强一些。我是把'不怕鬼的故事'作为政治斗争和思想斗争的工具。"他还要何其芳再增写几句，讲讲半人半鬼。他说："半人半鬼，不是走到人，就是走到鬼。走到鬼，经过改造，又会走到人。"①

在毛泽东的精心指导下，《不怕鬼的故事》终于在 1961 年 2 月由人民文学出版社正式出版了。本书序言中说："我们这里选的不怕鬼的故事，都是着重描写人的勇敢，描写他们对于鬼怪无所畏惧，而且敢于打击它们，因之或许更多地表现了战略上藐视的精神。但其中有些故事也是可以用来说明战略上藐视和战术上重视的密切结合的必要的。"《聊斋志异》中描写的许多个妖、狐、鬼的故事，如同《不怕鬼的故事》一书中许多故事一样，既表现了战略上的藐视，又描写了战术上的重视。正如毛泽东所说："对具体的鬼，对一个一个的鬼，要具体分析，要讲究战术，要重视，不然，就打不败它。"就拿《妖术》这篇故事来说吧。这个故事里的于公，不相信街上的算卦人说他三天就死的预言，没有受到讹诈。但他回去以后，并不是毫无警惕的。到

---

①　以上参见《何其芳文集》第三卷，人民文学出版社 1983 年版，第 129—130 页。

了第三天，他静坐在屋子里看究竟有什么事情发生。白天过去了，到了晚上，他便关门点灯，带剑坐着等待动静。那个会妖术的算卦人果然派一个荷戈的"小人"来杀害他，他用剑砍断了它的腰，原来是一纸人。接着又一个狰狞如鬼的怪物来了，他用剑砍断了它，原来是一个土偶。后来又来了一个高与檐齐的巨鬼，它一推窗子，墙壁都震动得要倒塌的样子。于公怕房塌被压，就开门出去和它搏斗。这个巨鬼也被他打败了，原来是一个木偶。如果这个于公不是既对妖术和鬼怪无所畏惧，同时又充分加以警惕，而且有武器和武术的准备，他不是就会被那个算卦人派来的鬼怪所杀害吗？这个故事说明，鬼并没有什么可怕，人是完全能够打败它、制服它的。但对于每一个具体的鬼，对于每一个同鬼相周旋的具体的场合，人又必须采取谨慎的态度，必须有智谋，这样才能取得胜利。这就如同毛泽东说的那样："《聊斋志异》的那篇《妖术》，如果那个于公战术上不重视，就可能被妖术谋害死了。"人只要不怕鬼，敢于藐视它，敢于打击它，敢于战胜它，鬼就怕人了，鬼就必然要失败。

说到毛泽东从战略的视角读《聊斋志异》，还有这样一段历史趣闻：1959 年 4 月 15 日，毛泽东在第 16 次最高国务会议上向与会的同志通报当前的形势和党的大政方针。他在讲了 1958 年炮击金门的事之后说，这是"我们祖国的土地"，我们有理由捍卫，别人（美国）管不着。所以，"我看要奋斗下去，什么威胁我们都不怕"。说到这里，他那如同中国历史文化知识库的大脑里立刻又浮现出了包括《聊斋志异》在内的我国古代小说里不怕鬼的故事，说着，他就很有兴趣地给大家讲了《聊斋志异》中那篇"狂生夜坐"的故事：

《聊斋志异》里有一个狂生，晚上坐着读书，有个鬼吓他，从窗户口那个地方伸一个舌头出来，这么长，它以为这个书生就会吓倒了。这个书生不慌不忙，拿起笔把自己的脸画成张飞的样子，画得像我们现在戏台上的袁世海的样子，然后也把舌头伸出来，没有那么长就是了。两个人就这么顶着，你望着我，我望着你。那个鬼只好走了。

毛泽东绘声绘色地给大家讲完了这个故事后，又强调说：

> 《聊斋志异》的作者告诉我们，不要怕鬼，你越怕鬼，你就不能活，他就要跑进来把你吃掉。

毛泽东还把这个故事与当时炮击金门、马祖的实际联系起来。他说：

> 我们不怕鬼，所以炮击金门、马祖。这一仗打下去之后，现在台湾海峡风平浪静，通行无阻，所有的船只不干涉了。

毛泽东风趣的一番话，说得在场的人们哄堂大笑。当时的会议记录上，注明"笑声"二字的就有六处之多。毛泽东认为，一切敌人、对手和困难，都属于"鬼"，只有不怕它，才能战胜它，克服它。

在这次讲话之后的第21天，即5月6日，在与周恩来、陈毅一同会见11个国家的访华代表团和这些国家的驻华使节的谈话中，毛泽东又一次讲了上述"狂生夜坐"的故事。在毛泽东看来，对鬼也要讲究斗争的战略和战术。他相信，任何鬼都是可以战胜的。①

毛泽东阅读《聊斋志异》就是这样，他不仅在看故事，而且在看与妖、狐、鬼作斗争的战略和战术。他在阅读过程中，还紧密结合国际、国内政治斗争和思想斗争的实际，由与妖、狐、鬼作斗争的战略和战术，联想到当时的政治、经济、思想、文化等现实斗争的战略

---

① 以上参见《中共党史重大事件述实》（增补本），人民出版社2008年版，第147—148页。

战术。既联想到世界上的各式各样的"妖魔鬼怪",又联想到中国国内的种种"魔鬼"残余。他把《聊斋志异》中一个个与妖、狐、鬼作斗争的故事,"作为政治斗争和思想斗争的工具",这不能不说是毛泽东读《聊斋志异》的一大特点。五六十年代,直到生命垂危的最后几年,毛泽东阅读《聊斋志异》之所以那样用心,那样津津有味,这大概也是其中的一个重要原因。

第五,《聊斋志异》中叙述的故事都是在群众中广为流传的茶余饭后的谈资,是作者在作了大量调查研究和搜集写作素材的工作之后写成的,毛泽东对此很为赞赏。

我们知道,名扬中外的《聊斋志异》是蒲松龄大约从 30 岁开始,用了二三十年的时间才写成的。它是蒲松龄一生呕心沥血之作。《聊斋志异》的创作成功,除了作者长期的农村生活经验和突出的创作才能外,与他大量地调查研究和自觉地长年不懈地搜集写作素材是分不开的。

清代以来,对蒲松龄创作《聊斋志异》的传说颇多。传说他在塾师教书之余,专门从济南移植"白玉垂丝菊",经心制作"蜜饯菊桑茶",用驰名的柳泉水沏泡,招徕远近往来行人说故事。山东潍县年画界有一位有名的画商"年画张",对蒲松龄极为敬重,两人友谊很深。"年画张"每年腊月进画、卖画,或者春天去江苏扬州、姑苏一带搜集画稿或购买雕版优质木材,都要从蒲松龄的家乡淄川经过,一年中要往返好几次,"年画张"知道蒲松龄在写《聊斋志异》,就主动帮助他搜集民间故事。因为他走的地方多,听到的传说和搜集的民间故事也多,而且他还自己动手帮助蒲松龄修改、创作。据传说,有一天早晨,"年画张"给蒲松龄讲了三个民间故事,带来两篇搜集稿,一下子就提供了五篇创作素材。恰好这一天另一位朋友也带来了由济南、曹州朋友处寄来的两篇。这样,蒲松龄在一天中就搜集到七篇故事和素材,欣喜不已。①

---

① 参见杲红星、王赤生编:《蒲松龄轶事》,山东人民出版社 1981 年版,第 92 页。

　　蒲松龄的调查研究和搜集民间资料的情况，在我国的有关史籍中亦有记载。最为详细的，大概要数邹弢著的《三借庐笔谈》卷六中的一段："相传先生居乡里，落拓无偶，性尤怪僻。为村中童子师，食贫自给，不求于人。作此书时，每临晨，携一大磁罂，中贮苦茗，具淡巴菰一包，置行人大道旁，下陈芦衬，坐于上，烟茗置身畔。见行道者过，必强执与语，搜奇说异，随人所知。渴则饮以茗，或奉以烟，必令畅谈乃已，偶闻一事，归而粉饰之。如是二十余寒暑，此书方告藏，故笔法超绝。"

　　据载，在辽宁金县人民口头上也有这种传说，说蒲松龄写《聊斋志异》写不下去了，就煮了一锅绿豆汤给南来北往的人歇脚、解渴、说故事。他把故事听够了，品透了，再回去写。这回可跟以前大不一样，"那笔就像捅着泉眼了似的，一溜两行的字儿，自己就冒出来了。"①

　　对蒲松龄创作《聊斋志异》，浙江的一则传说更为奇特。说蒲松龄的长相和钟馗差不多，一脸络腮胡子，"心地却是一潭高山泉，一清见底，肚才也好得出奇出异"。传说他本来考上了状元，只因皇帝以貌取人，嫌他长得丑，没取。在他落第回家的路上，遇到一位驼背老大爷，给他讲了马骏（骥）飘海到罗刹国的故事，于是蒲松龄回去写了"花面逢迎，世情如鬼"的《罗刹海市》。从此便搜集一篇写一篇，终于写成了《聊斋志异》一部大作。相传这位驼背老大爷还传授了他搜集民间故事的方法：要在四个字上下功夫，即"甜、酸、苦、辣"。

　　甜，是嘴要甜，对人要和气，称呼要好听，"男女老少都接近，故事多得写不赢！"酸，是心肠酸，说故事的人伤心，搜集故事的就得流泪，"要是长了木头心，故事好能动人心？"苦，有两重意思：泡壶苦茶给讲故事的人喝，给他润喉；另外还要做到："十冬腊月不怕冷，大暑炎炎不怕热，无衣无食不怕苦！"辣的地方要辣，不要怕伤

---

① 《蒲松龄的传说》，《民间文学》1963 年第 6 期。

人，辣了能醒人！

据说蒲松龄按老大爷的教导做了，听了一辈子故事。因为天下的奇事太多了，到死也写不完，所以蒲松龄死的时候一只眼未闭。①

上述这两则传说，真实性无从考证，但它从一个小小的侧面说明蒲松龄创作《聊斋志异》是做了很多调查研究和搜集资料的工作的，人民给予蒲松龄的智慧和力量，蒲松龄深入人民中去搜集创作素材，汲取了丰富的经验和营养。

对《聊斋志异》中的故事素材的来源和搜集，蒲松龄本人在《聊斋自志》中也有这样一段自我介绍："才非干宝，雅爱搜神；情类黄州，喜人谈鬼。闻则命笔，遂以成编，久之，四方同人，又以邮筒相寄。因而物以好聚，所积益夥。"

以上简略的介绍足以说明，《聊斋志异》的创作成功，是因为作者做了大量的调查研究和搜集写作素材的工作。正如毛泽东1939年在延安对刚从国外归来的诗人萧三说过的那样："蒲松龄很注意调查研究。他泡一大壶茶，坐在集市上人群中间，请人们给他讲自己知道的流行的鬼狐故事，然后去加工。……不然，他哪能写出四百几十个鬼和狐狸精来呢?"②

这里，我们可以看出，毛泽东读《聊斋志异》，不仅在读故事，而且从故事的字句中间看到作者所做的大量的深入的、艰苦的调查研究工作和搜集材料的工作。这是毛泽东爱读《聊斋志异》的又一个重要的原因。

毛泽东是一个很注重调查研究的人，并且长期在身体力行。《聊斋志异》是蒲松龄调查研究的产物，其中凝结着他大量调查研究的实践。毛泽东爱读《聊斋志异》，高度评价《聊斋志异》，与此有很大的关系。

---

① 参见汪玢玲：《蒲松龄与民间文学》，上海文艺出版社1985年版，第28—29页。

② 高陶：《天涯萍踪——记萧三》，中国青年出版社1991年版，第257页。

　　笔者知道，从 20 世纪 50 年代开始，毛泽东身边就一直放有多种不同版本的《聊斋志异》。直到生命垂危的最后的岁月，他办公桌旁还放着《铸雪斋抄本聊斋志异》。毛泽东终身爱读《聊斋志异》，《聊斋志异》一直伴随在毛泽东的身边。如今，毛泽东已经离去，然而，他生前阅读和批注过的各种不同版本的《聊斋志异》，还一直存放在中南海故居里，成为人们永久的纪念。

6 问

为什么晚年爱读楚人屈原的诗作?

　　毛泽东 1913 年在湖南读书求学时就喜爱读屈原的诗作。对于这一点，我们从保存下来的他在长沙求学期间的课堂笔记就可以看得清楚。这份笔记只有 47 页 94 面。笔记用的是竖写九行纸本，前 11 页用工整的楷书抄录了屈原的《离骚》和《九歌》全诗，后 36 页写的是"讲堂录"，是毛泽东自己的课堂笔记。这份课堂笔记，是毛泽东 1913 年 10 月至 12 月在湖南省立第四师范学校读预科时所作的课堂记录。这时候，毛泽东刚 20 岁，就对屈原的诗歌产生了浓厚的兴趣，非常用心地将他喜爱的屈原诗作工工整整地抄在自己的笔记本上。

　　从 1913 年到 1976 年的六十多年里，毛泽东对屈原的诗作一直是青睐之至、情有独钟，走到哪里常常

把书带到哪里，有空就读。屈原的诗作也是一直伴随在毛泽东身边的诸多书籍之一。屈原的诗歌也是毛泽东谈诗、品诗、评诗的一个重要话题。

1951年7月7日，毛泽东在中南海同老同学周世钊、蒋竹如划船时，在谈到《左传》和《楚辞》的时候，毛泽东说："《左传》和《楚辞》虽是古董，但都是历史，有一读的价值。"① 说到20世纪50年代和60年代初毛主席读屈原的诗作，据田家英的助手、为毛主席管理图书的逄先知回忆："1957年12月，毛泽东曾要我们把各种版

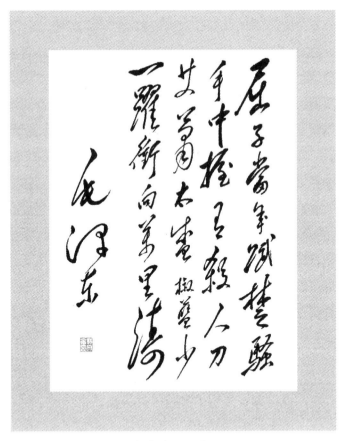

毛泽东诗词《屈原》

---

① 毕桂发主编：《毛泽东与影响他的历史人物》，中共中央党校出版社2009年版，第4页。

本的《楚辞》以及有关《楚辞》和屈原的著作尽量收集给他。我专门请何其芳列了一个目录，经过两个多月的努力，把古今有价值的各种《楚辞》版本和有关著作收集了五十余种。在那一段时间里，毛泽东比较集中地阅读了这些书。以后，他又在1959年、1961年两次要《楚辞》，1961年6月16日还特别指名要人民文学出版社影印的宋版《楚辞集注》。在《楚辞》中，毛泽东尤爱屈原的《离骚》。1958年1月12日，他在一封信里写道：'我今晚又读了一遍《离骚》，有所领会，心中喜悦'。"①在服务工作中，我们看到一本明代人陈第撰写的《屈宋古音义》一书中的《离骚》中的一些段落，毛泽东反复读过多遍，他用不同颜色的铅笔圈画过。一些脍炙人口的名句，"长太息以掩涕兮，哀民生之多艰"、"路漫漫其修远兮，吾将上下而求索"等等，文字旁边都画上了圈。直到1974年10月28日，收到新印的大字线装本《屈原〈离骚〉今译》（北京大学中文系中文专业译），他老人家在病魔缠身的日子里还一丝不苟地一遍又一遍阅读，孜孜不倦地探求，在有的文字旁边还浓墨圈点。这里，我们可以负责地告诉读者，屈原的诗作是毛主席终身喜爱的，《离骚》是毛泽东百读不厌的。

20世纪40年代末到60年代，毛泽东不仅自己一遍又一遍读《离骚》、《楚辞》等诗作，而且在写文章和会议讲话、与友人谈话（包括与外国友人谈话）时，也多次引用屈原的诗作，多次谈到屈原的生平、事迹，多次评价屈原的作品和其人。

早在1949年12月，毛泽东在赴莫斯科访问的火车上，与苏联陪同的汉学家费德林谈话时谈到中国古典文学特别是中国诗歌，他就从《诗经》谈起，接着重点谈到屈原。毛泽东深情地向费德林介绍说："屈原生活过的地方我相当熟悉，也是我的家乡。所以我们对屈原，对他的遭遇和悲剧特别有感受。我们就生活在他流放过的那片土

---

① 龚育之、逢先知、石仲泉：《毛泽东的读书生活》，生活·读书·新知三联书店1986年版，第215—216页。

地上，我们是这位天才诗人的后代，我们对他的感情特别深切。"接着，毛泽东对屈原所处的历史时代进行了分析。他说："连年战乱使国家凋敝，民不聊生，楚国灭亡了，这是事情的一个方面。接着开始了另一个历史过程，就是把那些分散的、互相争权夺利、争战不休的诸侯王国统一起来的过程，这个过程是不以人的意志为转移的。最后，它以秦始皇统一中国而告终，从而形成第一个集中统一的帝国。这对中国后来的命运产生了重要作用。这是事情的另一个方面。"说到了中国这一段历史，毛泽东接着说，"是的，这些都发生在我的故乡湖南，发生在屈原殉难的地方——长沙。因为这缘故，屈原的名字对我们更为神圣。他不仅是古代的天才歌手，而且是一位伟大的爱国者：无私无畏，勇敢高尚。他的形象保留在每个中国人的脑海里。无论在国内国外，屈原都是一个不朽的形象。我们都是他生命长存的见证人。"毛泽东还说，"屈原的功勋并不是马上就得到人们的承认。那是后来过了不少日子，诗人的品格才充分显示出来，他的形象才真正高大起来。屈原喝的是一杯苦酒，也是为真理服务的甜酒，诗歌像其他创作一样，是一种精神创造。"在谈话就要结束时，费德林指出对屈原的崇拜也算是一种个人崇拜，毛泽东则指出："这种崇拜不是屈原自己制造的，而是爱戴他的老百姓自发产生的。这种崇拜一直延续到现在，难道能怪他吗？我们不能为别人负责，老百姓树立他们所需要的权威和偶像，这是他们的事，我们不能对此负责。我不认为这是他的错……"①

　　1950年3月10日，毛泽东在中南海勤政殿接受罗马尼亚首任驻华大使递交国书，同时也把新中国第一代驻外大使黄镇等人请到勤政殿。毛泽东见到黄镇大使时问道："黄镇，你原来那个名字黄士元不是很好吗，改它做什么？"黄镇答道："我的脾气不好，需要提醒自己

_____

① ［俄］尼·费德林：《费德林回忆录：我所接触的中苏领导人》，周爱琦译，新华出版
　社1995年版，第15—29页。

镇静。"毛泽东说："黄镇这个名字也不错，《楚辞》中说，白玉兮为镇。玉可碎而不改其白，竹可黄而不毁其节。派你出去，是要完璧归赵喽。你就做个蔺相如吧。"这里毛泽东引用《楚辞》并借"完璧归赵"的故事要求黄镇同志，其寓意是深刻的。

1954年10月26日，毛泽东会见来华访问即将归国的印度总理尼赫鲁时，他吟诵了屈原《九歌·少司命》中的"悲莫悲兮生别离，乐莫乐兮新相知"两句诗赠予尼赫鲁，并饱含深情地解释说："离别固然令人感伤，但有了新的知己，不又是一件高兴的事吗？"之后他又向客人介绍说，"屈原是中国一位伟大的诗人，在两千多年前就写了许多爱国的诗，政府对他不满，把他放逐了。后来中国人民把他死的一天作为节日，这一天就是旧历五月初五日端午节。人们吃粽子，并把它投放到河里喂鱼，使鱼吃饱了不伤害屈原。"①

1957年3月8日，毛泽东在《同文艺界代表的谈话》中，谈到当时贯彻"双百"方针、开展整风运动中出现的一些问题时指出："出一些《草木篇》，就那样惊慌？你说《诗经》、《楚辞》是不是也有草木篇？"②据统计，《诗经》、《楚辞》中对草、木、花、蔬菜等植物的描摹十分广泛，仅《诗经》中出现的植物、谷类就有24种，蔬菜有38种，药物有17种，草有37种，木有43种。所以，毛主席很不赞成当时文艺界中把文艺作品中借用花草来抒发情感的作品一概当成毒草来批判的态度。这种表现手法，古已有之，不必大惊小怪。

1958年1月11日至23日，中共中央在广西南宁召开部分中央负责人和部分省、市委书记参加的工作会议。毛泽东在会议上两次讲话都讲到了屈原的大作《离骚》。1月16日，毛主席在讲话中说："学楚辞，先学离骚。"③在21日的《在南宁会议上的结论提纲》第一部分

---

① 转引自陈晋：《毛泽东与文艺传统》，中央文献出版社1992年版，第178页。
② 《毛泽东文集》第七卷，人民出版社1999年版，第258页。
③ 《建国以来毛泽东文稿》第七册，中央文献出版社1992年版，第16页。

共有二十个问题，其中第 17 个问题讲文件的准确性、鲜明性、生动性，举的例子也是《离骚》中的诗句。他说：

> 古代考据学，要解决的问题，是概念和判断的问题，公式是什么是什么。
>
> 例如：皇考是远祖，还是祖父，还是父亲？三后是楚国的三后，还是禹、汤、文，还是颛顼、帝喾、轩辕？兰是现在这样的兰，还是另外一种？
>
> 以上是概念问题。
>
> 例如：昔三后之纯粹兮，固众［芳］之所在。［彼］尧舜之耿介兮，固〈既〉遵道而得路；何桀纣之昌〈猖〉披兮，夫唯捷〈捷〉径以准〈窘〉步？
>
> 以上，是判断问题。
>
> 古代的义理学，要解决（的）问题，是推理的问题。
>
> 以上二学，都属理性认识。①

在 10 天的南宁会议中，毛泽东先是把包括《离骚》在内的几篇《楚辞》印发与会人员，后还两次亲自宣讲。《离骚》长达 375 句，近 2500 字，毛主席几乎全能背诵出来。可见他对屈原的诗歌是多么喜爱、多么欣赏、多么熟悉、多么重视，运用起来是多么得心应手！

1958 年 3 月 22 日，毛泽东在成都会议上的讲话中，在讲到干部要讲真话时，又一次说到屈原是敢讲真话的，"是好的"。

1958 年 8 月，毛泽东在审阅和修改陆定一的《教育必须与生产劳动相结合》一文时，在加写的一段话中写上了"屈原的批判君恶，司马迁的颂扬反抗"的话，表明他对屈原、司马迁的称颂。②

---

① 《建国以来毛泽东文稿》第七册，中央文献出版社 1992 年版，第 26 页。

② 该文后发表于《红旗》1958 年第 7 期。

1964年8月18日，在北戴河，毛泽东与几位哲学工作者谈话时，说到了《庄子·天下篇》所说"一尺之捶，日取其半，万世不竭"的问题，他说："到现在《天问》究竟讲些什么，没有解释清楚。《天问》讲什么，也不清楚。读不懂，只知其大意。《天问》了不起，几千年以前，提出各种问题，关于宇宙，关于自然，关于历史。"①《天问》是屈原的重要诗作。"天问"即问天，是对"天"提出的质问。古人认为天是主宰宇宙万物的，是什么都知、什么都懂、什么都管的神。既然"天"是什么都管的，所以屈原的《天问》就无所不问了。《天问》全诗由170多个问题组成，其中有关于自然现象的、关于神话传说的，也有关于历史事件的、关于历史人物的，等等。《天问》涉及多方面的内容，表现了诗人屈原对旧的传统观念的怀疑和不拘泥于古人的勇于探索的精神，不仅具有很高的科学价值，而且还有重要的历史价值和文学价值。所以，毛泽东称赞说："屈原写过《天问》，过了一千多年，才有柳宗元写《天对》，胆子很大。"②《天对》是柳宗元对屈原《天问》中所提问题的解答。柳宗元也是毛泽东颇为称赞的一位具有朴素唯物主义思想的历史人物。

1972年9月27日，时任日本首相田中角荣、外相大平正芳和内阁官房长官二阶堂进一行来中国访问，当天晚上，毛泽东在中南海游泳池住地会见他们。会见结束时，毛泽东兴致勃勃地把他很喜爱的、装帧精美的一部线装本《楚辞集注》作为礼物，赠送给了田中角荣。田中角荣很感激地接受了这份厚礼。

从以上的介绍中，我们可以清楚地看到，毛泽东对屈原这位大诗人和他的诗作是多么喜爱。六十多年的时间里，毛泽东读过、批过、圈画过的各种版本的屈原的诗作，现在都还存放在中南海毛主席故居里。

---

① 龚育之：《党史札记》二集，人民出版社2014年版，第244页。

② 中共上海市委党史研究室编：《毛泽东在上海》，中共党史出版社1993年版，第143页。

写到这里，读者也许会问：毛泽东为什么几十年甚至在疾病缠身的最后几年还这样喜爱屈原、这样爱读屈原的诗作呢？笔者认为，主要有以下三个方面的原因。

第一，屈原的诗作具有突出的思想性、人民性。

屈原所处的年代国家连年战乱，民不聊生。各诸侯国争权夺利，争战不休。面对国家将要灭亡的实际情况，屈原企图挽救国家危亡却又回天无力，分散的各诸侯小国走向统一的大趋势无法阻挡。在这样的实际情况下他决心以死殉国。所以他的诗作字里行间都凝结着诗人对理想的追求，对国家的热爱，对人民的热爱。字里行间都表达了诗人忧国忧民、坚贞不屈的人格和情怀。他的诗作既有突出的思想性，又有显著的人民性。他无情地揭露现实的黑暗，勇敢地揭露国家的昏聩、上层统治集团的腐败。毛泽东说他是"中国一位伟大的诗人"。在那样的黑暗社会里，一个有才华、有抱负的人心不甘、情不愿，只能拿起笔，作刀枪，把自己的心声、把心中的悲愤、把美好的愿望写成诗来表达自己的情感，来与统治者抗争。屈原的诗作，字字句句，都充满着他的爱国、爱民、爱追求真理的情怀。这是毛泽东爱读屈原诗作的一个重要原因。

第二，屈原的诗作具有很高的艺术性。

屈原的《离骚》毛泽东之所以百读不厌，就是因为屈原的《离骚》充满浪漫主义色彩，具有丰富的想象，充满着奇特的幻想。在现实主义和浪漫主义两个文学流派中，毛泽东更喜爱浪漫主义，更爱读具有浪漫主义色彩的文学作品。毛泽东1958年1月在南宁会议上的第二次讲话中说过："光搞现实主义一面也不好"，[①] "学点文学"，当然不只是为了更好地管理文艺工作，更重要的是提高干部的文学素养，而文学想象，是敢于打破陈规陋习、敢于展开超越现实局限的翅膀。屈原的诗作包括《离骚》、《九歌》、《九章》、《天问》等都超越现实，

---

① 陈晋主编：《毛泽东读书笔记解析》，广东人民出版社1996年版，第1260页。

具有丰富的想象。王逸在《〈离骚经〉序》中写道："《离骚》之文，依《诗》取义，引类譬喻。故善鸟香草，以配忠贞；恶禽臭物，以比谗佞；灵脩美人，以媲于君；宓妃佚女，以譬贤臣；虬龙鸾凤，以托君子；飘风云霓，以为小人。"这些诗句中的超越现实的想象，都是毛泽东很为喜爱的。《九歌·湘夫人》的故事，毛泽东就曾化用为自己的诗作："九嶷山上白云飞，帝子乘风下翠微。斑竹一枝千滴泪，红霞万朵百重衣。"由此可以说明毛泽东对屈原诗作的艺术性即丰富的想象和浪漫主义的风格是很为欣赏的。

第三，屈原的诗作开创了中国诗歌史上一种新的文体。

1959 年 8 月 16 日，毛泽东在《关于枚乘〈七发〉》一文中说："骚体是有民主色彩的，属于浪漫主义流派，对腐败的统治者投以批判的匕首。屈原高据上游。宋玉、景差、贾谊、枚乘略逊一筹，然亦甚有可喜之处。"① "骚体是有民主色彩的"，是"对腐败的统治者投以批判的匕首"，"屈原高据上游"，这是毛泽东对屈原及其开创浪漫主义文学流派的评价。屈原开创浪漫主义文学先河，创造新的文体——"骚体"，与《诗经》开创现实主义文学先河一样，都是具有里程碑意义的，是我国文学诗歌史上的奇迹。在文学诗歌的创作思想方法上，毛泽东是主张现实主义与浪漫主义相结合的。毛泽东之所以对屈原的诗作一直具有浓厚的兴趣，这也是一方面的重要因素。

---

① 《毛泽东文艺论集》，中央文献出版社 2002 年版，第 201 页。

7 问

为什么晚年爱读爱写唐代"三李"的诗作?

　　我国古典诗词很多,名著、名作、名家不胜枚举。历经几千年,流传数万首。纵观毛泽东读诗词的情况,我们感到,毛泽东最爱读的还是唐代"三李"的诗。"三李"是指李白、李贺、李商隐三位唐代大诗人。

　　中南海毛泽东故居藏书中,有关"三李"的诗作,毛泽东几乎都读过。许多"三李"不同版本的诗作,毛泽东在阅读过程中几乎都作了圈画,有些地方还写有批注文字。据我们不完全的统计,毛泽东阅读过的唐诗著作有近三十种,有旧时流传的多种不同开本的平装本,有不同印装式样的线装古籍本,还有新中国成立后国内各家出版社出版的平装本。这些唐诗

读物中的"三李"诗作，毛泽东大都读过多遍。只要翻开这些唐诗读物，我们就可以清晰地看到，"三李"的诗作，毛泽东有的是用红铅笔圈画的，有的是用黑铅笔圈画的。从批注的文字和不同颜色铅笔的圈画，可以说明，"三李"的诗作，毛泽东生前是很爱读的，也是反复读过多遍的。下面我们分别来讲：

第一，晚年毛泽东为什么爱读爱写李白的诗作、诗句？

我们知道，毛泽东生前是非常喜欢李白的诗作的，在所有唐诗中，李白的诗作毛泽东读得最多，批画得最多，书写得也最多。毛泽东逝世前，在他的身边一直放着影印本《唐诗别裁集》和新印的大字线装本《唐诗三百首详析》等唐诗读本。这些唐诗读本，他老人家早就读过，批画过。可是到了晚年的岁月，他老人家对这些唐诗读本还爱不释手，读了又读。有时还读出声来，有时在房间里来回走动时，口里还在一句一句的背诵。他老人家在看书看累了的时候，或者在夜晚入睡之前的片刻时间里，还常常满怀激情地书写古诗词。我们从中央档案馆编，文物出版社、档案出版社 1984 年 7 月出版的《毛泽东手书古诗词选》里可以看到，本选集共收录 57 位作者古诗词 117 首，毛泽东手书李白的诗作就有 15 首之多，可见李白是毛泽东手书古人诗作最多的一位唐代诗人。

毛泽东晚年为什么还很爱读爱写唐代李白的诗作、诗句？笔者认为有以下原因：

1.因为李白的诗文采奇异，气势雄伟，想象丰富。毛泽东曾对身边的工作人员说过："李白的《蜀道难》写得很好"。"这首诗主要是艺术性很高，谁能写得有他那样淋漓尽致呀，它把人带进祖国壮丽险峻的山川之中，把人们带进神奇优美的神话世界，使人仿佛也到了'难于上青天'的蜀道上面了。"① 我们在毛泽东生前读批过的一本由

---

① 杨建业：《在毛主席身边读书——访北京大学中文系讲师芦荻》，《光明日报》1978 年 12 月 29 日。

中华书局印行的乾隆年间蘅塘退士（孙洙）选编的《唐诗三百首》中看到，毛泽东用铅笔在《蜀道难》这首诗的天头上画着一个大圈，并批注："此篇有些意思。"在另一本中华书局印行的《唐诗三百首》线装本第二十二面《将进酒》诗的标题上面，毛泽东用铅笔画了一个大圈，在正文天头又连画三个小圈，并在天头小圈和大圈之间的空白处写了"好诗"两个字。毛泽东还对李白的《梁甫吟》、《古风五十九首》、《庐山谣寄卢侍御虚舟》等诗作作批注和圈画。毛泽东认为："李白的诗，文采奇异，气势磅礴，有脱俗之气"。[1] 他对儿女们说过："李白的诗豪放，想象力丰富，读了使人心旷神怡。……多读些李白的诗，可以开阔胸襟。"[2]

前面提到的1958年1月16日毛泽东在南宁会议上讲话中就说道："光搞现实主义一面也不好，杜甫、白居易哭哭啼啼，我不愿看，李白、李贺、李商隐，搞点幻想。我们党建党以来，几十年没正式研究过这问题。"[3]

中国作家协会书记处原书记、社科院文学研究所原所长何其芳曾在回忆文章中这样写过：1942年4月下旬的一天上午，他和鲁艺文学系和戏剧系的几个党员教师去见毛泽东，谈到文艺工作，严文井问毛泽东："听说主席喜欢中国古典诗歌，您是喜欢李白，还是杜甫?"毛泽东回答说："我喜欢李白。但李白有道士气，杜甫是站在小地主的立场。"[4]

2. 因为李白的诗具有很高的艺术性，李白是不朽的艺术家。据有关史料记载，1949年12月，毛泽东在去苏联访问的旅途中，与苏联汉学家费德林谈话中也谈到了李白，毛泽东的评价是："李白，唐代杰出诗人。他像天才诗人普希金对俄国人民的贡献那样，为中国人

① 毛岸青、邵华：《回忆爸爸勤奋读书和练书法》，《瞭望》1983年第12期。
② 《燃烧着的回忆——访刘松林和邵华同志》，《文汇报》1983年12月23日。
③ 陈晋主编：《毛泽东读书笔记解析》，广东人民出版社1996年版，第1260页。
④ 何其芳：《毛泽东之歌》，《时代的报告》1978年第2期。

民写了许多珍贵的艺术诗篇。李白的诗是登峰造极的，他是空前绝后的不朽艺术家。中国至今没有能超过李白、杜甫的诗才。"① 毛泽东喜欢李白的诗，不但自己读，还经常推荐他人也读读李白。1959 年 8 月 6 日，毛泽东曾把李白的《庐山谣》推荐给儿媳刘松林，鼓励她开阔胸襟，从毛岸英去世的悲痛中走出来。1961 年 9 月 16 日在庐山，毛泽东又将这首诗书赠党中央常委诸同志一读。

毛泽东对李白的诗尽管很欣赏，很爱读。但他也一贯主张，对李白和李白的诗作要一分为二，要坚持辩证法。毛泽东认为李白的诗除了"文采奇异，气势磅礴"、具有很高的艺术性等积极的作用外，也有其消极之处，主要表现在李白"尽想当官"和诗的字里行间渗透出"道士气"。在李白的人生观和价值观中，"做大官"的意识是很浓厚的。他在《代寿山答孟少府移文书》中说："申管晏之谈，谋帝王之术。奋其智能，愿为辅弼。使寰区大定，海县清一。"他的名诗《梁甫吟》集中体现了他的这一思想。

《梁甫吟》是李白被排挤出长安后官场失意之时的悲愤之作，他在诗中引用了汉代郦食其的故事。郦是一介书生，嗜酒如命，被称为"高阳酒徒"。他曾给刘邦献计而克陈留，被封为广野君。公元前204 年，他游说齐王田广归汉，使刘邦不战而得齐国七十余城。但此时韩信乘机奔袭齐国，齐王以为郦食其以缓兵之计欺骗了他，便把郦食其扔进了油锅。李白很推崇郦食其以三寸不烂之舌建功于风云际会之时的才智和气概，故说"君不见高阳酒徒起草中"，"指挥楚汉如旋蓬"。希望自己也能像他一样一举成名。但毛泽东不赞成李白在这首诗中透露出的在建功立业上那种书生式的纯理想化的思想和认识，他在 1973 年 7 月 4 日同王洪文、张春桥谈话中说到秦始皇时随口引出了《梁甫吟》，并用打油诗的方式批评了李白："你李白呢？尽想做

---

① ［俄］尼·费德林：《费德林回忆录：我所接触的中苏领导人》，周爱琦译，新华出版社 1995 年版，第 28 页。

官！结果充军贵州，走到白帝城，普赦令下来了。于是乎，'朝辞白帝彩云间'。其实，他尽想做官。《梁甫吟》说现在不行，将来有希望。'君不见高阳酒徒起草中'，'指挥楚汉如旋蓬'。那时神气十足。我加上几句，比较完全：'不料韩信不听话，十万大军下历城。齐王火冒三千丈，抓了酒徒付鼎烹'，把他下了油锅了。"①

我们知道，毛泽东对李白尽管有这样的看法，但他对李白的《梁甫吟》还是很喜欢的。在他的故居藏书中，有一份《梁甫吟》的手抄本，是用一寸大小的毛笔字抄在 16 开毛边纸上的，共 7 页。这是毛泽东晚年视力减退时，为阅读此诗，特意让身边工作人员用大字抄写出来的。我们看到，在此本右上角画了两个红圈，说明这份手抄本毛主席至少看过两遍。在《唐诗别裁集》的这首诗旁，也画有表示读过两遍的大圈；并在"君不见高阳酒徒起草中"、"指挥楚汉如旋蓬"两句旁，用红铅笔画着直线。我们还看到，其他多种版本的李白的这首诗作，毛泽东都不止一次地阅读圈画过。

毛泽东十分喜欢李白的诗歌，身边一直放着几个载有李白诗歌的唐诗选本，如《唐诗别裁集》、《唐诗三百首》、《唐诗三百首详析》等，他老人家在晚年的岁月里还时常翻阅。李白许多诗作，他都熟记于心，开口就能背诵出来。笔者还清晰地记得，1973 年 8 月 11 日上午，主席要看唐代书法大家怀素草书墨迹。当我们把两册怀素草书墨迹送到他跟前时，他很有兴致地与我们几个工作人员交谈起来。他问我们："唐代有位大诗人曾专门写诗赞扬怀素的狂草，你们知道是谁吗？"在场的几位工作人员都说不知道。他老人家看大家都回答不上来，便笑着说："我告诉你们吧，就是那个号为青莲居士的李太白。李太白的《草书歌行》的诗，就是专门赞扬僧怀素的狂草的。"说着他老人家就抑扬顿挫地给我们背了起来："少年上人号怀素，草书天下称独步。墨池飞出北溟鱼，笔锋杀尽中山兔。八月九月天气凉，酒

---

① 陈晋主编：《毛泽东读书笔记解析》，广东人民出版社 1996 年版，第 1271—1272 页。

徒词客满高堂。笺麻素绢排数厢，宣州石砚墨色光。吾师醉后倚绳床，须臾扫尽数千张。飘风骤雨惊飒飒，落花飞雪何茫茫！起来向壁不停手，一行数字大如斗。恍恍如闻神鬼惊，时时只见龙蛇走。……"当时，一是我们没有读过李白的这首诗，二是他老人家的湖南口音浓重，所以他背诵的时候，大多我们都听不清楚。尽管听不清楚，当时也不能说。他老人家背的时候，我们几个在场的同志边笑边点头。待他老人家背完后，我们几个不约而同地鼓起掌来。看我们鼓掌，老人家也笑了起来。看得出，他老人家很高兴。这是一段小故事。这么长的诗，他老人家随口就能背诵出来，可见，他对李白的诗是多么地喜爱，多么地下功夫！我们知道，李白的许多诗作毛主席都很熟悉，都能随口吟咏。前面说到的手书李白的15首诗，都是凭记忆书写的。我们也曾与原作核对过，几乎没有差误。

第二，晚年毛泽东为什么爱读爱写李贺的诗作、诗句？

1. 因为李贺的诗字里行间都充满着幻想和浪漫的情怀，想象丰富，构思奇艳，意境瑰丽。

毛泽东认为："李贺诗很值得一读"。[①] 李贺是继李白之后，唐朝又一位杰出的浪漫主义诗人。多种版本的李贺诗集，如《李长吉歌诗集》、《李长吉集》、《李昌谷诗集》、《李昌谷诗注》等，毛泽东都有浓厚的兴趣，曾不止一遍地阅读圈画过。直到1974年5月7日下午，他老人家还指示我们将叶葱奇疏注，人民文学出版社出版的平装本《李贺诗集》印大字线装本。7月2日大字线装本印出后一直放在游泳池卧室里和会客厅的书架上，那些时日，他尽管身患多种老年性疾病，在病中还经常阅读。李贺的《致酒行》中"我有迷魂招不得，雄鸡一声天下白。少年心事当拏云，谁念幽寒坐呜呃"之句，他老人家百读不厌。

2. 因为李贺的诗中有不满封建统治、不迷信封建帝王的叛逆精

---

① 《毛泽东文集》第八卷，人民出版社1999年版，第422页。

神，毛泽东称赞李贺是"英俊天才"。

毛泽东喜爱读李贺的诗，还有一个原因，就是他很欣赏李贺不满封建统治、不迷信封建帝王的叛逆精神。这是李贺诗又一个与他人诗作的不同之点。李贺在《金铜仙人辞汉歌》中写道"茂陵刘郎秋风客，夜闻马嘶晓天迹"，在《苦昼短》中写道"刘彻茂陵多滞骨，嬴政梓棺费鲍鱼"，诗中敢于称汉武帝为"刘郎、刘彻"，直呼秦始皇为"嬴政"，正是表现了作者的这种勇气。在 1958 年成都会议上，毛泽东讲话中提倡振作精神，破除迷信，曾举李贺为例。毛泽东说，中国的儒家对孔子就是迷信，不敢称孔丘，李贺就不是这样，对汉武帝直写其名。①

毛泽东在 20 世纪 50 年代，在读清人项家达编的《初唐四杰集》一书时，在该书开篇"秋日楚州郝司户宅饯崔使君序"一段文字旁边写了一段长长的有关王勃的批注，在这段批注中称赞李贺是"英俊天才"，但"死时二十七"，"惜乎死得太早了"。在 50 年代末，每次提到历史上年轻有为的人物时，毛泽东总是要提到李贺，称他多才而短命，有特殊成就。

3. 因为李贺的诗具有独特的艺术风格。

1965 年 7 月 21 日，毛泽东在致陈毅的信最后也提到了李贺。他在信中写道："李贺除有很少几首五言律外，七言律他一首也不写。李贺诗很值得一读，不知你有兴趣否？"② 毛泽东不仅爱读李贺的诗，而且很欣赏李贺诗的艺术风格。所以，在他本人的诗词创作过程中也多少带有李贺诗的奇艳瑰丽、意境浪漫的独特风格。如《浣溪沙·和柳亚子先生》一词中的"一唱雄鸡天下白"、《念奴娇·井冈山》一词中的"一声鸡唱，万怪烟消云落"，与李贺《致酒行》一诗中的"雄鸡一声天下白"是颇为相似的。在 1949 年写的《七律·人民解放军

---

① 参见陈晋主编：《毛泽东读书笔记解析》，广东人民出版社 1996 年版，第 1301 页。
② 《毛泽东文集》第八卷，人民出版社 1999 年版，第 422 页。

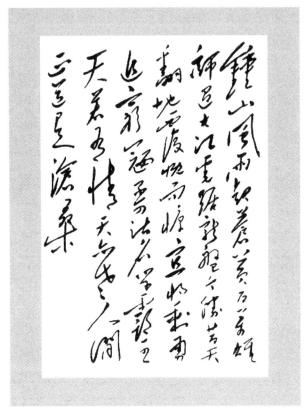

毛泽东诗词《七律·人民解放军占领南京》

占领南京》一诗中，"天若有情天亦老"诗句更是一字不差地引用了李贺《金铜仙人辞汉歌》中"衰兰送客咸阳道，天若有情天亦老"之句，只是在这里，毛泽东在诗中又寓于了新的含意。

第三，晚年毛泽东为什么爱读爱写李商隐的诗作、诗句？

1.因为李商隐的诗既具有幻想和浪漫的色彩，又具有自己鲜明的时代特色、个性特征和独特的艺术风格。

李商隐，字义山，是唐代后期的著名诗人。他的诗与李白、李贺的诗作有相同之点，就是都具有浪漫主义色彩，同时，李商隐又受到同时代大诗人杜甫现实主义诗风的影响，他的诗又有自己鲜明的时代特色和独特的艺术风格。

毛泽东不但喜欢李商隐的《无题》、《锦瑟》、《嫦娥》等情致缠绵的爱情诗，而且也喜欢李商隐的《贾生》、《马嵬》、《隋宫》等政治诗，并对其好多作品都能熟背如流。据著名历史学家、全国人大原副委员长周谷城回忆：1965 年他在上海见到毛泽东，谈到旧体诗及李商隐，兴之所至周谷城背诵李商隐诗《马嵬》："海外徒闻更九州，他生未卜此生休。空闻虎旅传宵柝，无复鸡人报晓筹。此日六军同驻马，当时七夕笑牵牛"，背到此，他忘记七八两句，背不下去，毛泽东便接口背道："如何四纪为天子，不及卢家有莫愁。"1965 年 6 月 28 日，毛泽东在上海和上海复旦大学教授刘大杰谈话，毛泽东问刘大杰："《贾生》一诗能背得出来吗?"刘大杰背完后，毛泽东慨叹："写得好哇！写得好！"

1958 年 11 月 1 日，毛泽东来到河南新乡沁阳县视察工作，时任沁阳县委书记叫赵汉儒。毛泽东见到赵汉儒开口就说："沁阳是李商隐的故乡，李商隐的诗写得好哇，我很喜欢他的诗！雍店这个村还有吗? 李商隐就是这个村的！"赵汉儒回答说："这个村现在叫新店。"毛泽东饶有兴趣地接着说："应该叫新店，叛匪火烧雍店，叫新店好，好！"

1975 年 5 月，毛泽东双眼都患老年性白内障看不清东西，就把北京大学中文系的芦荻老师请到中南海来给毛泽东读书。据芦老师回忆：有一次给毛泽东读李商隐诗，读错了一个字，主席立刻让她停下并进行纠正。可见毛泽东对李商隐诗歌是多么地熟悉。

2. 因为毛泽东关注和参与李商隐诗歌研究。毛泽东对李商隐生平事迹以及其生活也有兴趣。20 世纪五六十年代的一天，毛泽东给秘书田家英写过一封信："田家英同志：苏雪林著《李义山恋爱事迹考》，请去坊间找一下，看是否可以买到，或者商务印书馆有此书?"①

毛泽东还关注和参与李商隐诗歌研究。他读《历代诗话》，关于李商隐《锦瑟》中的"锦瑟"解释，对苏东坡的"适、怨、清、和"

---

① 董边等编：《毛泽东和他的秘书田家英》，中央文献出版社 1990 年版，第 27 页。

说和其他几种关于"锦瑟"的不同解释，一路画了密圈。1965 年 6 月和刘大杰谈到李商隐"无题"诗，毛泽东发表意见："无题诗要一分为二，不要一概而论"。

1975 年 8 月 2 日，刘大杰为修改其《中国文学发展史》，关于李义山的无题诗专门致信毛泽东，刘大杰在信中写道："关于李义山的无题诗，说有一部分是政治诗，也有少数是恋爱诗，这样妥当吗?"1976 年 2 月 12 日，毛泽东在身患多种疾病的情况下还给刘大杰复信。他在信中写道："李义山无题诗现在难下断语，暂时存疑可也。"这是毛泽东生前致友人的最后一封信。

毛泽东常以李商隐诗作为书法练习内容。上面说到的《毛泽东手书古诗词选》中收有李商隐的《锦瑟》、《筹笔驿》、《无题》（"相见时难别亦难"）、《马嵬》、《嫦娥》、《贾生》等。

由于对李商隐部分作品烂熟于心，毛泽东能够随口用其诗句。刘思齐主编的《毛泽东在中央苏区》一书谈道：1933 年底毛泽东被中共临时中央撤销红军总政委职务后，与妻贺子珍常在福建长汀卧龙北山散步，一次贺子珍被路边蜡梅吸引，让毛泽东看，他看后随口吟了两句："春心乐于花争发，与君一赏一陶然"，这第一句显然是从李商隐《无题》（"飒飒东风细雨来"）诗"春心莫共花争发"一句化来。[①]1975 年，毛泽东已是 82 岁的老人了。7 月 14 日晚上，他让身边工作人员读王粲的《登楼赋》，工作人员连续读了两遍后，他作了评论。之后他问工作人员：会不会背李商隐的《安定城楼》，工作人员说不能背，毛泽东自己便背了出来："迢递高城百尺楼，绿杨枝外尽汀洲。贾生年少虚垂涕，王粲春来更远游。永忆江湖归白发，欲回天地入扁舟。不知腐鼠成滋味，猜意鹓雏竟未休。"背完后说：这也是个年轻人的登楼之作，也是有抱负而不得施展。中间还用了王粲写《登楼赋》的典，值得一读。这些诗词典故，他老人家都是随口背出、

① 参见刘思齐主编：《毛泽东在中央苏区》，中国书店 1993 年版，第 380 页。

信手拈来的,可见,毛泽东对李商隐的诗记得多牢。

毛泽东的诗词中,有的诗句就源自李商隐的作品。如毛泽东的《七绝·贾谊》,明显融入了李商隐咏史诗《贾生》。《七绝·贾谊》全诗:"贾生才调世无伦,哭泣情怀吊屈文。梁王堕马寻常事,何用哀伤付一生。"李商隐《贾生》全诗:"宣室求贤访逐臣,贾生才调更无伦。可怜夜半虚前席,不问苍生问鬼神。"《七绝·贾谊》第一句"贾生才调世无伦"显然是从《贾生》第二句"贾生才调更无伦"演化而来的。

毛泽东圈画李商隐诗据不完全统计有30余首,毛泽东圈画过多次的李商隐诗有《有感二首》、《重有感》、《锦瑟》、《夜雨寄北》、《马嵬》、《贾生》、《北齐二首》、《隋宫》和《韩碑》。《无题》("相见时难别亦难"),在标题上连画三个圈。《无题》("昨夜星辰昨夜风")、《无题》("飒飒东风细雨来")等诗也都有圈画。在读《随园诗话》时,毛泽东对杨守和、尹文端集李商隐诗句的对子"夕阳无限好,只是近黄昏"、"天意怜幽草,人间重晚晴"加了圈画。这些毛泽东阅读批注、圈画的李商隐的诗作都还保存在中南海毛泽东丰泽园故居里。

8 问

为什么晚年爱读爱写
罗隐的诗作、诗句？

　　罗隐是晚唐时期很有才气的一位诗人。《吴越备史·罗隐本传》一书中称赞罗隐是"黄河信有澄清日，后代应难继此才"。尽管他有才华，但很不得志。在以科举取士的封建社会里，他因写有《谗书》讥讽时政，触犯了统治阶级，得罪了诸多的上层人物。因此，他十次投考进士，十次榜上无名。怀才不遇，才能难展。悲愤之下，隐居深山。他的许多诗作，是在他隐居深山之后写的。诗言志，诗言情。在悲愤、不满、消极、低沉的情感之下写的诗作，可以说许多的诗句都是他内心情感的真实表白，自然流露。罗隐的诗，毛泽东是首首都读，很多诗旁都有圈画，有的还写下批注文字。

毛泽东晚年为什么很爱读罗隐的诗作呢？尤其是罗隐的诗句"时来天地皆同力，运去英雄不自由"是毛泽东极为欣赏的，也是毛泽东书写最多的。这是为什么呢？笔者的理解，主要有以下几个方面的原因。

第一，毛泽东对罗隐怀才不遇、才能难展的内心思绪有同情心理。

不同际遇、不同时空，却有着相似的悲凉、孤独、寂寞，这些情感因素的驱动，是毛泽东晚年爱读爱写罗隐诗作的一个重要缘由。

毛泽东手书罗隐诗句："时来天地皆同力，运去英雄不自由"

"时来天地皆同力，运去英雄不自由。"这是晚唐诗人罗隐咏史诗《筹笔驿》中的诗句。这两句诗，是毛泽东晚年很为喜爱的。我们看到，毛泽东晚年手书古诗词时，这两句诗是书写次数最多的。有单句书写，也有整首诗书写的。还有在读书过程中写批注时引用到的。如读《南史·梁武帝纪》时，在读到作者李延寿写的评说："自古拨乱之君，固已多矣，其或树置失所，而以后嗣失之，未有自己而得，自己而丧。追踪徐偃之仁，以致穷门之酷，可为深痛，可为至戒者乎！"①在这一段文字的天头上，毛泽东就用红铅笔写了"时来天地皆同力，运去英雄不自由"两句诗作为批注。另外至少还有两处，毛泽东在不同的书上用铅笔写了这两句诗。笔者记得一处是在一本书的封三上，纸张都有些发黄了，书名不记得了。还有一处是用蓝铅笔写的，似乎是他在看书时头脑里突然浮现出这两句诗，即写下了，与他当时所读的书并没有直接的联系。我记得诗句好像是写在一本书中间的空白处。

罗隐《筹笔驿》全文是："抛掷南阳为主忧，北征东讨尽良筹。时来天地皆同力，运去英雄不自由。千里山河轻孺子，两朝冠剑恨谯周。惟余岩下多情水，犹解年年傍驿流。"毛泽东在读这首诗时，在标题前画了三个大圈，每句诗的末尾也都画上了圈，还在这首诗的第一句旁边画了曲线，从第三句开始，一直到全诗最后一个字，逐字逐句画上了圈。

筹笔驿为古地名，在今四川省境内。传说是诸葛亮率兵出师，曾驻军过的地方，并在这里运筹决策。罗隐，字昭谏，是唐代晚期的诗人，留下的诗作不少。中南海毛主席故居存书里就存有罗隐的两本诗集。一本是《罗昭谏集》（清人辑本），一本是《甲乙集》。这两本诗集，毛泽东都读过多遍，浓圈密点过的有近百首，圈点较多的是咏史诗。毛泽东读罗隐咏史诗的具体情况下文将详细讲，笔者这里先说说罗隐的"时来天地皆同力，运去英雄不自由"两句诗以及毛泽东喜爱这两句诗的一点点浅析。

罗隐《筹笔驿》中的这两句诗表达了诗人对诸葛亮出众才华、才思过人的颂扬和钦佩，同时也表达了诗人对诸葛亮未能实现初衷，

---

① 乾隆十二年武英殿版　同治八年岭南菔古堂重刻《南史》卷七。

用尽其才终未光复汉业的深深的惋惜。这是诗人罗隐的情怀。毛泽东为什么又读又书写又圈画这两句诗呢？这里笔者试作点分析。

我们知道，从 1971 年 9 月 13 日，林彪、叶群一伙惶遽叛逃、粉身碎骨于蒙古温都尔汗之后，毛泽东精神上遭受了沉重的打击。加上江青等"四人帮"一次次地发难，国事、家事等使得他老人家日渐衰老。尽管当时全国亿万人民一遍又一遍发自内心地祝愿他老人家万寿无疆，但是美好的愿望是不能违背无情的自然规律的。进入 20 世纪 70 年代之后，各种老年性疾病无情地向毛泽东袭来。病魔缠住了他那曾是高大魁梧、非常健康的身躯；白内障遮住了他那曾是洞察一切、识妖辨怪的火眼金睛；肺心病伴严重缺氧致使他突然休克，险些夺走了他的生命；大叶性肺炎带来的昼夜咳嗽让他衰弱的身体无法休息，极度疲惫；脑神经功能的减弱、脑血管的渐进硬化导致了他老人家腿脚越发不能行动。一位当年叱咤风云、举世无双、欲与天公试比高的全中国人民的统帅，面对这些肆虐的病魔也显得无能为力，最终只好"随它去了"。毛泽东爱读爱书写罗隐的"时来天地皆同力，运去英雄不自由"两句诗，一方面表明他对诗作者写作这首诗时的思想情感的理解和同情，另一方面也是他本人当时内心情感世界的真实流露。笔者认为，从 1935 年著名的遵义会议之后，特别是万里长征大转移来到陕北延安之后，以及抗日战争、全国解放战争期间，直到社会主义新中国成立的初期，毛泽东领导全中国人民团结一致，万众一心，排除万难，夺取了一个又一个的伟大胜利，如果说这是"时来天地皆同力"的话，那么，进入 60 年代，特别是到了 70 年代，毛泽东在领导中国人民建设社会主义的伟大探索实践中出现了失误，特别是对于持续十年的"文化大革命"这一全局性的"左"倾错误，给党、国家和各族人民带来了严重的灾难；他亲自发动的"文化大革命"渐渐偏离初衷，以江青为首的"四人帮"越来越猖狂，把毛泽东的批评都当成了耳旁风，没有一点悔改之意；同时他本人又重病缠身，两腿肿得不能站立，两脚肿得穿不上鞋子，走不了路，人一天一天变老，这就是"运去英雄不自由"了。毛泽东晚年心灵深处是不是也有诗人罗隐当年的伤感呢？

　　罗隐怀才不遇，才能难展，隐居深山，消极、低沉、失落、悲愤的情绪在他的诗句中表现得淋漓尽致。毛泽东晚年病魔缠身，身体越来越差，加上林彪的背叛，"四人帮"的肆无忌惮，以及他亲密的战友周恩来、朱德等老一辈革命家相继辞世等等，一件件国事、家事、烦事、愁事、悲事，使得毛泽东晚年较长时间处在忧虑、忧伤、不安和孤独、寂寞、悲凉的氛围之中。毛泽东和罗隐，两位生活在不同的年代、不同的时空岁月中，有着不同的人生阅历和不同的际遇环境的人，同样地"运去英雄不自由"，有着相似的内心情感。毛泽东对罗隐怀才不遇，才华难展，有同情之意，对他的诗作的思想性、艺术性及其创作的独特风格很为欣赏。二者的相融相通，是毛泽东对罗隐诗作喜爱的主要原因。

　　第二，罗隐的咏史诗，有自己独有的风格、独特的观点。

　　罗隐的咏史诗，毛泽东首首都读，几乎首首、句句都作圈画。除上述的《筹笔驿》外，还有一首叫《王濬墓》，诗中写道："男儿未必尽英雄，但到时来即命通。若使吴都犹王气，将军何处立殊功。"据史籍记载，王濬是西晋大将，水师统帅，曾率水师破吴获胜。毛泽东读这首诗时，先在这首诗的标题前画了两个大圈，又在头两句诗旁边连续画上了几个圈。罗隐还有一首咏史诗叫《西施》，诗的全文是："家国兴亡自有时，越人何苦怨西施。西施若解倾吴国，越国亡来又是谁。"毛泽东在读这首诗时，先在这首诗的标题前画了两个大圈，后在每句诗、每个字旁都画了圈。《焚书坑》、《秦帝》、《董仲舒》等，都是罗隐咏史诗中的佳作，也都是毛泽东读过多遍的。《董仲舒》这首诗曰："灾变儒生不合闻，谩将刀笔指乾坤。偶然留得阴阳术，闭却南门又北门。"诗人对一代大儒董仲舒的评价是很为大胆的，在封建社会里能这样评价历史人物也是颇为不易的。这首诗，毛泽东读了又读，圈了又圈，四句诗的文字旁画满了圈。对毛泽东读过的罗隐这

些咏史诗，我们虽然没有看到批注的文字，但从密密麻麻的圈画符号中，也能看出毛泽东对诗人和诗作是很为欣赏的。

我们看到，毛泽东读罗隐的诗作写的唯一的一条批注是："十上不中第"。毛泽东批注的这五个字不难理解，就是十次上考，十次没考中的意思，是对罗隐当年实际遭遇的一种注释，也是对罗隐怀才不遇，"运去英雄不自由"内心情感的一种同情。这五个字的批注是在读了罗隐的《嘲钟陵妓云英》这首诗之后写下的。这首诗的全文是："钟陵醉别十余春，重见云英掌上身。我未成名君未嫁，可能俱是不如人。"罗隐的这首诗在《罗昭谏集》和《甲乙集》两本诗集里都刊载了。上述的批注是写在《甲乙集》刊载的这首诗的天头上，是用黑铅笔写的。两个版本书中刊载的这首诗，毛泽东都读了又读，都有圈画。在《罗昭谏集》刊载的这首诗的后两句，每字旁边都画上圈。罗隐的这首诗，从字面上看是有戏谑歌妓云英的意思，实际上则是诗人对自己屡试不第的自嘲。诗人与歌妓虽然身世不同、境遇不同，但实际上是同病相怜的，都是受人欺凌、任人摆弄，"俱是不如人"。这与诗人在另一首《自遣》诗中表达的意境是一致的。罗隐的《自遣》诗："得即高歌失即休，多愁多恨亦悠悠。今朝有酒今朝醉，明日愁来明日愁。"面对无情的社会现实和种种丑恶的现象，"愁"也好，"恨"也罢，有看法、有想法，最终却是无能为力，只能"今朝有酒今朝醉，明日愁来明日愁"。无论是诗人罗隐，还是歌妓云英，命运不都"俱是不如人"嘛！毛泽东对罗隐的《偶兴》、《东归别常修》等诗，也是读过多遍，许多诗句旁边都画上了圈。

第三，罗隐写景、写情的诗也有独到之处，有的写得很精彩。

罗隐的两本诗集：《罗昭谏集》、《甲乙集》中还有一些写情、写景的诗，这些诗都有独到之处，有的写得很精彩，深得毛泽东的喜爱。

例如《七夕》这首诗，原诗是这样写的："月帐星房次第开，两情惟恐曙光催。时人不用穿针待，没得心情送巧来。"古人描写神话中牛郎织女相爱的诗很多,像罗隐这样把一对久别重逢的有情人的情感写得如此细腻,构思如此别致,意境如此新颖的,却是不多见的。毛泽东对这首诗和诗人过人的才华很为欣赏。我们看到,毛泽东在阅读这首诗时不仅在最后两句诗旁字字画圈,而且在诗后又画上了两个小圈外套两个大圈。诗句旁小圈连小圈,诗末小圈套大圈,圈圈相连。足以说明,毛泽东对这首诗的喜爱。

罗隐写景的诗,构思亦独突,毛泽东也是很喜爱的。例如《浮云》和《京中正月七日立春》这两首诗。《浮云》是这样写的:"溶溶曳曳自舒张,不向苍梧即帝乡。莫道无心便无事,也曾愁杀楚襄王。"《京中正月七日立春》诗是这样写的:"一二三四五六七,万木生芽是今日。远天归雁拂云飞,近水游鱼迸冰出。"这两首诗写得也很独特,诗人构思奇巧,毛泽东也很喜爱。他在阅读过程中,这两首诗全诗都加了圈点,诗的标题前还分别画了两个大圈。还有一首写景诗《中秋夜不见月》,诗的第一句:"阴云薄雾上空虚",阅读中,毛泽东在句末就用黑铅笔画了两个圈。诗的第二句:"此夕清光已破除",句末,毛泽东又画了两个圈。第三、四句:"只恐异时开雾后,玉轮依旧养蟾蜍。"每个字旁都画了圈。这首写景诗,诗人的构思、文才、想象等都别有特色,所以,毛泽东欣赏之至,圈了又圈,画了又画。

罗隐虽然怀才不遇,"十上不中第",但是,他写下的一首首诗作,能流传至今,受到了毛泽东的青睐。诗中体现的才华和倾吐的情感,得到毛泽东的赏识和同情,这一定是诗人想不到的。

9 问

为什么晚年爱读、爱写
辛弃疾的词作？

　　我国古典文学中的词作，毛泽东生前是很为喜
爱的。我们从毛泽东生前阅读批注圈画过的书籍中看
到，我国著名词人的词作，例如：苏轼、李清照、岳
飞、陆游、张孝祥、张元干、秦少游、萨都剌等等，
毛泽东几乎都读过、都圈画过。读得最多、圈画最多
的是南宋伟大的爱国主义词人辛弃疾的词。

　　毛泽东为什么到了晚年还爱读、爱写辛弃疾的
词作呢？笔者理解，主要有两个方面的原因。

　　第一，辛弃疾的词气势宏伟，具有大家风范，
具有"气吞万里"的英雄气概。

　　辛弃疾，号稼轩，是我国开一代词风的伟大词
人，也是一位能征善战、熟稔军事的民族英雄。南宋

词人刘克庄在《辛稼轩集序》中评价其词作是"大声鞺鞳，小声铿
鍧，横绝六合，扫空万古，自有苍生以来所无"，是我国文学史上的
瑰宝。曾有古人这样赞美他：稼轩者，人中之杰，词中之龙。我国当
代文豪郭沫若曾为辛弃疾之墓撰写挽联："铁板铜琶继东坡高唱大江
东去，美芹悲黍冀南宋莫随鸿雁南飞。"这是对辛弃疾词的风格与价
值最有见地的评价。毛泽东对辛弃疾别具风格的词才爱不释手，读了
又读，圈了又圈，画了又画。对辛弃疾词作中的"金戈铁马，气吞万
里如虎"的英雄气概，毛泽东是很为赞赏的。

中南海毛泽东故居藏书中，中国古典词作种类很多，版本很多。
《词综》就有五种以上不同的版本。1974 年之后，毛泽东两眼白内障
越来越严重，看书看报越来越不清楚了。在这种情况下，他老人家还
要看《词综》。原来他老人家看过的两种线装本《词综》，字都比较
小，我们即把它影印放大。一种放在他游泳池住地的卧室里，一种放
在游泳池住地的会客厅里。这两种《词综》里的辛弃疾的词，毛泽东
都多次阅读圈画过。辛弃疾年轻时参加过抗金义军，他也曾多次上书
建议抗金。当朝统治者对他的上书建议，不但只字不理，而且还打击
迫害他，致使他长期丢职闲居。理想、抱负都不能实现，满怀雄心大
志却不被人重视，所以他郁郁终生、苦闷不已。辛弃疾的词作，有相
当数量是抒发他对往日战斗生活的怀念和大志抱负不能实现的苦闷心
情。我们从会客厅里的这部《词综》里可以看到，辛弃疾的这些词，
毛泽东都作了圈画。其中有一首词《破阵子·为陈同甫赋壮词以寄
之》，词中写道："醉里挑灯看剑，梦回吹角连营。八百里分麾下炙，
五十弦翻塞外声，沙场秋点兵。马作的卢飞快，弓如霹雳弦惊。了却
君王天下事，赢得生前身后名。可怜白发生！"陈同甫就是陈亮，他
是辛弃疾志同道合的好朋友。词的字里行间反映了辛弃疾对昔日沙场
生涯的追忆之情。毛泽东在这首词的天头上用黑铅笔重重地画了一个
大圈。另一首词《水调歌头·舟次扬州，和杨济翁、周显先韵》："落
日塞尘起，胡骑猎清秋。汉家组练十万，列舰耸层楼。谁道投鞭飞

渡? 忆昔鸣髇血污，风雨佛狸愁。季子正年少，匹马黑貂裘。今老矣，搔白首，过扬州。倦游欲去江上，手种橘千头。二客东南名胜，万卷诗书事业，尝试与君谋。莫射南山虎，直觅富民侯。"毛泽东很爱读。在这首词的天头上，毛泽东用黑铅笔画了一个大圈。我们还看到，毛泽东在读词过程中不仅非常用心地理解词意和词的创作艺术，而且还很认真地把书上印错的字改正过来。如上述词中的"列舰耸层楼"一句中的"舰"字，书上错印成"槛"字，毛泽东在阅读中就用黑铅笔把它改正过来了。这是毛泽东在读书中的一贯的做法。

在服务工作过程中，我们还看到辛弃疾的另一本著作，书名是《稼轩长短句》，是中华书局 1959 年影印出版的。这部书一共是四个分册。每一分册的封面上，毛泽东都用粗红铅笔画上了圈。这个圈一方面说明他读过了这一册，另一方面也说明他喜爱读这一册中的词。翻开这部书，我们粗略地数了一下，毛泽东先后在六十多首的标题上画了圈。书中画圈、点、曲线、粗线的地方很多，有的是用黑铅笔圈点勾画的，有的是用红铅笔圈画的。不同的笔迹，说明是读过多遍的，也是十分喜爱的。

我们知道，辛弃疾有两首词是毛泽东爱不释手的。一首是《永遇乐·京口北固亭怀古》，原词是："千古江山，英雄无觅孙仲谋处。舞榭歌台，风流总被雨打风吹去。斜阳草树，寻常巷陌，人道寄奴曾住。想当年，金戈铁马，气吞万里如虎。元嘉草草，封狼居胥，赢得仓皇北顾。四十三年，望中犹记，烽火扬州路。可堪回首，佛狸祠下，一片神鸦社鼓! 凭谁问: 廉颇老矣，尚能饭否?"词中的"想当年，金戈铁马，气吞万里如虎"的词句和英雄气概等，都是毛泽东很为欣赏的。另一首是《南乡子·登京口北固亭有怀》，原词是："何处望神州? 满眼风光北固楼。千古兴亡多少事? 悠悠。不尽长江滚滚流! 年少万兜鍪，坐断东南战未休。天下英雄谁敌手! 曹刘。生子当如孙仲谋。"这首词，毛泽东非常喜爱，中南海故居里存放的多种词书中，这首词毛泽东都作过圈画。不仅读得多、记得牢，他还经常挥

毛泽东手书辛弃疾词（部分）

毫书写，一字不差。书写时，常常口中小声背诵，手下疾书，情感真挚，精神抖擞，流畅自如。说到毛泽东喜爱辛弃疾这首词，还曾有这样一段小故事：1957年3月，在一次由南京飞往上海的途中，当飞机飞临镇江上空时，毛泽东兴致盎然，提笔蘸墨，书写《南乡子·登京口北固亭有怀》，一边书写，一边向同行的工作人员解释这首词的意义和词中所提到的典故。据史书记载，历史上京口北固亭就在现今镇江的东北，京口曾是三国时期吴国孙权建都的地方。我们知道，毛

泽东生前坐飞机外出次数并不多，在万里高空留下墨宝，就更为稀罕
了。这幅极其珍贵的书作，中央档案馆一直高度重视，指定专人珍
藏着。

　　毛泽东不仅爱读、爱背诵、爱书写辛弃疾《南乡子·登京口北
固亭有怀》这首词，还爱书写辛弃疾《菩萨蛮·书江西造口壁》、《摸
鱼儿》、《贺新郎·别茂嘉十二弟》等词作。毛泽东书写的辛弃疾的词
作墨宝都收印在《毛泽东手书古诗词选》一书中。

　　第二，辛弃疾的词作具有丰富的想象力和浪漫豪放的情怀及辩
证的思维。

　　辛弃疾的词作中，有一些是抒发感情的，写得很细腻、优美、
动人。毛泽东对辛弃疾这些词作也爱读，也有圈画。如《太常引·建
康中秋夜为吕叔潜赋》这首词："一轮秋影转金波。飞镜又重磨。把
酒问姮娥：被白发、欺人奈何！乘风好去，长空万里，直下看山河。
斫去桂婆娑。人道是、清光更多。"这首词，毛泽东先后读过多遍，
也有圈画，在书的天头上还画了一个大圈。辛弃疾还有一首词，叫
《木兰花慢》，词前作者写了一段小序："中秋饮酒将旦，客谓前人诗
词有赋待月，无送月者，因用《天问》体赋。"词是这样写的："可怜
今夕月，向何处，去悠悠？是别有人间，那边才见，光影东头？是天
外。空汗漫，但长风浩浩送中秋？飞镜无根谁系？姮娥不嫁谁留？谓
经海底问无由，恍惚使人愁。怕万里长鲸，纵横触破，玉殿琼楼。虾
蟆故堪浴水，问云何玉兔解沉浮？若道都齐无恙，云何渐渐如钩？"
我们看到，毛泽东读这首词时，对前面的小序每句话都有圈点，在词
中的每个疑问句后，都画了一个大大的问号，在词的标题前用黑铅笔
连画了三个大圈。从圈画中可以看出，毛泽东读这首词时，对词作者
在七百多年前就这样缜密地观察月亮升落、旋转的自然景象，是非常
欣慰的，对词作者这种丰富的想象力是很赞赏的。直到 1964 年 8 月，
毛泽东在和周培源、于光远两同志谈哲学问题时，还提到辛弃疾这首
词，他认为辛词和晋朝人张华《励志诗》中的诗句"大仪斡运，天回

地游"，都包含着地圆的含意。这也是毛泽东爱读辛词的一个方面的原因。

毛泽东读诗读词，不仅在欣赏诗词的艺术性，而且更欣赏诗人、词人丰富的想象力和浪漫豪放的情怀及其辩证思维。对中国古代的词作，大致分为婉约、豪放两派。应当怎样去读？怎样去对待？1957年8月1日，在《对范仲淹两首词的评注》中表达了毛泽东个人的看法。毛泽东的评注是这样写的："词有婉约、豪放两派，各有兴会，应当兼读。读婉约派久了，厌倦了，要改读豪放派。豪放派读久了，又厌倦了，应当改读婉约派。我的兴趣偏于豪放，不废婉约。婉约派中有许多意境苍凉而又优美的词。范仲淹的上两首，介于婉约与豪放两派之间，可算中间派吧；但基本上仍属婉约，既苍凉又优美，使人不厌读。婉约派中的一味儿女情长，豪放派中的一味铜琶铁板，读久了，都令人厌倦的。人的心情是复杂的，有所偏但仍是复杂的。所谓复杂，就是对立统一。人的心情，经常有对立的成分，不是单一的，是可以分析的。词的婉约、豪放两派，在一个人读起来，有时喜欢前者，有时喜欢后者，就是一例。睡不着，哼范词，写了这些。"① 这是毛泽东对范仲淹两首词的评注，也是毛泽东关于怎样读中国古词的独特的见解。

---

① 《毛泽东文集》第七卷，人民出版社 1999 年版，第 304 页。

10 问

为什么晚年爱读《智囊》？

　　《智囊》是毛泽东晚年很爱读的线装本史书之一。

　　直到毛泽东 1976 年 9 月 9 日逝世前，他的身边一直放着两部大字木刻线装本《智囊》。一部一直放在他老人家在中南海游泳池住地的会客厅里。这个会客厅是他老人家晚年经常会见外宾的地方，也是他读书学习的地方，几乎是他老人家晚年的书房，许多他常看的书籍都放在这里。除工作、会见宾客之外，他几乎每天都要在这个会客厅里看书学习。放在会客厅里的这部《智囊》，据说是借章士钊的。这部《智囊》全书分为 14 个分册，每个分册的封面都是浅褐色的并印有花纹的绢装帧的。除字较大外，每册装帧也比较讲究一些，薄厚适宜，很适合老年人阅读。加

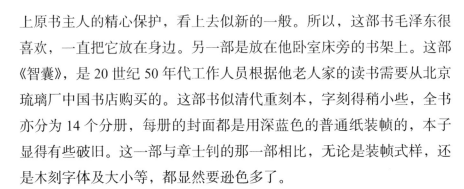

上原书主人的精心保护，看上去似新的一般。所以，这部书毛泽东很喜欢，一直把它放在身边。另一部是放在他卧室床旁的书架上。这部《智囊》，是 20 世纪 50 年代工作人员根据他老人家的读书需要从北京琉璃厂中国书店购买的。这部书似清代重刻本，字刻得稍小些，全书亦分为 14 个分册，每册的封面都是用深蓝色的普通纸装帧的，本子显得有些破旧。这一部与章士钊的那一部相比，无论是装帧式样，还是木刻字体及大小等，都显然要逊色多了。

这两部《智囊》，毛泽东晚年都很喜爱，经常阅读。书中大部分故事都作了圈画，许多地方还写有批注文字。据笔者所知，毛泽东晚年读过的图书中，除各种马列著作、二十四史和鲁迅著作外，圈画和批注文字较多的，就要数这两部《智囊》了。从 50 年代到 60 年代，直到生命的最后几年，他老人家还时常阅读。特别是从琉璃厂购买的这一部，他老人家看得多、画得多、批注得多。由于他老人家经常翻看，许多册封面都显得很破了。

毛泽东晚年为什么还爱读《智囊》呢？笔者理解主要原因有以下几点：

第一，《智囊》这部书读了之后，有利于"启迪思考、发展智力、增强应变能力"，使人"变得更聪明一些"。

中国卓越出版公司 1989 年 12 月出版的《智谋大全》(即《智囊》)的前言中说："明代著名作家冯梦龙（1574—1646 年）所编著的这本《智囊》，正是我国古典智慧的集大成者。此书将先秦至明代各色人物以智取胜的故事千余则汇为一册，按政治智慧（即上等的智慧）、军事智慧、司法智慧、语言智慧、妇女智慧等分类编撰，共十部二十八卷。书中故事，大多取材于经史典籍，亦有少量采自稗官野史，集中展现了古代中国人在治国安邦、治军用兵、断案决讼、平定动乱、经营产业、为人处事等方面的高度智慧。"关于这本书的特点和书中人物等，这个前言还说：本书"内容丰富多彩、妙趣横生，读之可以启迪思考、发展智力、增强应变能力。书中人物，虽然不乏神奸巨猾的个人，但也有不少德才兼备的贤者，这些人胸怀大志、学贯古今、通达事理，且能出以公心，所以才能扭危局、胜险恶，处事得体。正所谓大聪明者往往是大老实人，大智来源于大度大勇。"这个前言还说："此书自问世以来，曾得到许多伟人学者的喜爱。1963 年 1 月毛泽东同志曾专门从章士钊先生处借得一套线装《智囊》阅读。"

关于编著《智囊》的目的，原编著者冯梦龙在本书自序中还写有这样一段话：有人对我说，"您写《智囊》，打算让别人学习智慧，但智慧是从人的天性中产生的呢? 还是从纸上学来的呢?"冯梦龙回答说："我前边早就说过这一点，智慧犹如水的样子，藏在地中时属于天性，开凿它，让它流露出来，这得靠后天的学习，而开凿出来的井水、涧水，它的用处是与江水、河水一样的。我担心的是人们天性中的智慧像藏在地下的水那样，被禁锢在土石之下，而不能流露出来，于是就用这些写在纸上的话，来当作发掘智慧用的'铁锹'和'土筐'，这样做或许对于适应世用会有一定的作用吧。"

从上面的介绍中，我们可以知道，《智囊》实际上就是先秦至明代这一段历史典籍中有关以智取胜的故事汇编。编著者的目的之一在于发掘读者的智慧。书中所收的千余则故事，读了之后，大多有利于"启迪思考、发展智力、增强应变能力"，能使人"变得更聪明一些"。毛泽东晚年之所以爱读这部书，还一次又一次地读，应当说，这是重要的原因之一。

第二，《智囊》这部书中记载了一些祖国优秀传统文化，汲取书中的精华，有益于指导和服务于现实斗争、现实工作。

毛泽东晚年爱读《智囊》，笔者认为还有一个方面的重要原因，就是这部书中记载了一些祖国优秀传统文化，汲取本书中的精华，并用之指导和服务于现实斗争、现实工作是很有意义的。简单地说，也就是为了"古为今用"。我们的祖先曾以自己善于筹谋的聪明才智和百折不挠的追求与实践，创造了光辉灿烂的古代文明。如何科学地对待中国古代的优秀文化遗产，毛泽东 1960 年 12 月在对两个外国代表

团的谈话中曾作了精辟的阐述。他说：

> 对中国的文化遗产，应当充分地利用，批判地利用。中国几千年的文化，主要是封建时代的文化，但并不全是封建主义的东西，有人民的东西，有反封建的东西。要把封建主义的东西和非封建主义的东西区别开来。封建主义的东西也不全是坏的。我们要注意区别封建主义发生、发展和灭亡不同时期的东西。当封建主义还处在发生和发展的时候，它有很多东西还是不错的。反封建主义的文化也不是全部可以无批判地利用的。封建时代的民间作品，也多少都还带有封建统治阶级的影响。
>
> 我们应当善于进行分析，应当批判地利用封建主义的文化，而不能不批判地加以利用。反封建主义的文化当然要比封建主义的好，但也要有批判、有区别地加以利用。我所了解的是这样，我们现在的方针是这样。至于充分利用文化遗产，我们现在还没有做到。中国古典著作多得很，现在是分门别类地在整理，用现代科学观点逐步整理出来，重新出版。①

毛泽东的这段讲话，是他对待中国古代文化遗产的根本思想和根本态度。他是这样说的，实际上他在博览卷帙浩繁的中国古代群书时一直也是这样做的。对于这一点，我们从他在阅读《智囊》过程中所写的批语的字里行间也能约略看出一二。

例如，毛泽东在阅读《智囊》第一部"上等的智慧·通简卷"有关朱博的一则故事时，对朱博因老从事教唆百姓聚众闹事，而将老从事杀掉的事，毛泽东写了这样一条批语："这个老从事也可以不杀，教以改过，或者调改他职。"显然，毛泽东对朱博的这一做法不很赞成，并且很明白地提出了自己的看法。这里毛泽东为什么提出对

---

① 《毛泽东文集》第八卷，人民出版社 1999 年版，第 225 页。

老从事这个官吏也可以不杀呢？因为朱博本来是个武官，没有做过文官，后来他做了北州刺史，上任时巡视部属来到一个县。这个老从事为了观察和试探一下朱博的本事，就故意让这个县的数百个官吏和老百姓聚众拦道，并且吵吵嚷嚷，说是要告状。官署、寺庙里也都挤满了人。朱博后来了解到，这幕闹剧是这个老从事故意制造的，就把他杀了。这个老从事并无恶意，只是为了看看朱博的应变能力，也没有因此造成特别重大的损失。所以毛泽东批语说"这个老从事也可以不杀"，如果你朱博对他不信任，毛泽东认为，"调改他职可也"，为什么一定要把他杀掉呢！

还是朱博的这一则故事，书中有一段是这样写的：朱博当左冯翊时，长陵大姓中有个叫尚方禁的，年轻的时候强奸别人妻子，被人用刀砍伤了面颊。官府的功曹受了贿赂，没有革除尚方禁，反调他做守尉。朱博听到此事，找了一个借口召见尚方禁，一看他的脸，果然有瘢痕。朱博避开左右的人，问尚方禁："这是什么伤啊？"尚方禁自知朱博已了解实情，连忙叩头，禀报了事情经过。朱博笑着说："大丈夫本难免不时有这种事，我想为你洗刷耻辱，你能自己效力吗？"尚方禁又喜又怕，回答道："万死不辞。"朱博于是命令尚方禁不得向任何人泄露谈话的情况，有机会就记录言论。于是将他视为亲信、耳目。尚方禁经常破获盗贼、通奸等犯罪活动，很见成效，朱博提升他为连守县县令。很久之后，朱博召见功曹。关上门，一一列举尚方禁等人的事情，对他痛加斥责，给了他纸笔，要他将自己受贿一个钱以上的事情全部写下来，不能有丝毫隐瞒，若有半句欺骗的话，就杀他的头。功曹惶恐万状，就写了所有为奸为贼的事，一点也不敢隐瞒。朱博知道他说的是实话，于是命令他就地听候裁决，要他改过自新。然后拔出刀来将他所写的罪状裁成纸屑，打发他仍然出去就任原职。这功曹后来时常战战兢兢，如履薄冰，尽心尽责，不敢有丝毫差错。朱博就重用了他。朱博在这里对尚方禁、功曹的做法，毛泽东没有提出疑义，他读后用黑铅笔在这一段文字旁写的批语是："使人改过自效"。

《智囊》第九部"妇女的智慧·贤哲卷"有一则赵威后的卓见的故事,这则故事说:齐王派使者去问候赵威后。使者还没有拿出书信,威后就问道:"齐国的年成好吗?老百姓平安无事吧?齐王身体健康吗?"使者一听,很不高兴地说:"我是奉齐王之命来看望威后的,现在您不先问候齐王,而先问起年成和百姓了,怎么先问贱而后问尊贵呢?"威后说:"不对,假如国家没有收成,怎么能养活百姓?假如没有了老百姓,哪里还有君王呢?所以,哪有舍了根本,而先问枝节的啊。"进而她又问使者说:"齐国的於陵子仲,他还活着吗?他这个人做人,是上不以臣礼事奉君王,下不治理自己的家庭,中不求跟诸侯交往。这是个引导百姓无所事事的人,为什么至今还不杀了他呢?"毛泽东读完这则故事,对赵威后主张杀齐国的於陵子仲持否定态度。毛泽东认为,像於陵子仲这样的人,是不应该把他杀掉的。於陵子仲的问题仅是一般的问题,通过教育和改造是可以转化的。

《智囊》第一部"上等的智慧·通简卷"中,还有一则韩裒以毒攻毒的故事,故事说:西魏文帝时,韩裒任北雍州刺史。此州盗贼很多。韩裒到任后,秘密地查访了盗贼的情况,原来都是州里豪富人家的子弟。韩裒表面上装作什么也不知道,对那些人仍然以礼相待。他对他们说:"本刺史是一介书生,哪里知道治理盗贼的事,只有依赖诸位共同分担我的忧虑了。"于是将那些性情凶恶狡猾的少年全部找来,将他们都任命为捕盗首领,每人分片包干,有盗贼行窃而未抓获,就以故意放纵偷盗论处。那些被委以重任的纨绔子弟都惶惶不安,连忙检举说:前次的盗案实际上是某某所干的。将作案人的姓名一一登记在本子上。韩裒将这个本子拿过来藏好,在州府门上贴了一张布告:"凡是盗贼,可以马上来自首,过了本月不来自首的将公开处死,并没收他的妻子儿女赏给先来自首的人。"十天左右,所有的盗贼全部都来投案自首。韩裒将登记簿取来一对,一点不差。因此全部赦免了他们的罪过,允许他们改过自新。从此后再也没有发生偷盗案。毛泽东读了这则故事，又用黑铅笔在本页天头上写了"使人改过"四个字的批注。显然，毛泽东对韩褒允许盗贼改过自新的做法是持赞许态度的。

对于有一般过错的人允许其改过自新，并给他们提供机会，帮助他们创造改过自新、重新做人的条件，这是毛泽东一贯的思想和主张。写到这里，我又想到了毛泽东在读《后汉书·陈寔传》时所写的一条类似的批语，这里我也一并介绍给读者。

在《后汉书·陈寔传》里记载了这样一个小故事：有一年，收成不好，百姓没粮食吃，小偷也多起来。有个小偷夜里钻进陈寔家去偷东西，爬在他家的屋梁上，窥测机会，被陈寔发现了，他假装没有看见，只是把家里的子孙召集起来训话。陈寔说："无论谁都应该知道努力向上。凡是坏人，也未必生下来就不好，不过是被坏习惯染坏了。即如眼前这一位'梁上君子'就是个例子。"那小偷听见，大吃一惊，立刻跳下来向陈寔叩头认罪。陈寔看了看小偷，和颜悦色地说："看你的样子，也不像是个坏人，应该认真约束自己，改过自新。不过也总是由于贫穷所迫，不能怪你。"随即吩咐取出两匹绢来送给他。据说小偷大受感动，以后就再不盗窃了。这里，陈寔对小偷注重教化的做法，与毛泽东的思想和主张是一致的。所以，毛泽东读罢这个故事就在本书的天头上写下了一条评语："人在一定条件下是可以改造的"。

是的，人在一定条件下是可以改造的，包括有过错的人。一有过错就把他杀掉，凡是偷了人家一点东西就说是不可救药的坏人，这种做法和看法都是不足取的。

毛泽东阅读《智囊》和阅读其他古籍一样，总是密切联系现实生活和现实斗争，把古代史书上说的事与现实生活中的事紧紧地联系在一起，并进行比较。读的是古书，想的是今天，为的是今天，以求指导和服务于现实斗争和现实工作。

例如，《智囊》第二部"思维的智慧·经务卷"中有则故事叫

"责任在谁"。这个故事是说，明世宗时倭寇蹂躏东南沿海，巡抚屡次告急，请求朝廷出兵，兵部尚书根据朝臣徐阶的意见，就发精兵六千人。结果遇到敌人的伏击，军队溃败。当政的人把发兵看成是徐阶的过错。因此，徐阶上疏说："按法律应该当责罚州县的守令。军队的将校负责打仗，州县的长官负责防守，现在军队的将校打仗一旦失利，就要判死刑，而州县的长官平安无事；要是城池陷落，军队的将校又得判死刑，而州县的长官仅是降职，这怎么能起到鼓励和惩戒的作用呢？能够支配百姓的是州县的长官。现在全国当兵的只占一，而当民的占百，我们怎能把打仗和防守的责任都责求军队的将校来完成呢？守令要是辛勤，军队的粮饷必不会缺少；守令要是果断，侦察敌情的探哨必定不会耽误军情；守令要是警惕，奸细就必定无处藏身；守令要是仁爱，乡兵就必定能配合军队作战。所以我认为重责守令就可以了。"毛泽东读了这则故事，特别是读了徐阶上疏的这番话，对重责守令还是重责军队的将校并没简单地表示肯定或否定的意见，而是首先将旧制度和我们今日的新制度进行一番比较。比较之后，毛泽东认为，明朝的这种制度，"莫如今之军区党委制。党政军民统一于党委。"党是领导我们事业的核心力量，党政军民都在党委的统一领导下，党指挥枪，军爱民，民拥军，党政军民一条心，这是我们的事业不断取得胜利的可靠保证。

说到毛泽东读《智囊》联系实际的事，还要说一下毛泽东读第五部"敏捷的智慧·总序"中的一段话后写下的一句批语。总序中写道："兵书上有这样的记载，用兵上只听说过虽快而方法却笨拙的，没有听说过用兵缓慢而方法却是巧妙的。用兵快而不巧妙的人，要是拖得时间再长了，必定是方法更加笨拙了。"毛泽东在这段话的旁边写的批语是："吾见其人矣"。二十多年的戎马生涯，转战南北，艰苦卓绝，赴汤蹈火，流血牺牲，件件往事，历历在目。阅读《智囊》中的这一段话，把毛泽东带到了以往的战争年代，"用兵快而不巧妙"的各种人物自然也都浮现在他老人家的眼前。那么，"吾见其人矣"，这个"其人"到底指的是谁呢?只有毛泽东本人最清楚。毛泽东读史书,常常这样与现实斗争紧紧相连。

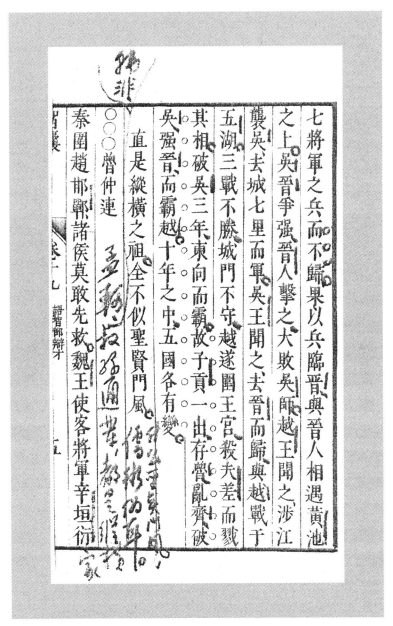

毛泽东读《智囊》批注:什么圣贤门风,儒术伪耳。孟轲、韩非、叔孙通辈,都是纵横家

毛泽东读史书，从不人云亦云，总是开动脑筋，独立思考。早在青年时代，毛泽东就认为，对待古代文化遗产和中西学说，不可不加分析地兼收并蓄，应该有分析、有批判。他在湖南第一师范读书时常对同学说：古人的话、教师的话和一切学者名流的话，不一定都对。我们读书、看报、上课、听讲演，都要开动脑筋，多想一想，对的就接受，不对的应该抛弃，囫囵吞枣的办法最要不得。后来的几十年，在读书治学中，毛泽东一直就是这样做的。毛泽东的这种治学态度，直到晚年在阅读《智囊》的过程中也还时有体现。

例如，他在读《智囊》第七部"语言的智慧·辩才卷"有一则关于子贡一箭五雕的故事时，在这则故事的最后有这样两句对子贡评论性的话：子贡真是纵横家的祖师，一点也不像圣贤的门生之作风。子贡是孔子的弟子之一。毛泽东读到这里，对书中的这种说法很不赞成，他说："什么圣贤门风，儒术伪耳。孟轲、韩非、叔孙通辈，都是纵横家。"又如，《智囊》第五部"敏捷的智慧·灵变卷"有这样一则小故事："王羲之小时候很受大将军王敦喜爱，常常把他放在自己的帐子里睡觉。一次王敦先起床，接着钱凤入门来，两人便屏退别人秘密商量谋反，却忘记了还有小孩在帐中睡觉。王羲之当时已醒，听到了他们密谋的事，知道自己性命难保。在千钧一发之际，王羲之急中生智，用手指捅喉部引起呕吐，把自己的脸和被头都弄脏了，并作出睡得很香的样子。王敦他们密谋到一半，才想起王羲之还没有起床，两人都很惊恐地说：'这下子不得不把这个孩子除掉了。'等掀开床帐，见王羲之口里吐出来的东西把被子都弄脏了，确信这个孩子一直在熟睡。这样王羲之才保全了性命。"毛泽东读了这则故事对此有些怀疑，便批注道："此事似误，待查。"毛泽东不迷信、不盲从，针锋相对、毫不掩盖地提出自己的见解，这种对待古代文化遗产的态度和做法是非常值得我们称颂和学习的啊！

第三，《智囊》中有不少关于用兵打仗、以智克敌制胜等军事方面的故事，不是兵书，胜似兵书，毛泽东爱读这类故事。

　　这是引发毛泽东读书兴趣的又一个原因。说到毛泽东读《智囊》，从他在书上圈画和批注的情形来看，最爱读的或者说是最有兴趣的还是在第八部（即兵智部）关于"用兵的智慧"。这个部分为不战、制胜、诡道、武案四卷，共收 119 个故事。这些故事，毛泽东都不止读过一遍，差不多都圈画过，许多地方读后还写了批注。

　　例如，制胜卷"孙膑的战术"这则故事中，有一段是唐太宗谈用兵之道的。原著中大概的意思是，唐太宗曾说："我从年轻时就筹

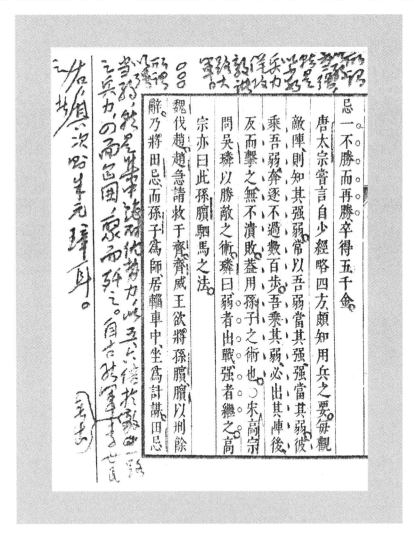

毛泽东读《智囊》批注

划天下大事，颇懂得用兵的关键，每次观察敌人的战阵，就可以得知对方力量的强处与弱处。我常用我方的弱兵，去对付对方的强兵，用我方的强兵去对付对方的弱兵。对方在战胜了我方的弱兵之后，往往追逐我军不到几百步就止兵不前，因此我方的弱兵并未全军崩溃；而我方的强兵在战胜了对方的弱兵之后，必定要冲到对方战阵的背后，然后转过身来攻打对方，敌人没有不因此而全军崩溃的。"这就是用了孙膑的战术。毛泽东读了唐太宗的这段话，似乎觉得唐太宗说得还不够清楚和全面，因此他写了一段批语，对唐太宗的用兵之道予以发挥和完善，还对唐太宗、明太祖的军事才能作了一定的评价。毛泽东的批语写道："所谓以弱当强，就是以少数兵力佯攻敌诸路大军。""所谓以强当弱，就是集中绝对优势兵力，以五六倍于敌一路之兵力，四面包围，聚而歼之。自古能军无出李世民之右者，其次则朱元璋耳。"[①] 李世民和朱元璋都是智谋双全、会用兵、能打仗，具有高超的军事才能的封建帝王。特别是唐太宗，毛泽东曾说过："打仗要像唐太宗那样，先守不攻，让敌人进攻，不准士兵谈论进攻的事，谈论者杀。待敌人屡攻不克，士兵气愤已极，才下令反攻，一攻即胜。这样一可练兵，二可练民。"[②] 在毛泽东的读书批注中，像这样称赞封建帝王的，据我所见，是不多见的。上述毛泽东的批语，把什么叫"以弱当强"、什么叫"以强当弱"说得更加明白了，这实际上也是毛泽东本人克敌制胜的一条重要的和基本的作战经验。

还是在"孙膑的战术"这则故事中，关于如何救赵国的问题，孙膑对田忌说："想解乱丝只能慢慢用手去解开，不能把乱丝整团地握在拳头里使劲拉扯；解劝斗殴只能好好为双方分解，不能往相持很紧的双方身上使劲打。要避开敌人力量充实的地方，冲击他们势力虚弱之处，在形势上控制住他们，这样做，敌人的包围自己就解开了。

---

① 《毛泽东著作专题摘编》(下)，中央文献出版社2003年版，第1366页。
② 冯文彬主编：《毛泽东与青年》，辽宁人民出版社1992年版，第160页。

现在魏国和赵国互相攻战，魏国的精锐部队必定全都在国外打仗，留下无战斗力的老弱残兵在国内防守。您不如带兵迅速赶到魏国国都大梁，冲击它力量虚弱之处，那魏国必定会放下赵国，回来解救本国的围困，这样我们一下子就为赵国解了围，又可以拖垮魏国。"田忌听从了他的意见，魏军果然离开了赵国的国都邯郸，同齐军在桂陵（今河南长垣县西南）打了一仗，齐军大败魏军。孙膑这一攻魏救赵的战术，使毛泽东倍加赞赏。读了孙膑说的这段话，毛泽东非常高兴地在上述这段文字旁边用黑铅笔写道："攻魏救赵，因败魏军，千古高手。"这里毛泽东称赞孙膑是"千古高手"，这是多么高的评价啊！

　　关于孙膑攻魏救赵的战术，毛泽东早在 1938 年 5 月写的《抗日游击战争的战略问题》这篇文章中就曾引用过。在这篇文章中，在谈到游击战争战略防御时，毛泽东写道："在反围攻的作战计划中，我之主力一般是位于内线的。但在兵力优裕的条件下，使用次要力量（例如县和区的游击队，以至从主力中分出一部分）于外线，在那里破坏敌之交通，钳制敌之增援部队，是必要的。如果敌在根据地内久踞不去，我可以倒置地使用上述方法，即以一部留在根据地内围困该敌，而用主力进攻敌所从来之一带地方，在那里大肆活动，引致久踞之敌撤退出去打我主力；这就是'围魏救赵'的办法。"[①] 毛泽东将两千多年前孙膑的这一兵法运用于我国的抗日战争和解放战争，取得了一战又一战的胜利。这不就是我们常说的"古为今用"嘛！三十多年后，毛泽东在读《智囊》时又一次读到孙膑的这个兵法，他老人家怎么能不更感亲切呢！

　　《智囊》的"兵智部"，毛泽东圈画和批注的地方还有很多，这里不再一一介绍了。

　　毛泽东爱读《智囊》，尤爱读《智囊》中关于用兵打仗、以智克敌制胜等军事方面的故事。孙膑、李世民、朱元璋都是我国历史上著

[①]　《毛泽东选集》第二卷，人民出版社 1991 年版，第 429 页。

名的军事家，毛泽东是我国当代被誉为"用兵如神"的最伟大的军事家之一。古今军事家如果有那么一个机会相遇在一起的话，他们会不会谈论治军用兵、战略战术等诸多的军事问题呢？我想是会的，特别是毛泽东对孙膑这个"千古高手"很可能还会称赞一番呢！

11 问

为什么晚年重读鲁迅著作？

在中国众多的现代作家中，鲁迅著作是毛泽东一直爱读的。毛泽东曾说过：我和鲁迅的心是相通的。在半个多世纪的革命岁月里，毛泽东与鲁迅并没有见过面，也没有直接的书信往来。毛泽东对鲁迅的了解可以说主要是靠读鲁迅的著作。从中南海毛泽东故居收存的毛泽东生前阅读批画过的书籍中看到，毛泽东晚年身边共有六种不同版本的鲁迅著作：一种是1938年8月，鲁迅先生纪念委员会编辑、复社出版的精装二十卷本的《鲁迅全集》（内容包括鲁迅的著作、译作和他所整理的部分古籍），这是我国第一次出版的《鲁迅全集》。第二种是1956年到1958年，人民文学出版社出版的带有注释的精装十卷本《鲁迅全集》（只收鲁迅的著作，未收译文和古籍）。第三种是

1956 年到 1959 年，人民文学出版社据十卷本《鲁迅全集》出版的一套单行本。第四种是 1959 年 3 月，文物出版社刻印的一册线装本《鲁迅诗集》。第五种是 1972 年 9 月，北京鲁迅博物馆编、文物出版社出版的线装本《鲁迅手稿选集三编》。第六种是 1972 年 11 月，人民文学出版社据 20 世纪 50 年代出版的十卷本《鲁迅全集》重新排印的大字线装本。当然这还是不完全的收存。这些鲁迅著作现在都还存放在中南海丰泽园毛泽东故居里。这六种不同版本的鲁迅著作，毛泽东生前都曾用心地阅读过，许多地方都用红铅笔或黑铅笔圈画过，不少的地方还写了批注。几十年里，毛泽东对鲁迅的著作一直是爱不释手的。

毛泽东为什么到了晚年还爱读鲁迅著作？笔者理解主要有以下几个方面的原因：

第一，鲁迅"是党外的布尔什维克"，"他的思想、行动、著作，都是马克思主义的"。

这是毛泽东一生爱读鲁迅著作的根本原因。据史料记载，毛泽东最晚在 1921 年春就已经读过鲁迅的著作并持续关注鲁迅了。所以到了 1938 年 1 月 12 日，在给当时在延安抗日军政大学任主任教员的艾思奇写的一封信的开头，他说："我没有《鲁迅全集》，有几本零的，《朝华夕拾》也在内，遍寻都不见了。"① 从信中可以看出，毛泽东此时需要鲁迅著作的心情是很迫切的。信中所说的《朝华夕拾》即为《朝花夕拾》。这本鲁迅著作的单行本最初是由北京未名社 1928 年 9 月出版的，后来收在二十卷本《鲁迅全集》第二卷里。据有关书刊介绍，1928 年以后至 1938 年 1 月毛泽东写此信以前，上海、北京的一些出版社先后出版过鲁迅的小说、杂文著作的单行本。毛泽东在信中说"有几本零的"，就是说除了《朝花夕拾》之外，还有其他的单行本的鲁迅著作。这就说明，毛泽东在写此信之前即 1938 年 1 月以前，就已经读过相当数量的鲁迅著作，并对鲁迅的一些见解产生了共鸣，

---

① 《毛泽东书信选集》，中央文献出版社 2003 年版，第 108 页。

以至产生了对阅读鲁迅著作的迫切需要。实际上也正是这样，1937年 10 月，在鲁迅逝世一周年的时候，毛泽东就在延安陕北公学鲁迅逝世周年纪念大会上作了题为《论鲁迅》的讲话。在这个讲话中，毛泽东对鲁迅作出了极高的评价，他指出："我们纪念他，不仅因为他的文章写得好，是一个伟大的文学家，而且因为他是一个民族解放的急先锋，给革命以很大的助力。他并不是共产党组织中的一人，然而他的思想、行动、著作，都是马克思主义的。他是党外的布尔什维克。"① 并且号召全党和全体人民学习鲁迅那种为民族解放而奋勇斗争和勇于自我牺牲的伟大的"鲁迅精神"。这就足以证明，在这以前，毛泽东就阅读过鲁迅的不少著作，并且深深为鲁迅著作中所表达的彻底革命的精神和分析当时中国现实的立场、观点、方法所打动，从而产生了对鲁迅的敬慕之心。此前几年，即 1933 年底，冯雪峰到瑞金中央苏区时，常和毛泽东见面，有好几次，毛泽东对冯雪峰说："今晚约法三章：一不谈红米南瓜，二不谈地主恶霸，不谈别的，只谈鲁迅。"② 这一方面说明毛泽东这时便很注意鲁迅，很想了解鲁迅；一方面也说明毛泽东对鲁迅已经有所了解，但了解得还不够多，还想通过冯雪峰更多地了解一些。从现有的资料看，在 1933 年以前，毛泽东没有和鲁迅直接交谈过，因此，毛泽东对鲁迅的认识和了解，一方面来自有关同志的介绍，但更重要的可能是从他看鲁迅的文章、读鲁迅的著作中来。

第二，鲁迅的著作融思想性、战斗性、艺术性和革命性于一体。

这是毛泽东爱读鲁迅著作的又一重要原因。通过深入研读鲁迅的著作，毛泽东对鲁迅的作品的思想性、战斗性、艺术性、革命性等了解更多了。后来，毛泽东在他的著作、讲话、谈话、报告和一些书信中，多次谈到鲁迅和鲁迅的著作，并对鲁迅在中国革命和文化发展

---

① 《毛泽东文集》第二卷，人民出版社 1993 年版，第 42—43 页。
② 冯雪峰：《回忆鲁迅》，人民文学出版社 1952 年版。

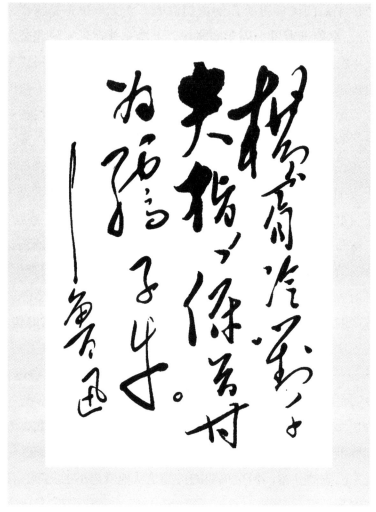

毛泽东手书鲁迅诗句："横眉冷对千夫指，俯首甘为孺子牛"

史中的地位作了很高的评价。在《新民主主义论》中，他称赞鲁迅是"文化新军的最伟大和最英勇的旗手"，"鲁迅是在文化战线上，代表全民族的大多数，向着敌人冲锋陷阵的最正确、最勇敢、最坚决、最忠实、最热忱的空前的民族英雄。鲁迅的方向，就是中华民族新文化的方向"。[①] 1940 年 1 月，陕甘宁边区文协在延安召开第一次代表大

---

① 《毛泽东选集》第二卷，人民出版社 1991 年版，第 698 页。

会，毛泽东和其他中共中央领导同志分别为大会题词。毛泽东的题词，一则是"为建立中华民族的新文化而奋斗"，另一则就是"鲁迅的方向，就是中华民族新文化的方向"。在《在延安文艺座谈会上的讲话》中，他说："鲁迅的两句诗，'横眉冷对千夫指，俯首甘为孺子牛'，应该成为我们的座右铭。"并号召，"一切共产党员，一切革命家，一切革命的文艺工作者，都应该学鲁迅的榜样，做无产阶级和人民大众的'牛'，鞠躬尽瘁，死而后已"。①

鉴于对鲁迅著作的时代意义和重要历史地位的认识，毛泽东对鲁迅著作分外珍爱。在戎马倥偬的战争年代，毛泽东的不少书籍和用品都丢了，可是延安时期得到的那套二十卷本的《鲁迅全集》一直带在身边。人到哪里，就把书带到哪里。从陕北的延安窑洞，到河北平山县的西柏坡村，从西柏坡到北京的香山、中南海，这套《鲁迅全集》一直伴随着毛泽东。从 1938 年到 1976 年，近四十年，这套《鲁迅全集》都始终和毛泽东相随，并保存完好。这就从一个侧面说明毛泽东对鲁迅著作的感情之深。毛泽东到中南海居住以后，有一天在书房里阅读这套《鲁迅全集》，一边翻阅，一边饱含深情地对身边的工作人员说："这套书保存下来不容易啊，当时打仗，说转移就转移，有时转移路上还要和敌人交火。这些书都是分给战士们背着，他们又要行军，又要打仗，书能保存到今天，我首先要感谢那些曾为我背书的同志们。"

1949 年 12 月，毛泽东率领中国党政代表团访问苏联。出访前夕，他亲手挑选了几本鲁迅的著作，还有几本马列的著作、唐诗宋词、名人字画、中国和世界地图等书籍。在赴莫斯科的途中，他在车厢里，除了批阅文件，和有关同志谈话外，其余的时间大都用在读鲁迅著作和其他书籍上。到了莫斯科，各种外事活动非常繁忙紧张，可是毛泽东还利用点点滴滴的时间认真地阅读鲁迅的著作。有一天，外事活动

---

① 《毛泽东选集》第三卷，人民出版社 1991 年版，第 877 页。

结束后回到住地，离吃饭的时间还有不到半个小时，他就拿出一本鲁迅的著作专心静意地读起来。不一会，开饭的时间到了，工作人员把饭菜端到桌上，他没顾得上吃，而是继续看书。过了好一会儿，他还是没有吃，眼看饭菜都要凉了，工作人员就走到他身边轻声地提醒他，他说："还有一点，看完就吃。"工作人员为了让毛泽东快点吃饭，就站在他的身后，看到他读鲁迅著作十分认真、十分用心，一会儿用笔在书上圈圈画画，一会儿自言自语地说："说得好！说得好！"一直把二十来页的书看完后才开始吃饭。他一边吃，一边笑着对工作人员说："我就是爱读鲁迅的书，鲁迅的心和我们是息息相通的。我在延安，夜晚读着鲁迅的书常常忘记了睡觉。"他还勉励工作人员，有时间要多读点鲁迅的著作。

1956 年到 1959 年，人民文学出版社相继出版了带注释的十卷本《鲁迅全集》，专收鲁迅的著作，不收译文和古籍；同时还出了一套共 25 册的鲁迅著作单行本。为了阅读方便，毛泽东把这套鲁迅著作的单行本放在自己的床上，每天无论工作多忙、开会多晚，他都要翻看。从毛泽东留在书上的阅读记号来看，这 25 册的单行本，绝大部分都已看过，有的还不止一次地翻阅。毛泽东不仅看过这一时期出版的鲁迅著作单行本，也看新版的十卷本《鲁迅全集》。毛泽东逝世以后，发表过他的许多照片，其中有一张是他站在书柜前看书的生活照，这是 1961 年，在江西考察时在办公室里的留影。照片中毛泽东正聚精会神地翻阅一本书，这书就是《鲁迅全集》中的一册。毛泽东生前的习惯是比较喜欢躺着看书，为了方便，总是比较喜欢把书卷起来拿在手里，因此，精装图书相对来说就用得少一点，只有在没有平装书可以替代时，他才看精装书。

1966 年 4 月初，毛泽东到外地视察。走了没几天，就请工作人员给北京打电话要鲁迅为叶永蓁作序的小说《小小十年》；5 月中旬，又打电话要全套鲁迅著作的单行本（共 25 册）。到了 70 年代初，毛泽东已近八十高龄，精力、体力、视力都远远不如以前了，健康状况也越来越差。就在这样的情况下，他老人家还是以惊人的毅力，一直坚持阅读鲁迅的著作。

　　毛泽东自从 1971 年生病以后，大都躺在床上借助放大镜阅看单行本的鲁迅著作。后来视力愈来愈差，用放大镜看书也越来越困难。怎么办？我们即和机要秘书徐业夫同志商量，是不是将鲁迅的平装本著作印成大字线装书，这样他老人家躺在床上看也比较轻便。徐秘书把我们的这个想法向毛主席汇报后，主席说："国家目前还很困难，印大字本又要花钱。"主席这是从经济方面来考虑的，但无论从他读书的习惯上，还是从他当时的身体状况来说，大字线装本都符合实际需要。后来，经当时的中央办公厅负责同志同意，徐业夫同志就与国家出版局联系。国家出版局负责同志考虑到：一是为了毛泽东等年老的同志阅读鲁迅著作的方便；二是可以馈赠外宾；三是便于长久地保存鲁迅著作。于是 1972 年 2 月初，国家出版局决定由人民文学出版社特将 50 年代出版的带有注释的十卷本《鲁迅全集》，排印成少量的大字线装本。因为全部书印刷的工作量大，时间要求又比较紧急，所以国家出版局将全书安排由北京新华印刷厂和上海新华印刷厂两处排印。由于字要印得大，原来一卷的平装本印成大字线装本后，就要印成 9—10 个分册，每一卷还要做一个布面函套，所以，全书的印刷装订工作量很大，不能在短时间内一下子印出来。为了能让毛泽东早点看到新印的大字线装本《鲁迅全集》，我与人民文学出版社和北京新华印刷厂的有关同志商定：采取印好一卷送一卷的办法。因为是两地印刷，所以进度不一致，当时并没有按原书的卷次顺序排印送阅，而是先印好哪卷就先送哪卷。因为是大字线装本，每册又不太厚，老人家拿在手里很轻便，读起来也很方便，所以，毛泽东收到一卷就先看一卷。他老人家看这样的线装本图书是看得很快的，常常是这一卷看完了，下一卷还没有送到。有一次，新到的一卷看完后，他还想往下看，可是书还没到，便风趣地说：我又"断炊"了。哪能让他老人家"断炊"呢，我速与出版社和印刷厂的同志联系，请他们能不能再

加快点速度。印刷厂的同志竭尽全力，将原来的两班倒改为三班倒，厂领导、生产科的同志都来到车间，与工人师傅一起加班加点。人民文学出版社出版部的几位同志，也与印刷厂工人师傅们一样，加班加点，废寝忘食，夜以继日地工作着。在各方面同志的共同努力下，从1972年7月初到同年的11月中旬，大约四个半月，十卷本《鲁迅全集》全部印装完毕。因为是印装好了一部分送一部分，所以，待毛泽东收到全书时，他也差不多都读完了。

毛泽东晚年还如此一遍又一遍地阅读新印的大字线装本鲁迅著作，可见他老人家对鲁迅的著作是多么地喜爱了。我们看到，他在第五卷第五分册的封面上，还留下了亲笔写的"吃烂苹果1975.8"。这几个字是他老人家用红铅笔写下的，从字迹来看，虽然没有当年那种笔力遒劲、风态潇洒、行笔活泼、奔放流畅、气势磅礴的独特风格，但它是毛泽东晚年对鲁迅著作的真挚感情的生动体现，同时也是毛泽东晚年读书的坚强毅力和顽强的治学精神的真实的历史写照。

毛泽东患"老年性白内障"，是1974年8月下榻湖北武汉的东湖宾馆时，医生为他检查眼睛时确诊的，当时两只眼睛都有症状，但病情程度不同，一只眼睛较为严重些，一只眼睛稍微轻些。医生说，这种病一般要经过初发期、膨胀期、成熟期和过熟期。经过这几个时期，根据病人的身体状况，才能考虑具体的手术治疗方案。当时医生还说，患了这种病还不能着急，要耐心等待，待其成熟了才能采取手术措施。医生的话，当然是有道理的，但对一个终身酷爱读书，天天都要读书的人来说，没有比将要失去视力更痛苦、更难以忍受的了。后来，为了满足他老人家的读书需要，在他两眼不能看书的情况下，经过他本人同意，1975年5月底，特将北京大学中文系芦荻老师请到中南海，专门为他读书。后经过北京著名的眼科专家会诊，毛泽东的白内障已经到了成熟期。根据毛泽东当时的身体状况，医疗组的同志提出了实施手术的意见和具体方案。这个方案经当时中央领导医疗组工作的同志审定后，毛泽东本人也同意了。7月下旬的一天傍晚，北京广安门医院的眼科大夫唐由之主刀为毛泽东做了左眼白内障摘除手术。手术做得很成功，一个星期之后，当摘掉蒙在眼上的纱布时，毛泽东眨眨眼，看着看着，他老人家突然激动地指着在场的一位工作人员的衣服，准确地说出了颜色和图案。白色的墙壁他也能看清了。显然，毛泽东的一只眼睛复明了。在场的人都为毛泽东这次眼科手术成功使一只眼睛复明而深感高兴，笑容立刻取代了在场同志们较长时间以来满脸的愁眉愁容和紧张不安的神色。

从毛泽东在读鲁迅著作时的批注、圈画以及认真细致的程度，我们可以看到，毛泽东是切切实实很爱读鲁迅著作的，也是切切实实下了很多功夫的。

第三，晚年看《鲁迅手稿选集三编》（线装本），重在看鲁迅的墨迹，重在休息身体、调节大脑。

20世纪70年代初，毛泽东已经年近八十高龄，精力、体力都远远地不如以前了，健康状况也越来越差，眼病、腿病等多种老年性疾病愈来愈无情地折磨着他。就在这样的情况下，他还天天躺在床上坚持读平装单行本的鲁迅著作和其他各种书籍。1972年9月，文物出版社出版了北京鲁迅博物馆编的《鲁迅手稿选集三编》（线装本）。这本书共收有鲁迅手稿29篇，编者说这29篇都是从尚未刊印的鲁迅手稿中选出来的。我们收到出版社送来的样书后，立即将这本书送给毛泽东，毛泽东见到这本书后，一有空就翻阅，不分昼夜。手稿选集里有的字写得太小，他就用放大镜，一页一页、一行一行往下看。有时，一边看一边还不时地用铅笔在手稿选集上圈圈画画。毛泽东为什么爱看鲁迅的这本手稿选集呢？这是因为毛泽东很爱欣赏名家、名人书法，包括那些书写诗词、警语、格言、楹联的名人墨迹。他曾对身边的工作人员说过，工作之余，看正书看累了之后，看看名人字画、墨迹，这也是一种休息，也是一种调节。鲁迅的这本手稿，都是在"语丝"稿纸上，用毛笔竖写的行书体墨迹，字迹清楚，运笔流畅自如。正如郭沫若在评论鲁迅的书法时所说的，"鲁迅先生亦无心作

书家，所遗手迹，自成风格"，"世人宝之，非因人而贵也"。① 所以毛泽东常常翻看。有时，他把鲁迅的这本手稿选集当成鲁迅的著作来读，有时，他也把它作为鲁迅的墨迹来欣赏。

毛泽东在读《写在〈坟〉后面》这篇鲁迅手稿时，在许多的文字旁边都画了红道。他对鲁迅在这篇手稿中所写的"我的确时时解剖别人，然而更多的是更无情面地解剖我自己"这句名言，他在阅读1956年出版的单行本时就在这句话下面重重地画了红道，而且在以后又多次给身边的同志讲过。这次当他又一次看到这句话时，又用粗红铅笔在这段文字旁边画上了红道，口中还不由自主地读出声来。这就不难看出，晚年的毛泽东对鲁迅的这句话所表达的勇于自我解剖的精神是多么地欣赏和赞同。在同一篇文章中，鲁迅还写了这么一段文字："古人说，不读书便成愚人，那自然也不错的。然而世界却正由愚人造成，聪明人决不能支持世界。"鲁迅在这里所说的"愚人"是指广大劳动人民，"聪明人"是指少数封建统治者。鲁迅的话充满了"人民创造历史"的历史唯物主义观点，毛泽东对此也非常赞同，在阅读1956年出版的单行本时就在"世界却正由愚人造成，聪明人决不能支持世界"下面重重地画了两道红线，这次在读手稿本时，又在这一段文字旁边重重地画了两道红线，使鲁迅的这句名言在这本整个手稿中显得格外引人注目。

1974年到1976年，毛泽东翻阅鲁迅手稿选编，主要的是在欣赏鲁迅的墨迹，是在休息休息身体、调节大脑，但它也足以表明毛泽东晚年对鲁迅著作仍很喜爱。

第四，鲁迅的杂文无情地揭露了帝国主义、封建主义、军阀和国民党反动派在中国造成的黑暗和罪恶，是刺向敌人的匕首和投枪，是中国文苑中的奇葩。

我们在服务工作过程中知道，毛泽东读鲁迅著作，兴趣最浓、

---

① 郭沫若：《鲁迅诗稿·序》，《人民日报》1961年9月18日。

圈画最多、倾注时间和读的遍数最多的是杂文著作，晚年尤甚。

鲁迅的杂文著作，如《热风》、《华盖集》、《华盖集续编》、《坟》、《而已集》、《三闲集》、《二心集》、《南腔北调集》、《伪自由书》、《准风月谈》、《花边文学》、《且介亭杂文》、《且介亭杂文二集》、《且介亭杂文末编》、《集外集》、《集外集拾遗》等，毛泽东几乎篇篇都读过，许多篇章多次阅读、圈画，有的还写有批注。

毛泽东尤爱读鲁迅的杂文是因为鲁迅的杂文无情地揭露了帝国主义、封建主义、军阀和国民党反动派在中国造成的黑暗和罪恶，是刺向敌人的匕首和投枪，是中国文苑中的奇葩。鲁迅面对帝国主义、封建主义、军阀和国民党反动派的统治、压迫和残害，他常用冷嘲热讽的杂文形式作战，把钢刀一样的笔刺向他所憎恨的一切。他站在战士的血痕中，坚韧地反抗着、呼啸着前进，并且在斗争中掌握了马克思主义。毛泽东在 1937 年时曾说过："鲁迅是一个彻底的现实主义者，他丝毫不妥协，他具备坚决的心"；"他在黑暗与暴力的进袭中，是一株独立支持的大树"。① 后来毛泽东还说过："鲁迅是真正的马克思主义者，是彻底的唯物论者。"② 他称赞："鲁迅的骨头是最硬的，他没有丝毫的奴颜和媚骨。"③ 这是毛泽东爱读鲁迅著作的一个最重要的原因。

鲁迅在他三十多年的创作历程中，先后写了 600 多篇约 135 万字的杂文，编辑、出版了多本杂文集。在这些杂文中，他无情地揭露了帝国主义、封建主义、军阀和国民党反动派在中国制造的黑暗和罪恶，展示了旧中国几十年间人民革命斗争的历史潮流，反映了中国人民争取民族独立和解放的强烈声音。鲁迅的杂文是诗与政论的完美结合，是古代散文的优秀传统与时代精神的体现，也是 20 世纪二三十年代中华民族的伟大精神的结晶，是刺向敌人的匕首和投枪，是中国文苑中的奇葩，是我国近代思想史上光彩夺目的丰碑。

① 《毛泽东文集》第二卷，人民出版社 1993 年版，第 44、43 页。
② 《毛泽东文集》第七卷，人民出版社 1999 年版，第 263 页。
③ 《毛泽东选集》第二卷，人民出版社 1991 年版，第 698 页。

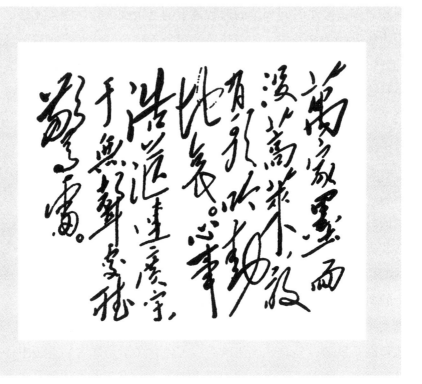

毛泽东手书鲁迅诗句："万家墨面没蒿莱，敢有歌吟动地哀。心事浩茫连广宇，于无声处听惊雷"

　　说到毛泽东晚年读鲁迅杂文的事，还得先从延安时期和新中国成立之后毛泽东读鲁迅的杂文谈起。1938 年 8 月，二十卷本《鲁迅全集》第一次在上海出版后，通过党的地下组织，从上海辗转到陕北根据地，毛泽东得到了一套。

　　这套《鲁迅全集》中的《坟》、《华盖集》、《华盖集续编》、《而已集》、《三闲集》、《二心集》、《伪自由书》、《且介亭杂文》、《集外集》等杂文集，毛泽东在延安时就认真读过。新中国成立以后出版的单行本他也读过。直到 1972 年，线装大字本《鲁迅全集》印出后，上述的大部分杂文集，他老人家又再次阅读。从毛泽东留在这些杂文集上的多种批画笔迹和标记来看，有许多的杂文毛泽东是反复读过很多遍的。例如：《寡妇主义》、《未有天才之前》、《论"费厄泼赖"应该缓行》、《答有恒先生》、《"醉眼"中的朦胧》、《铲共大观》、《流氓的变迁》、《关于翻译的通信》、《捣鬼心传》、《为了忘却的记念》、《出卖灵魂的秘诀》、《关于翻译》、《在现代中国的孔夫子》、《拿来主义》等等。就拿《三闲集》的《铲共大观》这篇杂文来说，毛泽东在延安读这篇杂文时，就用黑铅笔在"革命的完结，大概只是由于投机者的潜入。也就是内里蛀空"这句话旁边画了道道；50年代在读单行本时，又在这句话下面画了道道；70年代在读大字线装本时，他又用铅笔在这句话旁边画了粗粗的红道。三个不同时期出版的版本，在同一的内容下都画了道道，这说明他至少读过三遍，同时也说明他很赞同鲁迅的观点。无数历史事实也证明，投机者的潜入，内里蛀空，的确是革命完结的一个重要原因。《南腔北调集》中的《捣鬼心传》这篇杂文，毛泽东也多次读过。他对文中的"捣鬼有术，也有效，然而有限，所以以此成大事者，古来无有"这句话，很为赞赏，多次圈画。直到1975年8月，他老人家已经重病在身，经过摘除白内障手术仅有一只眼睛还能看清东西时，还又一次阅读这篇杂文，并用颤抖的笔在这句话的旁边画了粗粗的道道，还在这句话的书眉上画了一个大大的红圈。翻开晚年毛泽东读过的鲁迅的杂文，有的地方画了一个圈，有的地方画了两个圈，有的地方画了三个圈，读过几遍他就画几个圈。就拿他读大字线装本《鲁迅全集》来说吧，《二心集》、《伪自由书》、《准风月谈》等杂文的封面上都画有一个红圈，说明这些杂文集他老人家在晚年还至少看过一遍。《三闲集》、《南腔北调集》两册封面上都画了两个红圈，这说明，这两册杂文集毛泽东在晚年至少还看过两遍。圈虽然画得有大有小，道道虽然画得有粗有细，但它是毛泽东晚年垂老不倦地阅读鲁迅杂文的真实的历史记录，也是毛泽东顽强的学习精神的生动体现。

第五，鲁迅的杂文具有极强的思想性、革命性、战斗性和科学性，特别是鲁迅后期的杂文，都是运用马克思主义的基本原理剖析当时中国社会实际的产物。

毛泽东之所以爱读鲁迅的杂文，喜欢引用鲁迅杂文中的思想和言论来表达自己的观点，其中的一个重要原因，就是鲁迅的杂文的思想性、革命性、战斗性和科学性。鲁迅杂文是我国20世纪30年代"围剿"与反"围剿"的斗争在文化战线上的最生动、最真实的历史记录。1939年12月9日，毛泽东在延安纪念一二·九运动四周年大会上的讲演中，在谈到红军到了陕北，还处在国民党的文化"围剿"的情形时说："关于这一点，我们只要看一看鲁迅先生的杂感，就可以知道。他的抨击时弊的战斗的杂文，就是反对文化'围剿'，反对压迫青年思想的。"①

毛泽东读鲁迅的杂文著作，十分用心理解、思索，还时有发挥。例如，在读《花边文学》这本杂文集时，当他读到《正是时候》这篇杂文中的一段话"倘是旧家子弟呢，为了逞雄，好奇，趋时，吃饭，固然也未必不出门，然而只因为一点小成功，或者一点小挫折，都能够使他立刻退缩。这一缩而且缩得不小，简直退回家，更坏的是他的家乃是一所古老破烂的大宅子"时，用红铅笔在这段话下面画了粗粗的两道，还在"吃饭"后面添加了"夺权"两个字。这样就把"旧家子弟"的内涵和本质更深刻地揭示出来了。这里，毛泽东虽然仅添加了两个字，却给鲁迅的文章增加了新的色彩。

毛泽东不仅爱读鲁迅的杂文，而且还经常运用鲁迅杂文中的思想和言论来阐明自己的观点，表明自己的主张。这在毛泽东著作、讲话、报告和谈话中，是常常可以见到的。1937年10月19日，延安陕北公学举行鲁迅逝世周年纪念大会，毛泽东在这个大会上发表了《论鲁迅》的讲话。就在这篇讲话中，他用鲁迅《论"费厄泼赖"应该缓行》这篇杂文中的"打落水狗"的主张和思想来启发和教育人们。他说："他在一篇文章里，主张打落水狗。他说，若果不打落水狗，它一旦跳起来，就要咬你，最低限度也要溅你一身的污泥。所以

---

① 《毛泽东文集》第二卷，人民出版社1993年版，第252页。

他主张打到底。"他继续号召广大人民群众学习和发扬鲁迅"打落水狗"的革命精神,说:"现在日本帝国主义这条疯狗,还没有被我们打下水,我们要一直打到它不能翻身,退出中国国境为止。我们要学习鲁迅的这种精神,把它运用到全中国去。"① 通俗的语言,深刻的道理,给人们以力量和启示。

1942 年 2 月 8 日,毛泽东在延安干部会上发表了著名的《反对党八股》的重要讲演。在这次讲演中,他多次引用鲁迅杂文里的话。譬如,洋八股,这是五四运动以后由一些浅薄的知识分子发展起来的东西,经过他们的传播,长时期地在革命队伍中存在着。鲁迅批判这种洋八股说:"八股无论新旧,都在扫荡之列……例如只会'辱骂''恐吓'甚至于'判决'而不肯具体地切实地运用科学所取得的公式,去解释每天的新的事实,新的现象,而只抄一通公式,往一切事实上乱凑,这也是一种八股。"② 毛泽东运用鲁迅的思想和言论,针对当时文风不正的实际情形说:"党八股也就是一种洋八股。这洋八股,鲁迅早就反对过的。"还说,"空话连篇,言之无物,还可以说是幼稚;装腔作势,借以吓人,则不但是幼稚,简直是无赖了。鲁迅曾经批评过这种人,他说:'辱骂和恐吓决不是战斗。'"③ 就在这个报告会上,毛泽东把他亲自审阅编订的《宣传指南》的小册子分发给每一个与会的人。这本《宣传指南》里收入了鲁迅论创作的一封信,即《答北斗杂志社问——创作要怎样才会好?》一文。为了便于和推动学习,毛泽东在讲演中专门对《宣传指南》作了解说。鲁迅谈创作有八条,他详细地解说了四条,特别是对第四条"写完后至少看两遍",毛泽东说:"鲁迅说'至少看两遍',至多呢? 他没有说,我看重要的文章不妨看它十多遍,认真地加以删改,然后发表。文章是客观事

---

① 《毛泽东文集》第二卷,人民出版社 1993 年版,第 44 页。
② 《鲁迅全集》第 5 卷,人民文学出版社 1981 年版,第 103—106 页。
③ 《毛泽东选集》第三卷,人民出版社 1991 年版,第 830、834—835 页。

物的反映，而事物是曲折复杂的，必须反复研究，才能反映恰当"。① 我们翻开 1938 年出版的《鲁迅全集》就可以看到，毛泽东在这里所解释的四条，都是他在鲁迅的原文章里画了道道的地方。由此可以看出毛泽东对鲁迅文章的赞同以及他们思想脉搏的一致性。《宣传指南》是延安整风运动二十二个必读文件之一，并被编入《整风文献》。

第六，鲁迅的杂文充满了革命的辩证法，忠实地反映了人民的理想、要求和心声，表达了时代的精神。

这是毛泽东爱读鲁迅杂文的又一个原因。毛泽东认为："鲁迅后期的杂文最深刻有力，并没有片面性，就是因为这时候他学会了辩证法。"② 他还说过："鲁迅是真正的马克思主义者，是彻底的唯物论者。"③ 几十年来，毛泽东之所以那么用心，那么认真地一遍又一遍地阅读鲁迅的杂文著作，归根结底，就是因为鲁迅的杂文充满了革命的辩证法，忠实地反映了人民的理想、要求和心声，表达了时代的精神。它不仅能给人民大众指出前进的方向，而且能给人民群众以巨大的精神力量，教育和鼓舞人民群众如何同黑暗、反动的势力和现象作斗争，从而信心百倍地走向光明的未来。正是鲁迅杂文著作充满着革命的辩证法，体现着唯物论，所以，它深深地吸引着毛泽东终身不懈地多次反复地阅读。

也正因为如此，毛泽东不仅自己爱读鲁迅的杂文，而且还多次号召人们向鲁迅学习。1957 年，他在《同新闻出版界代表的谈话》中说："鲁迅的时代，挨整就是坐班房和杀头，但是鲁迅也不怕。现在的杂文怎样写，还没有经验，我看把鲁迅搬出来，大家向他学习，好好研究一下。"④ 在这次谈话之后，毛泽东在《在中国共产党全国宣传工作会议上的讲话》中又说："有人说，几百字、一二千字一篇的

---

① 《毛泽东选集》第三卷，人民出版社 1991 年版，第 844 页。
② 《毛泽东文集》第七卷，人民出版社 1999 年版，第 277 页。
③ 《毛泽东文集》第七卷，人民出版社 1999 年版，第 263 页。
④ 《毛泽东文集》第七卷，人民出版社 1999 年版，第 263 页。

杂文，怎么能作分析呢？我说，怎么不能呢？鲁迅不就是这样的吗？分析的方法就是辩证的方法。所谓分析，就是分析事物的矛盾。不熟悉生活，对于所论的矛盾不真正了解，就不可能有中肯的分析。"① 与此同时，毛泽东还指出："要分清敌我，不能站在敌对的立场用对待敌人的态度来对待同志。必须是满腔热情地用保护人民事业和提高人民觉悟的态度来说话，而不能用嘲笑和攻击的态度来说话。"② 毛泽东的这些教导，在社会主义现代化建设事业蓬勃发展的今天，仍然具有极其重要的现实意义。

---

① 《毛泽东文集》第七卷，人民出版社 1999 年版，第 277 页。
② 《毛泽东文集》第七卷，人民出版社 1999 年版，第 278 页。

12 问

为什么对二十四史 24 年
手不释卷？

    毛泽东从青年时代起，就喜欢阅读传统的经、史、子、集著作，"苟有志于学问，此实为必读而不可缺"[①]，这是青年毛泽东对中国传统文化典籍的态度。后来毛泽东走上革命道路，担当起革命的重担。在繁忙的领导工作岗位上，在日理万机的岁月里，对历史书籍依然是深嗜笃好。他对史籍的爱好，是贯穿于他的一生的。

    在毛泽东晚年的图书服务工作中，我们知道，20 世纪 70 年代之后，毛泽东身体状况越来越差，在

[①] 《毛泽东早期文稿（1912.6—1920.11）》，湖南出版社 1990 年版，第 37 页。

身患多种疾病的情况下，还坚持读了很多的历史书籍。晚年，毛泽东读得最多的、批注批画最多的历史书籍是二十四史。

中南海毛泽东故居藏书中有一部清乾隆武英殿版的二十四史。这部二十四史是1952年他老人家身边的工作人员根据他阅读中国古籍的广泛需要而添置的。这是一部大字木刻线装本，毛泽东生前特别喜爱，每次去外地视察工作、参加会议和调查研究时，他老人家都嘱咐工作人员带上这部史籍，走到哪里，带到哪里，读到哪里。从20世纪50年代到70年代，无论在外出的火车上、飞机上，还是在住地的会客厅里、书房里、办公室里、卧室里；也无论白天还是黑夜，工作人员随时都可以看到他老人家凝神静气地读二十四史的身影。如果要问毛泽东晚年最爱读什么书？笔者可以负责地告诉大家，这部清乾隆武英殿版的二十四史就是他老人家晚年最爱读的、也是读得最多、批注批画最多的古籍线装书之一。

二十四史是学习中国历史，研究中国历史必读之书。它不仅具有极其重要的史学价值，而且具有极其重要的文学价值。它是中华民族引以为荣并值得进一步发扬光大的宝贵传统文化。

如果说毛泽东青年时代阅读二十四史还只是单本、篇章，那么从1952年之后，毛泽东读清乾隆武英殿版的二十四史，就是全面、系统地研读了。从1952年再读这部卷帙浩繁的史书起，到1976年9月他老人家辞世止，这部二十四史毛泽东整整读了24年。特别是70年代之后，毛泽东已经是重病在身了，他老人家还天天夜以继日地阅读这部史著，真是感人至深，令人心折。

毛泽东读二十四史是不分白天黑夜的，常常是通宵达旦地读。有一张社会上流传很广的毛泽东夜晚坐在沙发上读书的照片，手里拿着的就是这部二十四史，时间是1961年。毛泽东读二十四史常常是废寝忘食的。读书忘记吃饭，这是常有的事。就是吃饭时他也常常边吃边看。他老人家吃饭常常不按时、不按顿，有时吃一顿饭，热来热去，端来端去，反复几次他才顾上吃。吃完饭把碗筷往旁边一推，又

继续看书。他老人家读书，没有固定的时间，有空就读，特别爱晚上
看书，常常是看着看着睡着了，睡着睡着又醒了，醒来接着看。1972
年之后，他老人家看书大多是躺在床上看的。晚年病重期间，他还坚
持天天读书。腿病不能站立、不能走路，坐在沙发上、躺在沙发上还
坚持读书。毛泽东晚年，读二十四史的精神和毅力，是我们常人不能
相比的。

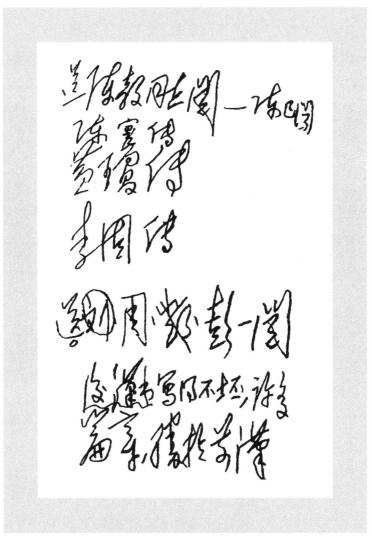

毛泽东在《后汉书》第 21 册封面上的批注

一部二十四史，毛泽东24年读而不倦，学而不厌，全书全部文字他至少通读了一遍。《史记》、《前汉书》、《后汉书》、《三国志》、《旧唐书》、《新唐书》、《晋书》、《旧五代史》、《明史》等书中的人物本纪、人物传记等许多篇章，不知反复读了多少遍。

最让人难忘的是，1975年，已经82岁高龄的毛泽东，眼睛患白内障逐渐看不清东西了，医生建议他每天不看书或少看书。他对医生的话毫不在意，每天照样看书。实在看不见了，就让身边的工作人员给他读书。从北京大学中文系请来的芦荻同志，那些时日里，几乎每天都要给他读二十四史，读鲁迅著作，读其他多种他要读的著作。有时边读边谈，有时他还向芦老师提问，或者平等地交换看法。芦老师对中国文学、中国历史、鲁迅著作等都很熟悉，都有研究。她每天给毛主席读书，毛主席时常与她谈书、谈历史、谈人物。1975年7月23日，毛泽东有一只眼睛做了白内障摘除手术。手术之后，视力稍有好转，他老人家就又开始自己读二十四史了，一边读，一边用颤抖的手提笔在《晋书》三个分册的封面上分别写了"一九七五，八"，在五个分册的封面上分别写了"一九七五，八月再阅"，"一九七五，九月再阅"。

这些字虽然写得不很工整流畅，字迹笔画甚至有些歪斜无力，但它是毛泽东晚年读二十四史最有力、最真实的标记。1975年8月至9月，毛泽东重病在身，说话已说不太清楚了，两腿更是不能走动，几乎每天都在床上，或者半躺着或者臂靠在床头上，一本一本地读着，凝神静气地思考着。

1976年5月起，毛泽东的病情不断加重，身体素质越来越差。6月初，他突患急性心肌梗死，经及时抢救，脱离了危险。之后的许多时间，毛泽东都处在昏迷半昏迷状态，靠鼻饲生活。据医疗组的护理记录，1976年9月8日这一天，毛泽东看文件、看书达11次之多，共计2小时50分钟。而当时这部毛泽东读过多遍的二十四史中的《晋书》、《南史》等部分分册就一直放在他的身边，一直陪伴着他到生命的最后一息。

毛泽东为什么如此下功夫读二十四史呢？一部二十四史他反反复复读了 24 年，到底是什么原因呢？笔者认为至少还有以下三个方面的重要原因。

第一，为了了解中国几千年的文明史，了解中国"古今学说制度的大要"。

早年毛泽东的同代人中有不少人出国求学了，也有人劝他出国磨砺，如新民学会会友罗学瓒在给毛泽东的信中说："惟弟甚愿兄求大成就，即此刻宜出洋求学。若少迟延，时光既过，人事日多，恐难有多时日求学矣。……润之兄啊！你是一个有志的人，是我们同伴中所钦佩的人，你如何带一个头……学他十年八载。异日回国……各抒所学以问世，发为言论作社会之唤醒提倡者。"[1] 其言辞之恳切，期望之宏大，真是感人。

但毛泽东最终还是留在了国内。他那时认为留在国内探索的好处是："1. 看译本较原本快迅得多，可于较短的时间求到较多的知识。2. 世界文明分东西两流，东方文明在世界文明内，要占个半壁的地位。然东方文明可以说就是中国文明，吾人似应先研究吾国古今学说制度的大要，再到西洋留学才有可资比较的东西。3. 吾人如果要在现今的世界稍微尽一点力，当然脱不开'中国'这个地盘。关于这地盘内的情形，似不可不加以实地的调查，及研究。这层功夫，如果留在出洋回来的时候做，因人事及生活的关系，恐怕有些困难。不如在现在做了"。[2] "我觉得关于自己的国家，我所知道的还太少，假使我把时间花费在本国，则对本国更为有利。"[3]

① 中国革命博物馆、湖南省博物馆编：《新民学会资料》，人民出版社 1980 年版，第 69—70 页。

② 《毛泽东早期文稿（1912.6—1920.11）》，湖南出版社 1990 年版，第 474 页。

③ 中国革命博物馆、湖南省博物馆编：《新民学会资料》，人民出版社 1980 年版，第 399 页。

毛泽东虽然没有走出国门，壮游世界。相反，当许多人都在国外学习西方经验时，他却走向了中国的穷乡僻壤，走向了社会的最底层，住茅屋，吃南瓜，通过实践调查了解中国社会问题和劳动人民的生活状况，从读"无字之书"中获得了丰富的关于本民族的社会历史知识。

毛泽东青年时期的这些想法、看法、做法，特别是他"似应先研究吾国古今学说制度的大要"的主张，与他后来下功夫读二十四史是密切联系的。前者是因，后者是果。毛泽东晚年还那样不分昼夜地读二十四史，就是为了更好地、更深入地了解中国"古今学说制度的大要"，就是为了对自己的国家知道得更多一些。而二十四史就是了解我国"古今学说制度的大要"的最好的、最完整的知识宝典。

要全面地了解中国几千年的历史，不可不读二十四史。正如1975年毛泽东与芦荻老师关于读二十四史的谈话时所说的："一部二十四史大半是假的，所谓实录之类也大半是假的。但是，如果因为大半是假的就不读了，那就是形而上学。不读，靠什么来了解历史呢？反过来，一切信以为真，书上的每句话，都被当作证实的信条，那就是历史唯心论了。正确的态度是用马克思主义的立场、观点和方法，分析它、批判它。把颠倒的历史颠倒过来。"①

这就清楚地说明，毛泽东下苦功读二十四史，就是为了了解中国历史，了解中国几千年的文明史，了解中国"古今学说制度的大要"。

第二，为了借鉴历史，为了从历史中寻求治理国家的启示、经验、教训，为今天的现实斗争服务。

学习研究中国历史、包括学习研究二十四史，了解把握"古今学说制度的大要"，最重要的目的是要为今天的现实斗争服务。鉴往知来，是为了治国安邦。学习了解中国几千年的文化遗产，有批判地

---

① 芦荻：《毛泽东读二十四史》，《光明日报》1993年12月20日。

继承和发展我们民族的优秀文化遗产，汲取对今天、明天、政治、社会、经济、科学、文化等建设和发展有益的东西，让其更好地为现实斗争和建设事业服务，这是毛泽东酷爱历史，孜孜不倦地学习研究二十四史一贯的主张。

1938 年 10 月 14 日，毛泽东《中国共产党在民族战争中的地位》中就强调指出："学习我们的历史遗产，用马克思主义的方法给以批判的总结，是我们学习的另一任务。我们这个民族有数千年的历史，有它的特点，有它的许多珍贵品。对于这些，我们还是小学生。今天的中国是历史的中国的一个发展；我们是马克思主义的历史主义者，我们不应当割断历史。从孔夫子到孙中山，我们应当给以总结，承继这一份珍贵的遗产。"①

1960 年 12 月 24 日，毛泽东在会见古巴妇女代表团和厄瓜多尔文化代表团时的谈话中对中国文化遗产的科学态度又一次作了很好的阐明。他说："对中国的文化遗产，应当充分地利用，批判地利用。中国几千年的文化，主要是封建时代的文化，但并不全是封建主义的东西，有人民的东西，有反封建的东西。要把封建主义的东西和非封建主义的东西区别开来。封建主义的东西也不全是坏的。我们要注意区别封建主义发生、发展和灭亡不同时期的东西。当封建主义还处在发生和发展的时候，它有很多东西还是不错的。反封建主义的文化也不是全部可以无批判地利用的。封建时代的民间作品，也多少都还带有封建统治阶级的影响。

"我们应当善于进行分析，应当批判地利用封建主义的文化，而不能不批判地加以利用。反封建主义的文化当然要比封建主义的好，但也要有批判、有区别地加以利用。我所了解的是这样，我们现在的方针是这样。至于充分利用文化遗产，我们现在还没有做到。中国古典著作多得很，现在是分门别类地在整理，用现代科学观点逐步整理

---

① 《毛泽东选集》第二卷，人民出版社 1991 年版，第 533—534 页。

出来，重新出版。"①

"对中国的文化遗产，应当充分地利用，批判地利用。"这样的主旨是毛泽东晚年读二十四史的内在主要的动因。他老人家晚年不仅下了很大功夫读二十四史，而且还下了很多功夫读《资治通鉴》、《续资治通鉴》、《纲鉴易知录》、《通鉴纪事本末》、《续通鉴纪事本末》等多种的史书。因此，彭德怀说："在党内真正懂得中国历史的还只有毛主席一人。"②张闻天说："毛主席从中国历史中学了很多东西。"③周恩来说：毛泽东"读古书使他的知识更广更博，更增加了他的伟大"。④

第三，因为二十四史这部巨著是人类社会罕有的智慧宝藏，是中国文明、中国文化之百科全书，是历代政治家治国安邦的镜鉴宝典。

二十四史记载五千年中华文明史，是人类社会罕有的智慧宝藏，蕴含着十分丰富的治国理政的历史经验和中华民族宝贵的思想文化遗产，是迄今为止系统反映中国历史全貌、记载历史人物最多、社会生活最全的一部珍贵的、无可替代的历史典籍。毛泽东爱读二十四史，这也是其中的一个非常重要的原因。

从全书的文字内容来看，二十四史是以帝王纪传为主线，贯穿历史事件，辅以"表"、"志"等内容，比较系统地全面反映了中国历史的全貌。全书记载的人物，包括帝王、贵族、官吏、政治家、军事家、文学家、说客、谋士、游侠、商贾、医卜等等，非常众多；记载人们的社会生活最丰富、最全面，有包括历朝历代政治、军事、经济、法律、典章、财税、外交等大事、要事的记载，还有包括文学、科技、天文、地理、风水及宗教、民族、民俗等非常具体、非常全面

---

① 《毛泽东文集》第八卷，人民出版社1999年版，第225页。
② 《彭德怀自述》，人民出版社1981年版，第268页。
③ 转引自《彭德怀自述》，人民出版社1981年版，第268页。
④ 《周恩来选集》（上卷），人民出版社1980年版，第333页。

的记载。

　　记载五千年中华文明的二十四史，毛泽东连续 24 年废寝忘食地读，孜孜不倦地读，反反复复地读。他之所以能做到这样，笔者认为，一方面是他老人家主观上有渴求知识的欲望，有崇高的理想、有伟大的抱负、思想上高度重视对历史的学习和对历史经验的总结与运用；另一方面就是二十四史这部史籍蕴含着十分丰富的治国理政的历史经验和宝贵的思想文化遗产，包含着许多对国家、社会、民族及个人的成与败、兴与衰、安与危、正与邪、荣与辱、义与利、廉与贪等等客观方面的经验与教训。二十四史这部巨著记载了我国长达四千多年的社会历史，既有极高的史学价值，又有非凡的文学价值，是历代政治家、军事家和思想家鉴往知来、治国安邦、修身齐家、为人处世的镜鉴宝库；同时也是学习中国历史、研究中国历史，学习中国文明、研究中国文明，学习中国文化、研究中国文化的必读之书。

　　晚年的毛泽东，不仅自己下了很大功夫读二十四史，而且还常常将他读过的认为有意义的人物传记等分册送刘少奇、周恩来、邓小平、彭真、彭德怀、陈毅等中央领导人阅读。他老人家生前非常重视二十四史等史书的标点出版工作，新中国成立后不久，他就要求有关方面组织安排二十四史、《资治通鉴》等史籍的标点出版工作，首先指定标点二十四史的前四史，即《史记》、《汉书》、《后汉书》和《三国志》。

　　1959 年后，齐燕铭、范文澜等同志建议将其余二十史，加上《清史稿》，全部加以整理，毛泽东深表赞同。在他的支持下，集中全国专家学者的力量，对这部史书加以标点、分段、校字，为新中国历史研究工作的开展提供了极大的便利，同时也为更多的人学习中国历史提供了可能。

13 问

为什么晚年不断阅读中国文学史方面的著作？

　　刘大杰著的《中国文学发展史》、北京大学中文系 1955 级集体编的《中国文学史》（人民文学出版社 1959 年版，修订本，1—4 册）、北京大学中文系 1957 级编的《中国文学发展简史》（中国青年出版社 1963 年版）等等这些中国文学史方面的著作，都是毛泽东晚年爱读的重新排印的大字线装本书籍。

　　晚年的毛泽东为什么对中国文学史方面的著述仍有浓厚的兴趣呢？笔者认为，主要有以下两个方面的原因：

　　第一，为了正面引导、指导、推动当年正在开展的关于中国文学史方面的学术讨论、争论、辩论。

　　这是毛泽东晚年下功夫读中国文学史著作的主

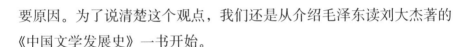

要原因。为了说清楚这个观点，我们还是从介绍毛泽东读刘大杰著的《中国文学发展史》一书开始。

刘大杰著的《中国文学发展史》（上、中、下）是中华书局20世纪60年代初期出版的，上、中、下册都印成了大32开、精装本。毛泽东在中南海故居的存书中，我们看到过有这部大作。对这部大作，孙琴安的回忆文章是这样写的："当时毛泽东已读过刘大杰的有关《胡笳十八拍》的文章，也读过他写的《中国文学发展史》，认为他这套文学史还算是比较好的，基本上能自圆其说。"① 刘大杰及其夫人李辉群都是郁达夫的学生。刘大杰早年曾从事小说创作，后来则倾心于中国古典文学的教学与研究，撰有《中国文学发展史》、《东西文学评论》、《红楼梦的思想与人物》等著作多种。毛泽东曾在北京接见过刘大杰，并与刘大杰、冯友兰合过影。60年代，毛泽东有一年在上海过五一国际劳动节时，也曾接见过刘大杰。但由于当时被接见的人多，毛泽东与刘大杰未能好好交谈。1965年6月20日，毛泽东在上海西郊的一栋别墅专门接见了刘大杰。对于这一次的接见，有关回忆文章是这样记述的：

> 当刘大杰走进别墅时，只见毛泽东正坐在藤椅上。原来是毛泽东要接见他，这是他所没有想到的，他又惊又喜，忙迎了上去。
>
> 香烟摆在小桌上，两边各放一只藤椅，刘大杰就在毛泽东对面坐下。他生于1905年，比毛泽东小12岁，辈分要晚些，所以开始有些拘束。后来他见毛泽东很随便，也就随便起来，他从桌上拿起一支烟。毛泽东风趣地说："你还会抽烟哪。"
>
> 刘大杰抽完了，又拿起一支烟，毛泽东笑着说："你烟瘾还不小哪。"随后又问："你是什么地方人？"

---

① 孙琴安：《毛泽东与刘大杰谈古典文学》，《文艺报》1991年12月28日。

刘大杰用不是太重的湖南口音说："巴陵人。"

毛泽东听罢，立刻朗声吟道："昔闻洞庭水，今上岳阳楼。吴楚东南坼，乾坤日夜浮。亲朋无一字，老病有孤舟。戎马关山北，凭轩涕泗流。"背诵了杜甫《登岳阳楼》的全诗，并开始了对文学的谈论。

当时刘大杰就蔡琰的《胡笳十八拍》问题，正与郭沫若进行争鸣，又为中国文学的现实主义问题与矛盾展开讨论，而毛泽东对这些都注意到了，幽默地对他说："你现在和沫若不睦，和茅盾矛盾。"

刘大杰不禁笑了。

"你跟前辈的人敢于争鸣，这是好的嘛。"毛泽东鼓励道，"你这个战斗精神，希望能继续发扬下去嘛。你参加百家争鸣，不要怕丢掉名誉地位。"

两人当时谈得比较多的古代作家有陶渊明、韩愈、李商隐等。毛泽东早在湖南第一师范读书时，在国文教师袁仲谦的指导下，曾熟读过韩愈的文章，因此，毛泽东认为韩愈的文章还是写得好的，而刘大杰也认为韩愈的文章写得实在好，非常流畅。

当时他们还谈到李商隐的《无题》诗。毛泽东说："《无题》诗要一分为二，不要一概而论。"并与刘大杰谈到了李商隐的《行次西郊作一百韵》等诗。在谈到《贾生》一诗时，毛泽东问："能背得出吗？"

刘大杰立刻以湖南乡音吟诵道："宣室求贤访逐臣，贾生才调更无伦。可怜夜半虚前席，不问苍生问鬼神！"

毛泽东听罢，喟然叹道："写得好哇！写得好！"

两人当时还谈到了杜牧的诗，刘大杰很推崇杜牧的《河湟》，毛泽东则谈到了杜牧"胜败兵家事不期"——即《题乌江亭》那一首。

当时毛泽东还对刘大杰说："要多商量，宁肯存疑，不要轻易作结论，真理是会越辩越明的，还是要投入到百家争鸣中去。"

这次谈话大约进行了两个小时，到吃午饭时，刘大杰方才离去。①

这一次的接见畅谈，进一步加深了毛泽东对刘大杰的了解，也进一步密切了毛泽东与刘大杰的关系。交谈中，刘大杰自然会说到他撰写的《中国文学发展史》一书。"文化大革命"初期，刘大杰与其他众多的专家、学者、教授一样，被诬陷为反动学术权威。1968年10月31日，毛泽东在中共八届扩大的十二中全会开幕会上的讲话中，在说到上海的四位著名大家时，就说到了刘大杰。据有关文献记载，在这次会上，毛泽东着重讲了三个问题，在讲到第二个问题时，毛泽东强调指出：对于一些学者，所谓学术权威，不要做过分了。冯友兰、翦伯赞，还有吴晗，也还有某种用处。你如果要问唯心主义，要问帝王将相，还得请教他。毛泽东还提到北京的华罗庚、赵纪彬、任继愈，上海的周谷城、刘大杰、谈家桢、苏步青，广州的杨荣国。毛泽东说："还是要注意调查研究，要重证据，不要重口供，不要打人，不要搞'喷气式'。"②毛泽东的讲话，对冯友兰、华罗庚、周谷城、刘大杰等国内著名的学者、教授起了很好的保护作用。进入20世纪70年代，刘大杰根据毛泽东有关的指示、讲话和谈话精神，对他的专著《中国文学发展史》进行了一次修改。当时他认为韩愈虽非法家，但也不是醇儒，并以韩愈的《进士策问十三首》之五、《读鹖冠子》、《后汉三贤赞三首》、《读墨子》、《讳辩》、《毛颖传》等文为证，详加分析，于1975年8月3日极其认真地给毛泽东写了一封长

---

① 孙琴安：《毛泽东与刘大杰谈古典文学》，《文艺报》1991年12月28日。

② 逄先知、金冲及主编：《毛泽东传》第六册，中央文献出版社2011年版，第2499—2500页。

信,提出了自己的观点,恭请毛泽东指正。这时候的毛泽东,病情很重,行动困难,每天都要吸氧,吃饭、饮水也十分困难。除了少量的外事活动外,毛泽东每天做的工作主要是批阅一些文件、看书和听读报纸。晚年生活的疲惫、郁闷和孤寂,并没有停止他对中国古典文学的爱好和思维。约半年之后,即 1976 年 2 月初春,毛泽东带病给刘大杰写了回信:"我同意你对韩愈的意见,一分为二为宜。李义山无题诗现在难下断语,暂时存疑可也。奉复久羁,深以为歉,诗词与论,拜读欣然,不胜感谢。"① 这封回信成为毛泽东致友人的最后一封信。文字虽然不长,但情真意切,充分表达了毛泽东与刘大杰的笃厚情谊,对刘大杰及其所从事的中国古典文学研究工作的重视和支持。毛泽东的关心和支持,为刘大杰进一步修改《中国文学发展史》增添了信心。

我们知道,刘大杰的修改本《中国文学发展史》上册,由上海人民出版社 1973 年 2 月出版,是大 32 开本,字比较小,当时,毛泽东看这类书很吃力、很困难。1974 年 9 月 9 日下午,毛泽东要我们将此书印大字线装本。

《中国文学发展史》上册线装大字本印制完毕不几天,即 1974 年 11 月 6 日,笔者就收到张玉凤同志从外地(因为此时主席离京去外地)的来信,她要我们找北京大学编写出版的"中国文学发展史",说主席要看。经我们与北大有关方面联系得知,北京大学没有编辑、出版过叫"中国文学发展史"的书,他们编辑出版过《中国文学史》(1—4 册)和《中国文学发展简史》两种关于文学史的读物。张玉凤同志让我们把这两种文学史都找出送给她。我们从北京大学图书馆借到这两种文学史当天即通过中央办公厅机要通信员转送给外地的张玉凤同志。

11 月 7 日早饭之后,张玉凤同志从外地打来电话,问我们主席

① 《毛泽东文艺论集》,中央文献出版社 2002 年版,第 338 页。

要看的北大编的两种文学史找到没有。我们告诉她，昨天下午已送给她了。她说，待报告主席再定。同时，她转告我们，前印的刘大杰著的《中国文学发展史》上册线装大字本，主席让我们送李讷一部，并要我们写个条子夹在书里，说这是主席让送她看的。

11 月 8 日，我们收到张玉凤同志退给我们北大编的两种文学史，并附条子写道："北大编的这两种文学史，主席嘱都印大字线装本，先印《中国文学史》（1—4 册）。"按照主席的要求，我们即安排《中国文学史》（1—4 册）印大字线装本。

11 月 13 日上午，北大编的两种文学史正在印制中，我们又收到张玉凤同志送来的刘大杰著的《中国文学发展史》中、下册（中华书局 60 年代出版，大 32 开精装本），张玉凤同志嘱咐说："这两册书最好能先印（大字线装本），主席等着看。北大编的《中国文学史》可放后。"我们即从中办图书馆藏书中找出相同的《中国文学发展史》中、下册，送国家出版局安排印制。据笔者当年的笔记记录，我们当时向国家出版局的有关同志提出了本书印制的四条要求：一是字号、字体、版面、版式等均照前印的《中国文学发展史》上册印刷；二是先印中册，后印下册，印好几个分册就先送几个分册；三是首长等着看，请你们安排快些印；四是先印《中国文学发展史》中、下册，前送印的北大编的《中国文学史》、《中国文学发展简史》往后安排。送印本中册是中华书局 1962 年 9 月出版，下册是中华书局 1963 年 7 月出版，中、下册都是第一版。我们了解到，中册作者正在修改中，据说 11 月底作者才能修改完。此时，主席要看中、下册，就只能照原版排印。中册和下册都是由北京新华印刷厂和北京印刷一厂合作承印的，先印中册，后印下册。因为主席等着看，所以，我们要求出版社和印刷厂作为特急件对待，越快越好，抓紧时间，调动精兵强将印制。11 月 19 日晚上，张玉凤同志在外地专门给我打来电话说："《中国文学发展史》中、下册要快些印，印装好一个分册就先送一个分册，不要等全部印完再送主席。"遵照这一要求，我们又一次向出版社和印刷厂催促。在各方人员通力合作赶制下,中册21日开始装订成分册,装订好一个分册,我们即送主席一个分册,中册一共印装成30个分册,至22日早晨8点,中册全部印装完毕送主席。紧接着印装下册,25日晚开始装订成分册送主席,至26日晚8时,44个分册全部印装完毕送主席。从送印到中、下册全部印装完毕,前后仅用了13天时间。

《中国文学发展史》中、下册印出线装大字本之后,主席彻夜不眠,一页一页、一册一册地凝神阅读。我们知道,主席看书是很快的。刘大杰著中、下册一共印装成74个分册,主席很快就会看完的。所以,在《中国文学发展史》中、下册印装完成之后,我们紧接着就让印刷厂抓紧赶印北京大学编的《中国文学史》和《中国文学发展简史》。出版社、印刷厂的同志连续作战,先印《中国文学史》,后印《中国文学发展简史》。在出版社、印刷厂同志们奋力赶印下,《中国文学史》12月22日下午印刷装成第2—4分册。按照前面的做法,我们仍然是印装好几个分册,就取回几个分册送主席。23日印装好第5—6分册,24日印装好第7—8分册,25日印装好第9—10分册,26日印装好第11—13分册,就这样,一天一天,一直到1975年2月1日,《中国文学史》最后的第110—120分册及目录1册即第1分册,全部印装好,至此,全书印装完成。《中国文学发展简史》,从1975年2月21日开始装订,当天印装好第2—5分册,24日印装好第6—17分册,27日印装好第18—24分册,至3月3日,全书38个分册及目录册全部印装完毕。

就在刘大杰著的《中国文学发展史》上、中、下册和北大编的《中国文学史》和《中国文学发展简史》三种文学史的大字线装本印装完成后大约一年,即1976年3月8日,刘大杰重新修改的《中国文学发展史》(二)又送到了毛泽东手里,主席看到刘大杰新的修改本,立即又嘱咐我们印大字线装本。当时,刘著上册修改本和没有来得及修改的中、下册,已全部做成大字线装本送给主席了,如果算上

原来的平装本和新印的大字线装本，这套书主席至少已经读过两遍了。现在，新的修改本（二）又要印大字本，可见毛泽东对刘大杰的《中国文学发展史》一书的兴趣是多么的浓厚。遵照主席的要求，3月8日当天下午，我们即送国家出版局安排重新排印。送印本是平装16开本，6个分册。承印单位是北京新华印刷厂和北京印刷一厂。因为之前新排印的三种线装大字本文学史，主席差不多全部看完了。所以现在修改本（二）又要印大字本，我们仍然要求快些印，印好一分册送一分册。因为有了前面的经验，3天之后即3月11日，就印装好了第1—2分册，3月12日印装好第3—4分册，3月13日印装好第5—6分册，至3月20日，最后的两个分册第17—18分册印制完毕。

印送主席先看的都是样书，每个分册封面采用米黄色纸质式样。出版局和出版社的同志当时考虑到刘著修改本（二）的特殊性，他们拟将每个分册的纸质封面和每个函套的布质封面从颜色上与前印的文学史区别开来，于是制作出纸质和布质均为蓝色的式样，同时也作出了与原版一致的米黄色，两种式样让我们选定。我们建议，纸质颜色、布质颜色的选定，应与前印的线装大字本文学史保持一致。前印的纸质封面是米黄色的，函套布质封面是蓝色的，包括刘著修改本《中国文学发展史》上册，亦是这样。报告主席之后，主席同意我们的意见，于是修改本（二）每个分册纸质封面仍采用米黄色，每个函套布质封面仍采用蓝色。我们知道，刘大杰重新修改本《中国文学发展史》（二）线装大字本样书每个分册边印装边呈送主席阅看，每天印装成2—3个分册，送给主席，主席很快就看完了。全书正式印装完毕之时，主席也基本上通读了一遍全书。全书正式印装（带函套的，共2函18册）好之后，又与前印的几种文学史一样，呈送给主席2套。我们看到，收到全套的刘著修改本（二）之后，主席又几次翻看。

从1974年9月初到1975年3月底，大约7个月的时间里，毛泽东先后读了刘大杰修改本《中国文学发展史》上册，北大编的《中国文学史》（1—4 册）、《中国文学发展简史》以及刘大杰没有来得及修改的《中国文学发展史》中、下册，到了 1976 年 3 月，他老人家已经重病缠身，又读了刘大杰修改本《中国文学发展史》（二）。这从一个侧面告诉我们，毛泽东晚年在全身患有多种疾病的情况下，还仍然关注中国文学史读物的出版和研究。新印的几种大字本中国文学史，主席都很认真看过多遍，对书中的内容，有赞成，有肯定，有褒奖，有批评，有口头的评议，有文字的记载。当时身边的工作人员曾请示，要不要把他的意见转告有关方面和有关的作者？他很严肃地回答说：不用了，学术问题要百家争鸣。要说是我的意见，人家就很为难了。要照我的意见改吧，人家心里又不愿意。所以还是不要告诉他们为好。再说，我的意见也仅是我个人的看法，是不一定就那么对，还得由实践去检验，由事实去证明啊！毛泽东的这种谦虚态度是一贯的。笔者知道，20 世纪 50 年代报刊上开展的关于逻辑学问题的讨论，60 年代报刊上开展的哲学问题、史学问题的讨论等，毛泽东都是这样的态度。他支持讨论、辩论，关注讨论、辩论，鼓励讨论、辩论，正方、反方的文章他都看，正方、反方的意见他都听。他也主张百家争鸣，主张学术问题要多讨论。他认为"笔墨官司，有比无好"[1]，"问题还在争论中，由我插入一手，似乎也不适宜"[2]。他称赞当时"争论繁兴，其盛事也"[3]。在毛泽东的支持和正确引导、指导、推动下，当年很多学术问题讨论、争论、辩论都呈现出"百家争鸣"、"争论繁兴"的状态。

第二，通过读中国文学史来摆脱、转移毛泽东当时内心的痛楚、孤独和寂寞。

应当说，这也是当年毛泽东不知疲倦地读新印的三部中国文学

---

[1]　《毛泽东书信选集》，中央文献出版社 2003 年版，第 564 页。

[2]　《毛泽东书信选集》，中央文献出版社 2003 年版，第 500 页。

[3]　《毛泽东书信选集》，中央文献出版社 2003 年版，第 515 页。

史的一个重要原因。我们知道，上面说到的新印大字线装本中国文学史，加起来就有近 200 万字，还不算同期主席读过的其他多种大字线装本书刊。可毛泽东当时的身体状况是怎样的呢？笔者再赘述几句。1974 年，毛泽东身体已很不好，一个月发过两次高烧，说话也不太清楚。特别是周恩来总理病重于 6 月住进医院期间，毛泽东的健康状况也越来越差。8 月间，双眼患白内障，右眼为重，左眼稍轻。1974 年 11 月，他老人家步履蹒跚，行动艰难，双腿和双脚浮肿得像发面馒头，没人搀扶已经不能行走了。进入 1975 年，两条腿时常疼痛，脚也肿得更加厉害，行动更加不便。衰老和日渐严重的疾病，使得年逾八旬的老人越来越不"自由"了。1975 年 4 月 13 日，离开杭州西湖旁的汪庄，走路已十分困难，容颜苍老，说话有些含混不清。1975 年下半年以后，他在床上躺着的时间更多了，不愿意起来。此时他老人家的健康状况越来越坏，吃药也没有什么效果。7 月下旬做白内障手术后，虽然一只眼可以看见东西，但当时为保护他老人家的视力，除重要文件外，一般的文件、图书、报刊全由身边的工作人员读给他听。进入 1976 年，毛泽东的健康状况迅速恶化，吃药吃饭都靠人喂，每天只能吃一二两饭，行动走路更为困难，多种疾病的折磨使他已经精疲力尽。

前面提到的毛泽东读过的数百万字的各类中国文学史著作、文章，就是在他身体状况如此之差的状况下不分白天黑夜阅读的。由于他的身体过于虚弱，两只手颤抖，连举起一本书籍的力量也渐渐没有了。但他仍然借助刚治好的一只眼睛，没日没夜地无休止地阅读。似乎只有读书才能摆脱、转移、缓解他内心的痛楚、忧伤、悲凉、孤独和寂寞，好像也只有读书才能延续他一天一天的生活。在场的人，看见的人，在他老人家身边工作的人，无不感动，无不敬佩，无不从心里折服！

读中国文学史不仅使毛泽东进一步丰富了知识，活动了大脑，进一步了解掌握中国文学发展的历史和诸子百家的思想、主张和观点等知识；而且还给毛泽东带来了笑声，带来了快慰，带来了精神上的满足，进一步消除了他生活中的悲凉、寂寞、孤独的情感，进一步摆脱、转移、缓解他内心的许多苦闷、忧伤和痛楚。

毛泽东在生命垂危的岁月里，以书为友，与书相伴，嗜书如命，读书如痴，读书不止。像毛泽东这样读书嗜学至死方休的人是不多见的。毛泽东永远都是我们读书学习的榜样。

14 问

为什么晚年病卧时爱读
《随园诗话》？

　　重新排印的大字线装本《随园诗话》是毛泽东晚年很爱读的又一本古籍。

　　《随园诗话》，清代袁枚撰，十六卷，补遗十卷本。袁枚是清代颇为有名的诗人，字子才，号随园，浙江钱塘（今杭州）人。他为什么取号随园呢？据说袁枚曾为乾隆四年（1939 年）进士，曾担任溧水、沭阳、江宁等地知县，33 岁辞官后侨居江宁，筑园林于小仓山，遂取号为随园，亦叫随园老人。袁枚论诗主张抒写性情，提倡自然风趣地反映诗人一时的感受，不必讲境界的大小、格调的高下。他对儒家"诗教"表示不满，并在一定程度上要求摆脱其束缚。他反对一味地模仿古人，部分诗篇表达了对封建礼教

《随园诗话》

和程朱理学的抨击，不过书中的多数作品称誉的，还是封建士大夫所抒发的闲情逸致。

据有关史籍记载，诗话是从北宋年间兴起的一种诗词评论形式，一般都是运用漫谈随笔的写作方法，写起来轻松活泼，不拘一格，可以涉及各方面的内容，寓庄于谐，娓娓道来，富于趣味性，使人爱读。对诗话涉及的内容，《西江诗话》的作者裘君弘在自序中是这样写的："其中有诗品焉，有诗志焉，有诗释焉，有补正焉，有订谬焉，有类及焉，有源流焉，有异同焉，有辩证焉"。可见内容涉及广泛。自宋以来，在我国文学的海洋中，诗话作品应运而生，袁枚的《随园诗话》就是其中曾风靡一时、颇受青睐的作品。

毛泽东喜爱阅读我国历代各种诗话。我们在中南海毛泽东故居的藏书中看到，有线装本的历代各种诗话，也有平装本的各种不同版本的诗话。我国历代出版的各种诗话，主席这里差不多都有。主席看书，习惯在书上圈圈画画。阅读诗话作品也是这样。毛泽东辞世后，笔者在整理他老人家生前的藏书时看到，许多诗话书上都留有他老人家在阅读时留下的明显的圈画标志，例如：《历代诗话》、《历代诗话续编》、《全唐诗话》、《西江诗话》、《升庵诗话》、《香祖笔记》、《分甘余话》、《随园诗话》等等。尤其是《随园诗话》，毛泽东圈画的地方最多。圈画是阅读的标志。圈画最多，说明毛泽东当时读得最多，阅读时的思维参与也最多。

早在20世纪50年代，毛泽东就读过一部清代出版的线装本《随园诗话》。这部《随园诗话》共十六册，毛泽东阅读时在每一册的封面上都画上了圈。而且从卷一到卷十六，几乎每卷里也都有圈画的标志。这部《随园诗话》，连同毛泽东生前阅读圈画过的其他各种诗话，现在都还收藏在中南海毛泽东故居里。

据笔者当年的记录，1974 年 7 月 1 日的晚上，毛泽东又一次要读《随园诗话》。当时主席书房里存有两部《随园诗话》。一部就是前面说到的那部清代出版的线装本，一部是人民文学出版社 1960 年 5 月出版的上、下两册平装本。这两部书字都比较小，主席这个时候两只眼睛都患有老年性白内障，右眼比较严重，几乎什么东西都看不见了；左眼虽然轻一些，但小字本也看不清了。所以，我们就与国家出版局的同志联系，请他们帮助重新排印成大字线装本。

据我们当时的记载，《随园诗话》是 1974 年 7 月 3 日送印，7 月 8 日开始出书，印出来一个分册送一个分册，有时一天印装出两个分册就送两个分册。到 7 月 24 日 22 时半，全书 26 卷 26 个分册全部印装完。因为是一册一册送给主席的，主席收到一册就看一册，所以至 24 日深夜收到全书后，大概至 25 日，他老人家将《随园诗话》全书又一次从头至尾地通读了一遍。印得快，毛泽东读得也快，一部近六十万字的《随园诗话》，他老人家仅用了二十来天就读完了，平均每天差不多要读三万字。这还不算他每天同时阅看的其他书报文件。这对一位 81 岁高龄而且全身是病的老人来说，真是太不容易了。这种生命不息、读书不止的精神是多么令人敬佩啊！

按照规定，当时送给毛泽东的新印的大字线装书都是一式两部。我们按照他老人家的意思，一部摆放在会客厅里，一部摆放在卧室里。这两部《随园诗话》，毛泽东都读过。放在卧室里的这一部，第一至五册的封面上，他老人家在阅读时还用铅笔画了圈。放在会客厅里的这一部，第一至三册的封面上也用铅笔画了圈。当时他老人家的习惯做法是，每读一次就在这册书的封面上画个圈。翻开这两部书，我们可以看到，书中的许多地方他老人家在阅读时都用铅笔圈点勾画过。

我们知道，《随园诗话》一书，毛泽东从 20 世纪 50 年代到 70 年代的二十多年里，反复读过许多遍。毛泽东对《随园诗话》为什么一

直有如此浓厚的兴趣呢？笔者理解，主要有以下六个方面的原因：

第一，因为作者在书中议论古诗不拘泥于古人，有他自己的独到见解，毛泽东对此很为欣赏。

袁枚所撰的《随园诗话》中，有不少的内容是谈论古诗和创作体会的。作者议论古诗不拘泥于古人，有他自己的独到之处。正如该书"校点后记"中所说：

> 他论诗虽重天分，却不废工力；虽尚自然，却不废雕饰。他认为：内容与形式，天分与学力，自然与雕饰，平淡与精深，学古与师心，都是相反相成的，诗人都应该兼收并蓄，不偏不倚地去对待。

毛泽东爱读古诗，也很爱读古人的谈诗论诗的著作和文章。所以，对《随园诗话》中有关谈论古诗和创作体会的内容，尤其是对作者谈诗论诗的独到之见，他老人家尤有兴趣，在阅读中一一加了圈画。袁枚在《随园诗话》卷一第四十三条中写道："余每作咏古、咏物诗，必将此题之书籍，无所不搜；及诗之成也，仍不用一典。常言：人有典而不用，犹之有权势而不逞也。"在卷六第四十三条中又写道："凡作诗，写景易，言情难。何也？景从外来，目之所触，留心便得；情从心出，非有一种芬芳悱恻之怀，便不能哀感顽艳。然亦各人性之所近：杜甫长于言情，太白不能也。永叔长于言情，子瞻不能也。王介甫、曾子固偶作小歌词，读者笑倒，亦天性少情之故。"在卷八第八十条中还写道："诗人爱管闲事，越没要紧则愈佳；所谓'吹皱一池春水，干卿底事'也。陈方伯德荣《七夕》诗云：'笑问牛郎与织女，是谁先过鹊桥来？'杨铁崖《柳花》诗云：'飞入画楼花几点，不知杨柳在谁家？'"如此等等。对袁枚的这些议论，不知是与毛泽东本人的诗词创作思想和实践中的感受有相通之处，因此他产生了共鸣；还是因为这些议论有道理，读后能得到启发，能引起思考。总之，

毛泽东对书中的这些内容十分重视，读得很仔细，阅读时一一作了
圈画。

第二，因为《随园诗话》中，还有一些关于怀古诗的评论，毛
泽东爱读这些评论。

毛泽东在阅读中对关于怀古诗的评论很有兴趣，很为关注。例
如《随园诗话》卷六第五十四条，作者是这样写的：

> 怀古诗，乃一时兴会所触，不比山经地志，以详核为佳。
> 近见某太史《洛阳怀古》四首，将洛下故事，搜括无遗，竟有
> 一首中，使事至七八者。编凑拖沓，茫然不知作者意在何处。
> 因告之曰："古人怀古，只指一人一事言，如少陵（即杜甫——
> 笔者注）之《咏怀古迹》：一首武侯，一首昭君，两不相羼也。
> 刘梦得（即刘禹锡——笔者注）《金陵怀古》，只咏王濬楼船一
> 事，而后四句，全是空描。当时白太傅谓其'已探骊珠，所余
> 鳞甲无用'。真知言哉！不然，金陵典故，岂王濬一事？而刘公
> 胸中，岂止晓此一典耶？"

对袁枚关于怀古诗的这一评论，毛泽东在阅读时都作了圈画。袁枚说
的这些怀古诗，毛泽东也都读过多遍，有的他老人家在晚年还能一
字不差地脱口背诵出来。毛泽东爱读怀古诗，例如李白的《越中览
古》、《夜泊牛渚怀古》，苏轼的《念奴娇·赤壁怀古》，辛弃疾的《永
遇乐·京口北固亭怀古》和《南乡子·登京口北固亭有怀》，萨都剌
的《满江红·金陵怀古》，等等。这些怀古诗，毛泽东在 80 岁高龄时
还都能熟练地背诵出来。我们看到，他老人家晚年在练习书法时，常
常一面口中背诵、一面手中书写这些怀古诗。他老人家书写的怀古诗
墨迹，有不少都被收进北京出版社 1993 年出版的《毛泽东手书选集》
一书中。大概是因为他老人家爱读这些怀古诗，并且对怀古诗有所研
究的缘故吧，所以，他在阅读袁枚的这些关于怀古诗的评论时显得尤

有兴趣。

第三，因为《随园诗话》中有关于编选诗集的议论，毛泽东对这些议论也有浓厚兴趣。

翻开毛泽东读过的《随园诗话》，我们可以清楚地看到，毛泽东在阅读的过程中对关于编选诗集的议论的文字都加了密密的圈点。例如，该书卷十四第二条是这样说的：

> 选家选近人之诗，有七病焉；其借此射利通声气者，无论矣。凡人全集，各有精神，必通观之，方可定去取；倘据摭一二，并非其人应选之诗，管窥蠡测：一病也。《三百篇》中，贞淫正变，无所不包；今就一人见解之小，而欲该群才之大，于各家门户源流，并未探讨，以己履为式，而削他人之足以就之：二病也。分唐界宋，抱杜尊韩，附会大家门面，而不能判别真伪，采撷精华：三病也。动称纲常名教，箴刺褒讥，以为非有关系者不录；不知赠芍采兰，有何关系？而圣人不删。宋儒责蔡文姬不应登《列女传》；然则"十七史"列传，尽皆龙逄、比干乎？学究条规，令人欲呕：四病也。贪选部头之大，以为每省每郡，必选数人，遂至勉强搜寻，从宽滥录：五病也。或其人才力与作者相隔甚远，而妄为改窜；遂至点金成铁：六病也。徇一己之交情，听他人之求请：七病也。

袁枚在这里提出的关于历史上选家编选诗集的七种毛病，是有见地的。对此，毛泽东是不是亦有同感呢？笔者不敢妄断。但是，笔者知道，毛泽东晚年在与身边工作人员谈话中曾表示过对已经出版的一些诗文选本的不满。直到1975年，也就是在他老人家逝世的前一年，一次在与身边工作的同志谈话中，当他得知当时大学文科不讲古诗词曲赋的课，学生不读书，不学习，想学也买不到书的情况时，还曾提出过编选诗词曲赋的设想。他颇有信心地说："现在没有书，咱们搞一部吧，选它五百首诗，五百首词，三百首曲，三十篇赋。"后来因为他老人家一直重病在身，站立、行走都很困难了。所以，这一愿望最终也没有实现。如果说毛泽东晚年有什么遗憾的话，这不能不说是其中之一。毛泽东在病魔缠身的最后几年，阅读《随园诗话》时对袁枚的这一段话还又圈又画，可见他老人家对作者的这些议论是颇感兴趣的。如果毛泽东编选诗词曲赋这部书的愿望能得以实现，我想袁枚在这里的议论一定会引起他老人家的足够的重视，袁枚指出的"七病"可能就成了他老人家编选诗词曲赋的"七忌"了。

第四，毛泽东对《随园诗话》中引录的富有幽默感或讽喻深刻的古人诗词及有关俚俗趣闻十分有兴趣。

在《随园诗话》中，作者还引录了一些诙谐、幽默讽喻深刻的古人诗词，搜集了一些流传于民间的有关诗词的俚俗趣闻。对这些内容，毛泽东在阅读中是很感兴趣的。例如，《随园诗话》卷一第十一条，作者写道：

> 尹文端公总督江南，年才三十，人呼"小尹"。海宁诗人杨守知，字次也，康熙庚辰进士。以道员挂误，候补南河，年七十矣。尹知为老名士，所以奖慰之者甚厚。杨喜，自指其鬓，叹曰："蒙公盛意，惜守知老矣！'夕阳无限好，只是近黄昏。'"公应声曰："不然！君独不闻'天意怜幽草，人间重晚晴'乎?"

这一段话，毛泽东在阅读中都加了圈画。

《随园诗话》卷十二第五十条中还有这样一段话：

> 吴江布衣徐灵胎……有《戒赌》、《戒酒》、《劝世道情》，语虽俚，恰有意义。《刺时文》云："读书人，最不齐，烂时文，烂如泥。国家本为求才计，谁知道，变做了欺人技。三句承题，两句破题，摆尾摇头，便道是圣门高弟。可知道'三通'、'四

史'是何等文章？汉祖、唐宗是哪一朝皇帝？案头放高头讲章，店里买新科利器，读得来肩背高低，口角嘘唏，甘蔗渣儿嚼了又嚼，有何滋味？孤负光阴，白白昏迷一世。就教他骗得高官，也是百姓朝廷的晦气！"

毛泽东在阅读这一段话时，用红铅笔在"刺时文"三字旁边画了粗粗的着重线。类似上述这样的诗词和有关诗词的俚俗趣闻，毛泽东都一一用心阅读。由此可见，《随园诗话》一书毛泽东读得是多么地认真、多么地仔细。

第五，《随园诗话》中还有不少关于音韵学方面的内容，毛泽东爱读这些文字。

我们知道，毛泽东早在青少年时代，对我国的古典诗词就怀有浓厚的兴趣。他不仅非常广泛地阅读过我国历朝历代的诗词曲赋，而且对诗词的音韵格律方面的著作和研究也非常关注。他生前的藏书中有《诗韵集成》（余照春亭辑）、《增广诗韵合璧》（冬本斋主人辑）、《声律启蒙》（车万育著）、《佩文诗韵释要》（光绪辛亥年版）、《切韵考》（陈澧撰）、《广韵校本》（周祖谟著）、《说文声类》（严可均撰）等有关音韵、格律方面的著作，一直放在他的案头。1975年，在党中央关于调整党的文艺政策的指示中，他还特别提到了诗。他还曾建议编一本《新诗韵》，专为学习写新诗用韵较广的人使用。《随园诗话》不是音韵学和研究诗词格律的专著，但这部书中却有不少关于音韵学方面的内容。毛泽东把它作为学习和研究音韵学的一个渠道，这又不能不说是毛泽东读书学习的一个独到之处。我们从毛泽东生前阅读过的几种不同版本的《随园诗话》一书中看到，凡是书中谈到有关音韵方面的段落，他老人家几乎都一一圈画。例如，《随园诗话》卷十二第三十八、第三十九、第四十条，书中是这样写的：

声音不同，不但隔州郡，并隔古今。《穀梁》云："吴谓善伊为稻缓，淮南人呼母为社。"《世说》："王丞相作吴语曰：何乃溷?"《唐韵》："江淮以'韩'为'何'。"今皆无此音。

偶见坊间俗韵，有以"真元"通"庚青"者，意颇非之。及读《三百篇》，爽然若失。"山榛"、"隰苓"、"十蒸"通"九青"。"有鸟高飞，亦傅于天。彼人之心，于何其臻。曷予靖之，居以凶矜"。是"一先"、"十一真"、"十蒸"俱通也。《楚辞》："肇锡余以佳名"，"字余曰灵均"。"八庚"通"十蒸"也。其他《九歌》、《九辨》，俱"九青"通"文元"。无怪老杜与某曹长诗，"末"字韵旁通者六；东坡与季长诗"汁"字韵旁通者七。

余祝彭尚书寿诗，"七虞"内误用"余"字，意欲改之，后考唐人律诗，通韵极多，因而中止。刘长卿《登思禅寺》五律，"东"韵也，而用"松"字。杜少陵《崔氏东山草堂》七律，"真"韵也，而用"芹"字。苏颋《出塞》五律，"微"韵也，而用"麾"字。明皇《饯王晙巡边》长律，"鱼"韵也，而用"符"字。李义山属对最工，而押韵颇宽，如"东、冬"、"萧、肴"之类，律诗中竟时时通用。唐人不以为嫌也。

上述这三条，都是议论音韵的。我们看到，毛泽东在阅读时或者加圈，或者加点，或者画道道，圈圈、点点、道道，画得密密麻麻。从所画的这些圈、点和道中，我们约略可以看出毛泽东对学习音韵的兴趣。这既是他终身不懈地坚持学习、研究律诗及运用音韵的需要，又从一个小小的侧面反映他攀书山自由采撷、游学海任意探索的广泛的兴趣和爱好，同时也说明他老人家博览群书、孜孜以求、广纳百家、精勤钻研的学习精神及其渊博精深的学识。

第六，《随园诗话》中还收录了一些民间楹联，既诙谐风趣，又警策透彻，毛泽东对这些楹联也充满兴趣。

楹联，也叫"对联"、"对子"，是悬挂或粘贴在壁间、柱上的联语。它要求对偶工整，平仄协调，是我国流传久远而又非常普及的一种诗词形式的演变。我们知道，毛泽东不但爱读古典诗词，而且还非常喜爱楹联，爱读楹联。从青少年时代起，直到生命垂危的最后岁月，毛泽东对楹联一直有着浓厚的兴趣。笔者从毛泽东生前的藏书当中看到，有好多种有关楹联方面的书，例如《天下名胜楹联录》、《古今楹联类纂》、《楹联录》、《二知堂联语》、《格言联璧》、《楹联丛话》、《楹联续话》、《巧对录》等。这些专著，有不同刻本的线装本，也有各种不同版本的平装本。除这些专著外，还有《楹联墨迹大观》等碑帖和诸多的书法作品。这些有关楹联方面的书籍、碑帖，毛泽东都看过许多遍，多有圈画，有的还写下了批注的文字。有关这方面的情况，笔者在这里向读者再作些简略的介绍。

毛泽东生前阅读批注过的书中有一部清代出版的《楹联丛话》（梁章钜辑），这部《楹联丛话》收录了云南昆明池大观楼一长达180字的楹联，上联是："五百里滇池，奔来眼底。披襟岸帻，喜茫茫空阔无边。看东骧神骏，西翥灵仪，北走蜿蜒，南翔缟素。高人韵士，何妨选胜登临。趁蟹屿螺洲，梳裹就风鬟雾鬓；更苹天苇地，点缀些翠羽丹霞。莫辜负四围香稻，万顷晴沙，九夏芙蓉，三春杨柳。"下联是："数千年往事，注到心头。把酒凌虚，叹滚滚英雄谁在。想汉习楼船，唐标铁柱，宋挥玉斧，元跨革囊。伟烈丰功，费尽移山心力。尽珠帘画栋，卷不及暮雨朝云；便断碣残碑，都付与苍烟落照。只赢得几杵疏钟，半江渔火，两行秋雁，一枕清霜"。这对联句是清代康熙年间孙髯翁题写的，联字为陆树堂所书。毛泽东在阅读这对联句时，在下联的"叹滚滚英雄谁在"、"伟烈丰功，费尽移山心力"等句每个字旁边都用铅笔画上了圈。在"尽珠帘画栋，卷不及暮雨朝云；便断碣残碑，都付与苍烟落照，只赢得几杵疏钟，半江渔火，两行秋雁，一枕清霜"等句旁都画上了粗粗的曲线，每一句末，有的画了两个圈，有的画了三个圈。对孙髯翁写的这对联句，据说阮元（号芸台）先生任云南总督时，曾对其作了修改。阮芸台修改后的这一长联，《楹联丛话》也收了进来。修改后的长联，毛泽东阅读时也很用心，并将修改前后的两副长联一一对照，凡是阮元修改的字句，他都画上了着重线。毛泽东生前阅读过的书中，还有一部平装本《楹联丛话》（商务印书馆 1935 年 4 月出版），毛泽东在阅读这部《楹联丛话》的时候，对前面说到的孙髯翁写的长联及阮元修改的地方又一次用铅笔作了圈画，同时还写下了一些批注的文字。该书辑者梁章钜在书中说："惟云南省城附郭大观楼，一楹帖多至一百七十余言，传诵海内。"毛泽东阅读时挥笔在这句话旁边写下批注："一百八十字"。在"传诵海内"四字旁还画上了曲线。孙髯翁写的长联确是一百八十字。显然，毛泽东认为作者说的"一百七十余言"不准确，所以，他即写了这样的批注。梁章钜在书中还写道："究未免冗长之讥也"。毛泽东认为这话说得也不妥当，所以，他老人家读后就在书的天头和行间写下了一段批注："从古未有，别创一格，此评不确。近人康有为于西湖作一联，仿此联而较短，颇可喜。"大概是因为康有为的这一联"颇可喜"，所以毛泽东一直把它留在记忆中。因此，他在批注中接着写道："记其下联云：'霸业烟销，雄心止水，饮山水绿，坐忘人世，万方同慨顾何之。'康有为别墅在西湖山上，联悬于湖中某亭。"康有为的这一联多达七十六个字，上联是："岛中有岛，湖外有湖，通以卅折画桥，览沿堤老柳，十顷荷花，食莼菜香，如此园林，四洲游遍未尝见。"下联为："霸业销烟，禅心止水，阅尽千年陈迹，当朝晖暮霭，春煦秋阳，饮山水绿，坐忘人世，万方同慨更何之。"他老人家凭记忆写下的下联，虽有漏字，但也能看出他对此联是一直熟记在心的。我们知道，新中国成立以后，毛泽东多次去杭州，他的住处就在西湖边上，依山傍水。他老人家喜爱爬山，也常有兴致游览西湖。听说，每游西湖，都要提到康有为这一"颇可喜"的楹联。有时他老人家还用此联来考身边的工作人员，因为一般的同志都不太注意楹联，所以往往回答不出来。他老人家也常常给身边的同志有声有色地背诵此联。晚年练习书法时，他老人家还很有兴致地信手挥毫书写熟记在心中的这一长联。其中一份墨迹现收入《毛泽东手书选集》（北

京出版社1993年版）一书，我们可从这幅流畅自如、豪迈雄健的墨迹中，感受到他对这一长联的喜爱。毛泽东在读这部平装本的《楹联丛话》时，对阮芸台改过的长联，在"凭栏向远"、"波浪"、"金马"、"碧鸡"、"盘龙"、"惜抛流水光阴"、"衬将起苍崖翠壁"、"早收回薄雾残霞"、"便藓碣苔碑"、"一片沧桑"等改动的字句旁也都用铅笔画上了竖道，并在改动的楹联末尾处，写下了一条批语："死对，点金成铁。"

我们从毛泽东生前阅读批注过的图书中，还看到一部《两般秋雨庵随笔》（清代梁绍壬撰），这部八卷本的笔记，主要记载的是文学故事、诗文评述和风土名物等。它是毛泽东生前爱读的又一部笔记文体的著作。这部书中也收录了阮元改过的上述长联。毛泽东在读到此联时，又写下批注："此阮元改笔，非尽原文。"这说明，原联和阮元修改的长联，毛泽东是一直记忆在心里的。

以上说到的三部书中收录的孙髯翁写的长联及阮元修改的此联，毛泽东都有圈画和批注，这就可以说明，这一长联他读过多次。每次读，每次都浓笔圈画，还写批注。我们从圈画的种种标志和批注的文字中，可见毛泽东对这一长联是多么地欣赏、多么地喜爱。

在毛泽东生前的读书登记中，笔者还有这样的记载："1973年4月30日，毛泽东要读梁章钜辑录的《楹联丛话》。"我记得，当时主席书库里藏的《楹联丛话》，字比较小，我就立即到中央办公厅图书馆另借来一部。这部《楹联丛话》是道光庚子（1840年）春刻，线装本，一函四册。书送给主席之后，他老人家一直放在游泳池住地的书房里。后来，他老人家在病中还时常翻阅。毛泽东辞世之后，直到1979年2月7日，经有关领导同志批准，这部《楹联丛话》，才随着其他许多的书籍一起退还给原单位。

从上面的介绍中，我们知道，毛泽东读过的《楹联丛话》至少有三种版本，实际上还不止这三种版本，因为笔者从他老人家生前在游泳池和丰泽园的藏书中，还看到过其他的版本，例如道光庚子年桂林署斋刻本等。从商务印书馆 1935 年 4 月出版的《楹联丛话》上的批注来看，毛泽东阅读这部书的时间大致是在 50 年代。当时毛泽东亲手写的要读这部书的字条，至今我还珍藏着。这张字条正面不知是哪部书的一份《勘误表》，宽约 7.5 厘米、长约 10 厘米。毛泽东在这张《勘误表》的背面写下："梁章钜：楹联丛话"。毛泽东的字是按竖写的格式用铅笔写的。"梁章钜："三个字和冒号在右边，"楹联丛话"四字在左边。这张小小的字条，是 50 年代毛泽东要读《楹联丛话》的真实记录。从 50 年代到 70 年代，时间跨越二十多年。直到 1973 年 4 月 30 日，他老人家已 80 岁高龄、身体多病时，还要再次读《楹联丛话》。所以，笔者可以认为，《楹联丛话》也是毛泽东一生中比较爱读的一部书。

梁章钜辑录的又一部古今有趣楹联的专著是《巧对录》。这部书中有的联语意境别致，对仗工整，遣词造句生动有趣，毛泽东也很喜爱。例如，《巧对录》中有一则说，有一个人徘徊溪畔，心中想到一联："独立小桥，人影不随流水去"。可是这个人很久都想不出下一联来。这个人的朋友知道后替他想出了下联："孤眠旅馆，梦魂曾逐故乡来"。本书中另一则，上联云："杨柳花飞，平地里滚将春去"；下联对道："梧桐叶落，半空中撇下秋来"。《巧对录》中还有一则写道：有一位教书先生病重，守护他的两个学生在低声商讨说："水如碧玉山如黛"，下联应如何对？学生以为他们商讨声音很小，先生不会听到，谁知先生听到了。先生说可对"云想衣裳花想容"。说罢，先生就闭目死去了。这几则对子，毛泽东在阅读中都加了圈点，在书的天头上还画了圈记。

正因为毛泽东喜欢楹联，爱读楹联，所以，在读《随园诗话》时，对其中谈到的有关对联显得分外注意，阅读一则，圈画一则。例如，《随园诗话》卷一第二十五条中写的征求戏台的对联。姚念兹集唐句云："此曲只应天上有；斯人莫道世间无。"张文敏公戏台集宋句云："古往今来只如此；淡妆浓抹总相宜。"苏州戏馆集曲句云："把往事，今朝重提起；破工夫，明日早些来。"这些联语，既幽默，又贴切。毛泽东阅读时很有兴致。卷一第四十六条还有这样一段："'学然后知不足。'可见知足者，皆不学之人，无怪其夜郎自大也。鄂公《题甘露寺》云：'到此已穷千里目，谁知才上一层楼。'方子云《偶成》云：'目中自谓空千古，海外谁知有九州？'"毛泽东在阅读中，在这些联句旁都画上了道道。又如《随园诗话》卷十二第四十一条说："沈总宪近思，在都无眷属，项霜泉嘲之，云：'三间无佛殿，一个有毛僧。'鲁观察之裕，性粗豪而屋小，署门曰：'两间东倒西歪屋；一个南腔北调人。'薛征士雪善医而性傲，署门曰：'且喜无人为狗监；不妨唤我作牛医。'"《随园诗话》中类似这样的楹联还有不少，毛泽东在阅读中多有圈记。从各种圈点和勾画的标志中，我们可以看出，他老人家在阅读这些楹联时，看得仔细，读得认真，表现出了很大的兴趣。毛泽东晚年之所以还要读新印的大字本《随园诗话》，这大概与他老人家对楹联的喜爱也有很大的关系。

《随园诗话》中有许多诙谐风趣、警策透彻的楹联，也有不少流传于我国民间的有关诗词的俚俗趣闻，还有许多诙谐、幽默、讽喻深刻的古人诗词以及作者本人对一些古诗词的独到议论和评论，因此，毛泽东晚年阅读《随园诗话》，就好像是在欣赏古人诗句，品味名人联语，静听民间趣闻，阅读诗词评论及随笔漫谈。笔者认为，毛泽东晚年阅读《随园诗话》，就是从不同的视角去阅读、去理解、去认识、去品味、去欣赏中国古典文学的。所以，直到晚年，他老人家还一遍又一遍地阅读新印的大字线装本《随园诗话》。

毛泽东生命最后几年生活的主要空间——中南海游泳池住地，一直存放着数万册图书，其中就有一部新印的大字线装本《随园诗话》。如果说这些图书都是毛泽东心爱的伙伴，默默地陪伴着主席度过了人生最后的岁月，那么，这部新印大字线装本《随园诗话》，就是最受毛泽东青睐的伙伴之一。它与其他的毛泽东爱读的图书一样，一直伴随在他老人家的身旁，丰富着他老人家晚年的精神文化生活。

15 问

为什么年过八旬常读
古今众多笑话书？

    毛泽东一生酷爱读书，这是很多同志和广大读者都知道的，但他爱读笑话书，晚年用不少的时间读了很多笑话书，知道这一点的人恐怕就不是很多了。

    在我们的图书服务工作中，记得他老人家在晚年的岁月里曾先后三次对笑话书产生了浓厚的兴趣。第一次是1966年1月13日，毛泽东要看《笑林广记》等类笑话书。有关工作人员即从中南海存书中找出下列七种送呈给主席：

    《笑林广记》　　　　　　　　　（乾隆刊本）

    《广笑府》　　（冯梦龙编著，中央书店出版）

    《笑笑录》

《古今谭概》	（影印本）
《苦茶庵笑话选》	（周作人编，北新书局出版）
《明清笑话四种》	（周启明等编，人民文学出版社出版）
《历代笑话选》	（牧野编，作家出版社出版）

第二次是 1970 年 8 月 25 日这天，毛泽东要读笑话书，工作人员便从北京图书馆等处找出二十种送给了主席，这二十种笑话书是：

《民间笑话》	《苦茶庵笑话选》
《历代笑话选》	《滑稽诗文集》
《中国古代笑话》	《俏皮话》
《皇历迷》	《徐文长故事》
《古代笑话选》	《谐译》
《古谐今译》	《译准笑话》
《笑话》第 1、2 集	《花间笑话》
《明清笑话四种》	《滑稽故事类编》
《广笑府》	《笑府》
《笑笑录》	《历代笑话集》

以上两次读笑话，还只是一般的读读而已。

第三次是 1974 年 1 月 1 日至 6 月 30 日，在这整整半年的时间里，毛泽东读笑话书读得很多很勤。除了北京地区各大图书馆收藏的数百种笑话书之外，笔者还曾去上海图书馆等外地图书馆先后借了几十种笑话书。因为这些笑话书大部分都是平装小字本，字很小，毛泽东因患老年性白内障逐渐都看不清楚了。为了满足他老人家的读书需要，我们就一本一本地把它重新印成线装大字本。根据我们当时的记载，毛泽东晚年读笑话书印成线装大字本的有：

《笑林广记》、《历代笑话选》、《新笑林一千种》、《滑稽诗文集》、《幽默笑话集》、《哈哈笑》、《笑话三千篇》、《时代笑话五百首》、《笑话新谈》、《滑稽诗话》十种。其中《笑林广记》、《新笑林一千种》和《笑话新谈》等笑话书是毛泽东晚年最喜爱读的。特别是《笑话新谈》，这本笑话书曾给晚年的毛泽东带来过多次的笑声。

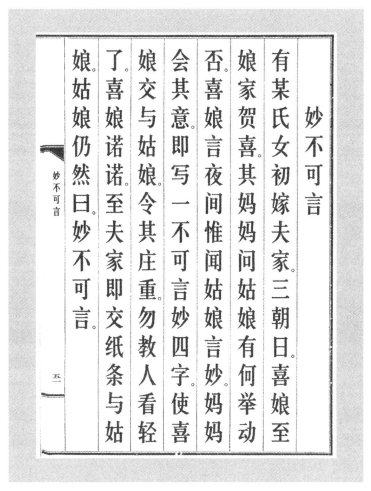

妙不可言

有某氏女初嫁夫家。三朝日喜娘至娘家贺喜。其妈妈问姑娘有何举动否。喜娘言夜间惟闻姑娘言妙妈妈会其意即写一不可言妙四字使喜娘交与姑娘令其庄重勿教人看轻了喜娘诺诺至夫家即交纸条与姑娘姑娘仍然曰妙不可言。

五一

毛泽东读过的大字线装书《笑话新谈》一页

1974 年，毛泽东已是 81 岁高龄的老人了，而且身体多病，体质越来越不好。这个时候为什么还用相当多的时间读笑话书呢？笔者理解，至少有以下三个方面的原因：

第一，读笑话书是一种调节、一种休息。

毛泽东晚年每天看文件看书很多，一种书或一类书读多了、读

久了、读累了，他就会换看另一种书或另一类书，这是毛泽东读书的一种习惯，也是毛泽东一种独特的调节、休息方法。笔者认为，毛泽东此时读许多的笑话书主要是为了调节一下大脑，让大脑一部分神经得到休息。正如生前他自己曾说的："一样东西看多了，也实在累，我的休息方法，就是一样东西看久了，觉得疲倦了，就放下来，换上另一本再看，兴趣一来，疲倦就打消了。换着看书，就等于休息。"①毛泽东认为："一种脑力活动换另一种脑力活动也是休息。"他曾对护士长吴旭君说过："你应该比我更了解，脑子这么大，功能这么复杂，感觉、思维、视听一定也是各有分工啊！我看文件累了换换报纸，看政治累了看看文艺小说，看诗词累了看看自然科学，看文字累了看看小人书，怎么样？"②还有一次他对保健医生徐涛也说过："你说脑力换体力是休息。看文件累了看报纸，看正书累了看闲书，看大书累了看小人书，看政治书累了看文艺书，我这也是一种休息"。③毛泽东生命的最后几年，每天除工作、看看重要的文件外，其他大部分时间是看书、看资料。看正书看累了，就看笑话书。从这个意义上来说，毛泽东晚年看笑话书，可以说就是一种调节和一种休息。

第二，读笑话书是为了缓解寂寞、孤独、苦闷的心情。

笔者知道，毛泽东晚年岁月里很少与家人生活在一起，儿孙满堂、天伦之乐的生活，毛泽东在晚年的岁月里基本上是没有享受到的。孩子们因种种原因很少很少来看望他，江青的野心此时已经暴露无遗，他们夫妻感情从1966年9月江青搬到钓鱼台去住以后也越来越疏远，毛泽东在最后几年越来越不想见江青。晚年的岁月里，毛泽东身边除有关的工作服务人员外，他家里的人一个也没有。但工作人员始终不能替代儿女、家人的亲情。所以，实事求是地说，毛泽东晚

① 曾志：《谈谈我知道的毛主席》，载《缅怀毛泽东》（上），中央文献出版社1993年版，第402页。
② 孙宝义等编著：《毛泽东谈读书学习》，中央文献出版社2008年版，第327页。
③ 孙宝义等编著：《毛泽东谈读书学习》，中央文献出版社2008年版，第319页。

年的生活，特别是宁静的夜晚或逢年过节的时候，他老人家是很寂寞、很孤独的，这大概就是"高处不胜寒"的道理吧。再加上政治上、工作上、生活上江青不断地干扰、制造事端，毛泽东很生气，他曾对身边的警卫战士交代：未经他本人同意，江青来游泳池住地不让她进屋。有一次江青到中南海游泳池门口，哭着闹着要进去见主席，因为主席没同意进，她只好哭一阵子就回去了。应当说在毛泽东生命最后的几年里，他内心里也有难言之处。国事、家事、烦事一件件不尽如人意，苦闷、孤独、痛楚涌扰在心头。此时此刻，通过看笑话书，用幽默风趣的笑话来缓解一下自己内心的痛楚，让自己头脑里增加一些兴奋快乐的元素，带来精神上、身体上的愉快。这一点应当说是毛泽东爱读笑话书的重要原因。

第三，读笑话书也是一种学习。

笑话、幽默中也是有哲理、有文化、有故事、有寓意、有深刻的时代印记的。笑话作为一种特殊的民间文学形式，深受我国各族人民的喜爱，在我国古代文化遗产中占有重要地位。从古代笑话中也能看到封建社会的政治和社会前进发展的痕迹或阴影，也能领略几千年封建文化的庸俗和愚昧，还能领略到我国劳动人民的勤劳和智慧。读古代笑话书，对认识、了解封建社会政治、经济、科学、文化、生产、生活、习俗、方言等也是有益处的。

毛泽东晚年阅读过的笑话书现在还都珍藏在中南海毛泽东丰泽园故居里。主人已乘黄鹤去，故居年年空悠悠。书籍遗物依旧在，往事都在笑谈中。是非成败皆有缘，功过评说千古传。笑话书陪伴着毛泽东度过了人生最后的岁月，毛泽东喜爱的笑话、毛泽东的幽默与智慧也将一直流传在人民的心中。

16 问

为什么晚年爱看碑帖、字帖
以及古今名人墨迹?

　　毛泽东在青少年时代对书法就有特别的兴趣。从 20 世纪 50 年代、60 年代,直到 70 年代,甚至在他老人家生命垂危的最后岁月里,也从没间断过钻研和练习书法,还一直保持着喜爱阅看历代草书字帖和古今名流、学者的墨迹与手书、手稿、手札的习惯。

　　为便于读者了解,这里,笔者把毛泽东晚年身体、健康、疾病等有关情况先简略地介绍如下:从 1970 年党的九届二中全会后,毛泽东的睡眠已经很不好,每天不停地咳嗽,痰多又吐不出,打针也不管用,好了又犯,没有完全止住过。有时因为咳嗽而无法卧床,只能日夜坐在沙发上。1971 年快入冬时,被诊断为大叶性肺炎，肺部的疾病又影响心脏。1971年底、1972年初时，毛泽东身体健康状况急遽变化。1972年1月10日下午在北京八宝山革命公墓礼堂参加陈毅追悼会回到中南海游泳池住地后，毛泽东心情很沉重，夜晚难以入睡，很长一段时间都没有休息好。由于肺心病在心律失常情况下严重缺氧，2月12日凌晨，他突然休克了。那是他出席陈毅追悼会后一个月零两天。当时的抢救工作大约进行了20多分钟，毛泽东的面部由青紫渐渐泛起了淡红色，胸部呼吸时的起伏也隐约可见了。医生们忙测量血压，发现正趋向正常，脉搏和心电图检查也算趋向正常。1972年2月21日中午，美国总统尼克松和夫人、国务卿罗杰斯和总统助理基辛格一行抵达北京机场。这仅仅是毛泽东突然出现休克症状后的第9天，当时他的健康状况仍然处在极不稳定的状态下，随时都有恶化和发生危险的可能。即便在这种情况下，毛泽东仍然决定会见尼克松。人们当时几乎都不知道他实际的健康状况。

1973年党的十大召开的那段时间，毛泽东的身体不太好，主要是腿不行，走路走得不太稳，可以说是步履艰难，而且有点气喘吁吁。8月24日晚，大会开幕的时候，毛泽东出席了。后来宣布散会时，他站起来已很困难了，于是周恩来总理当场宣布：毛主席目送各位代表退场。此时，毛泽东对自己的健康状况是很清楚的。

1974年，毛泽东81岁。随着岁月的流逝，已是年迈多病、力难从心，内心变得愈来愈矛盾，心情也愈来愈沉重。8月间，经来自各地的眼科专家确诊：毛泽东双眼都患有老年性白内障，以右眼为重，左眼为轻。这时，毛泽东的右眼已只是稍存光感，仅能辨别光线方位及不同色泽的光亮。手不释卷的毛泽东，单靠稍好的左眼来工作和读书。医生给他服用药物，并配合滴用眼药水，但不能从根本上消除病症。根据医生意见，决定让毛泽东继续休养一段时间，随时检查，待适当时候再做手术治疗。在休息休养的日子里，毛泽东的健康状况继续恶化，步履蹒跚，行动艰难，他那两腿和双脚浮肿得像发面馒头，没有人搀扶就走不了路。

1974 年 10 月 13 日清晨，毛泽东的专列从武汉驶达长沙。300 多公里的路程，毛泽东一路没有休息，此时显得很疲倦，在工作人员的搀扶下，费力地走下专列，同前来迎候的中共湖南省委负责人边握手边说："我这一次到这里，是来养病休息的。"毛泽东住在湖南省委宾馆九所。1975 年 2 月 8 日，毛泽东来到此次南下的最后一站杭州。这时的毛泽东，不仅再也无法像过去那样登山，就连出门散步也很困难了。日渐严重的衰老和疾病，使这位年逾八旬的老人越来越不"自由"了。

毛泽东在杭州住了两个多月，主要是检查和诊断病情。虽然经过前段时间的休养，但他的身体并不比在武汉、长沙时好多少：除了双眼白内障、说话含混不清外，两腿还时常疼痛，脚也肿得很厉害，行动更加不便。医生建议他尽可能少看书、多运动，如不能外出行走，就在室内适当做一些活动。为了诊治毛泽东的眼病，有关专家组成的医疗小组提出多种医疗方案，努力阻止和减缓白内障的发展。眼科专家一致主张他不能再像过去那样看书和批阅文件了，毛泽东却只同意先治左眼。

1975 年 4 月 13 日，毛泽东的健康状况在回北京后越来越坏，吃药也没有多少效果。1975 年下半年以后，在床上躺着的时间多（以前在床上还是坐着多），不愿意起来，一天也没有同几个人说话。但他仍密切关注着时局的发展。

1975 年 6 月下旬，加蓬共和国总统邦戈来华访问。毛泽东由于健康原因取消同外国首脑会晤，在病榻上并亲自向对方致函道歉，这对毛泽东来说还不曾有过。信是毛泽东自己摸索着写的。短短几行字，歪歪斜斜地写了九张纸。自然，这是一封当时不能公开的信。

1975 年 7 月 23 日，毛泽东对拖延已久的白内障眼病施行手术治疗。当天下午，眼科专家唐由之大夫为他的左眼做了针拨手术，前后只用了不到 10 分钟，手术非常顺利。第二天，毛泽东的左眼能看见东西了。在他的要求下，摘掉了本来需要戴几天的保护眼罩。

7 月下旬做过白内障手术后，虽然毛泽东一只眼睛又可以看见东西了，但为了保护视力，除重要文件外，毛泽东平时要看的大量文件、书籍和报刊还是由身边的工作人员读给他听。毛泽东平时的习惯，除了开会和找人谈话外，总是整天看文件、看书。看文件和工作累了，就广泛地浏览各种中外著作，尤其是中国古典文学作品，来调节一下。

进入新的一年即 1976 年，毛泽东的健康状况迅速恶化，吃药吃饭都需要人喂，每天只能吃一二两饭，行走更加困难。进入七八月，毛泽东已常常处于昏迷状态。

面对这样的健康状况，本当好好地休养，保重身体，可是，毛泽东并没有这样做，他仍然以顽强的毅力坚特每天看文件、看各种图书报刊，其中也包括历代碑帖、字帖和古今名人墨迹、手书、手稿、手札等。医生建议他少看书或不看书，但他一天也没有少看，一天也没有不看。据笔者当年的记录，从 1972 年 10 月 12 日到 1975 年 1 月 12 日，整整 3 年零 3 个月。在这近 1200 个日日夜夜中，毛泽东带病翻看了数百种、上千册的字帖、墨迹、真迹、手书等书法作品。

晚年的毛泽东，特别是病魔缠身的岁月里，为什么还孜孜不倦、苦心钻研各种碑帖、字帖和古今名人墨迹、真迹、手书、手稿呢？笔者认为，主要有以下三个方面的原因：

第一，因为阅览学习钻研历代书法作品是毛泽东一生的爱好，一生对此都有浓厚的兴趣。

毛泽东无意也无心成为书法家，因为他一生都在全心全意地为人民谋利益，为中国各族人民的解放事业和社会主义建设事业服务。学习书法、练习书法只是毛泽东的业余爱好。尽管主观上并没有成为书法家的欲望和追求，但毛泽东几十年不懈地努力，加上他本人的天赋和智慧，因此，毛泽东早已被专家、行家公认是当代最著名的书法家，他的书体被人们誉为"毛体"。这已经是当今世人公认的事实。毛泽东在书法上的造诣和成就是他本人几十年的坚持执著、从不自满、从不懈怠、苦苦钻研和学习练习的结果。这就是"功到自然成"、"功夫不负有心人"的道理。对于这一点，新中国成立初期在毛泽东身边工作过的陈秉忱老先生曾在《回忆毛主席周总理朱委员长书法活动片断》一文中说："我们从仅存的一张明信片（指毛泽东青年时代在湖南第一师范读书时写给罗学瓒的明信片——笔者注）的字迹来看，毛主席早年似受晋唐楷书和魏碑的影响，用笔紧严而又开拓，是有较深功力的。在延安时期，领导抗战和建党，工作、著作任务那样繁忙，毛主席仍时常阅览法帖（阅过的晋唐小楷等帖，一直带在身边）。……全国解放后，更多地阅览法帖。1949 年出国（率中国党政代表团第一次访问苏联——笔者注）访问时，也以《三希堂法帖》自随。1955 年开始，指示身边工作人员广置碑帖。二十年间，所存拓本及影本碑帖约有六百多种，看过的也近四百种，'二王'（指晋代大书法家王羲之、王献之父子——笔者注）帖及孙过庭、怀素的草书帖，则是时常批阅。毛主席不但博览群帖，而且注意规范草书，如古人编辑的《草诀要领》和《草诀百韵歌》等帖。"①

1949 年中华人民共和国成立之后的一段时间，毛泽东带领全国各族人民倾心谱写新中国社会主义建设的新篇章，工作千头万绪，日理万机，但是，他仍然挤出时间阅览、临摹和研究各种碑帖。这一时期，他阅览、临摹较多的是草书字帖。对于这一点，我们从 1958 年 10 月 16 日毛泽东致田家英的信中可以看出。这封信全文是这样写的：

田家英同志：

请将已存各种草书字帖清出给我，包括若干拓本（王羲之等），于右任千字文及草诀歌。此外，请向故宫博物院负责人（是否郑振铎？）一询，可否借阅那里的各种草书手迹若干，如

① 陈秉忱：《回忆毛主席周总理朱委员长书法活动片断》，《书法》1980 年第 2 期。

可，应开单据，以便按件清还。

毛泽东

十月十六日①

田家英当时是毛泽东的秘书。信中提到的于右任是现代书法家，他曾长期担任国民党政府监察院院长。"于右任千字文"是指于右任选用历代草书名家的草字双勾而成的《标准草书范本千字文》。郑振铎当时任文化部副部长。

关于新中国成立以后，毛泽东博览群帖、练习书法的事，当时为毛泽东管理图书的逄先知的回忆文章中还有这样一段介绍："毛泽东可说是当代一流书法家，尤其擅长草书。他喜欢看字帖，特别是草书字帖，这是他的重要娱乐活动，也是最好的休息。在草书中，毛泽东最喜欢怀素的草书。他多次要过《怀素自叙帖真迹》。我们见到怀素的字帖，只要是好的，就买下来给他送去。1961年10月27日，毛泽东要看《怀素自叙帖真迹》，并指示我们，把他所有的字帖都放在他那里。从此，我们就在北京和外地，买来很多字帖，包括一批套帖如《三希堂法帖》、《昭和法帖大系》（日本影印）等，放在他的卧室外间的会客室里，摆满了三四个书架。在他卧室的茶几上、床铺上、办公桌上，到处都放着字帖，以便随时观赏。1964年12月10日，毛泽东要看各家书写的各种字体的《千字文》字帖。我们很快为他收集了30余种，行草隶篆，无所不有，而以草书为主，包括自东晋以来各代大书法家王羲之、智永、怀素、欧阳询、张旭、米芾、宋徽宗、宋高宗、赵孟頫、康熙等，直到近代书法家于右任的作品。"除了买字帖供毛泽东观赏，我们有时还到故宫借一些名书法家的真迹给他看。1959年10月，田家英和陈秉忱向故宫借了20件字画，其中8件是明代大书法家写的草书，包括解缙、张弼、傅山、文征明、董其

---

① 《毛泽东书信选集》，中央文献出版社2003年版，第504页。

昌等。"①

1966 年 8 月以后,毛泽东从中南海丰泽园菊香书屋搬到中南海游泳池居住。在这之前,田家英、陈秉忱、逄先知等先后为毛泽东收集、购买、配置的约六百多种历代碑帖和名人墨迹等书法作品有一部分也一并搬放到了游泳池。我们从晚年毛泽东会见外宾的电视新闻报道中,常常可以看到,游泳池会客厅里的书架上、沙发旁边的茶几上,会客厅中间的小圆桌上,还有他的办公桌上、卧室的床上,到处都放有名家字帖、名流墨迹。工作之余、饭前会后,只要有空,他老人家就阅览、揣摩字帖。有时一边欣赏,一边还用手在自己的腿上临摹、比画。有许多的字帖如《王羲之真迹》、《怀素自叙帖真迹》、《三希堂法帖》、《明文征明墨迹选》、《张旭草书李青莲序》、《怀素书秋兴八首碑帖》、《元鲜于太常赵文敏合书千文真迹》等等,他老人家百看不厌。

田家英、陈秉忱、逄先知他们几位都是很爱好书法并在书法方面很有研究的。田家英为研究清代历史,从 20 世纪 50 年代中期开始,长年坚持在全国各地收集清代文人学者和书画名家的墨迹,"其所收作品之富之精,在个人收藏中堪称海内一大家"②,他对清代各个时期著名人物的墨迹和书法精品是很有研究的。陈秉忱是清末山东著名金石大家陈介琪之曾孙,家学渊博。1937 年参加革命,后长期在毛泽东身边工作。他于文学、书法、绘画、金石等方面有深厚的根基。逄先知自为毛泽东管理图书以来,按照毛泽东的需要,先后从北京、上海、杭州等地多次非常用心地为毛泽东选购、借阅字帖。他们三位从50 年代到 60 年代中期,十多年里先后为毛泽东购置了六百多种字帖。虽不能说这是我国历代书法精品的全部,但说它们是我国历代书法的代表之作也毫不过分。由于田家英的关系,清代的名人墨迹、碑帖尤

---

① 董边等编:《毛泽东和他的秘书田家英》,中央文献出版社 1989 年版,第 6—7 页。

② 董边等编:《毛泽东和他的秘书田家英》,中央文献出版社 1989 年版,第 7 页。

为齐全。毛泽东晚年对这些书法作品非常喜爱，六百多种字帖反复阅看，很快这些就不再能满足他学书钻研、观赏休息、调节的需要了。到了 70 年代，他老人家一次又一次地指示我们为他继续购置、借阅各种字帖。北京各大图书馆和有关研究部门找差不多了，又指示我们专门到南京、上海等地去借阅。仅 1974 年下半年，笔者经手在北京、南京、上海等地为毛泽东借阅的各种字帖就达 165 种、342 册。当年的借书登记统计列表如下：

单位	种数	册数
北京图书馆	51	113
南京图书馆等	46	88
上海图书馆等	42	48
中央办公厅图书馆	9	13
北京其他图书馆等	17	80
合　计	165	342

　　在为毛泽东做图书服务的实际工作中，我们知道，1974 年上半年，毛泽东看书看得较多的是笑话书。从 1974 年 4 月起，毛泽东的兴趣好像又开始逐渐转到阅览字帖、墨迹上来了。从当时毛泽东借书登记的情形来看，1974 年下半年，毛泽东看书看得较多的就是历代法帖、名人墨迹等书法作品。1975 年毛泽东还看过不少的字帖。直到 1976 年 2 月，他老人家还要我们为他购买过两种字帖。1974 年底从南京、上海等地借来的 88 种、136 册字帖，他一直放在身边。记得当时这些字帖借出大半年后，上海、南京方面大概有些不太放心，因此常来电话询问。1975 年 9 月 17 日上午，张玉凤同志打电话告诉我："已请示首长同意，借上海、南京的字帖、墨迹，已退你们的可以退还他们，没退的暂时不退还，首长还在看。"她要我转告上海、南京的同志："没有退还的字帖、墨迹，首长还在用。待首长用完之后再退还你们。"我及时把这个意思转告给了上海、南京的同志。后

来，我查阅主席借书登记本，上海、南京借来的字帖、墨迹，他老人家一直放在身边反复翻阅，直到 1976 年病中还时常翻阅。

如果说，毛泽东晚年居住的中南海游泳池住地是名副其实的书籍的海洋，那么，毛泽东十分喜爱的历代碑帖、字帖和名人草书墨迹等就是这浩瀚大海中的璀璨的明珠。满满几书架的历代碑帖、字帖，一册册装帧独特、别致的历代名人墨迹、诗稿、手札，其中许多都是 50 年代购置的，这些一直伴随着他老人家二十多个春秋，直到生命的最后。

第二，钻研学字学书、学习中国历史、学习中国文化的需要。

毛泽东曾说过："学字要有帖"①。学习书法，要对照字帖，用心研究，反复临摹练习。这是历代诸多前人学书的基本方法，也是毛泽东学书的基本经验。毛泽东青少年时代学习书法时，就是从临摹字帖开始的。在为毛泽东服务工作中，我们知道，毛泽东晚年学习、练习书法，仍然非常喜爱研究临摹碑帖，直到生命垂危的岁月，他老人家还一直喜爱阅看历代草书字帖和各代名流、学者的墨迹与手札。毛泽东曾说过："字要写得美，必须勤磨炼。刻苦自励，穷而后工，才能得心应手。"②毛泽东的字所以写得好，所以能书写迅疾，随意挥洒，自成一体，独具一格，在书法上获得很大的成功，最主要的原因就是他几十年坚持不懈而又从不满足地博览群帖，刻苦临摹练习，锲而不舍、垂老不倦地下功夫。

毛泽东对我国延绵数千年的书法艺术的学习研究和临摹练习并不局限在书本上，也不受时间和空间的限制，他学习研究的范围很广，就是在环境恶劣、生活艰难的战争岁月，就是在战火纷飞的行军路上，只要一碰到石刻、碑文、字匾，他都非常虚心而又饶有兴趣地学习研究并临摹一番。他很善于从历代碑帖中汲取精华，博采众长。

① 刘锡山：《毛泽东的书法艺术》，山东大学出版社 1991 年版，第 201 页。
② 董志英编：《毛泽东轶事》，昆仑出版社 1989 年版，第 75 页。

1935年1月具有重大历史意义的遵义会议之后，中央红军赢得了长征以来的首次大胜——娄山关大捷，打破了娄山关守敌所谓的"一夫当关，万夫莫开"的不可战胜的神话。娄山关位于贵州遵义城北险峻的娄山上，是由贵州进入四川的重要关口，是防守贵州北部重镇遵义的要冲，自古乃兵家必争之地。娄山关雄踞娄山山脉的最高峰，周围山峰峰峰如剑，万丈矗立，直插云端。关上有茅屋两间，石碑一座，上刻"娄山关"三个大字。当毛泽东随着胜利的中央红军沿着十步一弯、八步一拐的羊肠山路来到地形十分险要的娄山关上时，如海的苍山、破旧的茅屋好像并没有引起毛泽东的注意，而当他看到石碑上的"娄山关"三个红漆大字时，却停住了脚步，饶有兴趣地问身边的陈昌奉等同志："'娄山关'刻碑干什么？"陈昌奉等同志一时都回答不出来。他便给大家解释说："关乃要塞重地也，是出入的通道，常以碑柱碑石为界，区分和标志地名。"接着，他又从书法艺术的角度向大家讲解了"娄山关"三个字的特点和价值。他称赞"娄山关"三个大字写得苍劲，像峻峰那样挺拔屹立，运笔如飞。"娄山关"三个字不仅写得很好，而且工匠石刻也非常精美、匠心独运、惟妙惟肖。所以，毛泽东在颇有情致欣赏时，还反复揣摩，不断用手在笔画上临摹运笔，口中感叹道："可惜不知出自哪位名家之手和修建于何代。"

说到毛泽东在战争岁月行军转移途中喜爱欣赏石碑、石刻之事，还流传着一些小故事。一次，在广东和江西交界处的梅岭关上有块石碑，碑上还刻有很好的碑文书法。当毛泽东行军转移来到这里看到这块石碑时，仔细观赏，还告诉随行人员说，此地是分界要地，是古代战场，因而立有石碑刻有碑文。还有一次行军作战来到武夷关，武夷关附近有一座庙，庙内有不少的石刻、碑文。毛泽东看到这些石刻、碑文，如获至宝，驻足观赏，细心揣摩。他说："中国庙宇古色古香，也是书法胜地，许多古庙里都有造诣很高、价值很大的书法艺术，许多字真是妙笔生花，栩栩如生，堪称书法艺术的宝库，我们应该很好研究和学习。"①

　　毛泽东学习练习书法，临摹过大量的字帖。时间的流逝，征途的沧桑，道路的曲折，生活的艰难困苦，以及个人家庭生活中的风风雨雨，都不曾影响毛泽东对书法始终如一的爱好和追求。直到 1976 年 9 月他老人家逝世前，我还在他的会客厅里亲眼看到小圆桌上放着的《支那墨迹大成》（第 1、2、4—12 卷，共 11 册）、《宋徽宗书诗卷》、《宋徽宗赵佶草书千字文》三种字帖，有的翻开放着，有的夹着白纸条，还有的折叠起来。《宋徽宗书诗卷》中还夹着一支他老人家晚年最爱用的上海中国铅笔一厂生产的 8B 铅笔，笔杆六面形，浅蓝色，笔芯黑而粗软，削好的笔尖已磨损许多，仿佛他老人家刚才还在阅览临摹。

　　这一册又一册的字帖、墨迹、手书、手札，是毛泽东学字学书的范本。它们默默地而又最真实地记录了毛泽东学字学书的执著追求与艰辛历程。

　　毛泽东晚年除了从历代碑帖、字帖和古今名人墨迹、手书、手稿等书法作品中学字学书之外，还常常把这个过程看成是学习中国历史、中国文化的过程，这也是毛泽东涉猎传统文化的一个独到之处。

　　我们知道，毛泽东晚年偏爱看的是有风格的、字大而清晰的、开本适宜的、线装版本的草书和古今名人的诗书字帖及墨迹。例如：下面的这些墨迹、真迹、诗稿、诗卷等书法作品，都是毛泽东最爱看的，且看过多遍，一直放在游泳池住地会客厅、办公室、卧室等触手可及的地方以便随时翻看。

松雪草书墨宝	1 册
宋米襄阳天衣禅师碑	1 册
元赵文敏归去来辞真迹	1 册

---

① 董志英编：《毛泽东轶事》，昆仑出版社 1989 年版，第 75—76 页。

明文征仲行书西苑诗真迹	1 册
明文征仲行书感怀诗真迹	1 册
明文征明书大字诗卷真迹	1 册
明文征明书渔父词十二首真迹	1 册
明董香光墨妙四种（上、下册）	2 册
明王觉斯草书入秦行真迹	1 册
明祝京兆草书五云裘歌	1 册
祝枝山写赤壁赋墨宝	1 册
玉兰堂百果园	1 册
文待诏滕王阁序真迹	1 册
祝京兆草书艳词墨迹	1 册
史阁部草书杜诗真迹	1 册
史阁部为江文石先生书云洲子歌	1 册
明卢忠肃公象升草书	1 册
白阳山人行草诗卷	1 册
黄山谷发愿文墨迹	1 册
张文敏公真迹	1 册
邵二泉诗卷真迹	1 册
板桥书道情词墨迹	1 册
徐天池行草诗卷	1 册
唐郑广文草书大人赋墨迹	1 册
宋仲温草书杜子美诗	1 册
明莫云卿草书山居杂赋	1 册
王铎草书诗卷	1 册
平湖秋月	1 册
完白山人四体书	1 册
明贤墨迹（上、下册）	2 册
何子贞木假山记大楷书	1 册

元赵孟頫书青山白云吟	1 册
元赵文敏天冠山题咏真迹	1 册
小万柳堂书苏诗	1 册
海山仙馆藏真	1 册
沈石田书诗册	1 册
苏文忠书爱酒歌真迹	1 册
屠赤水先生手写园咏五十首	1 册
明史阁部杜诗	1 册
清刘石庵行楷四种	1 册
清张廉卿座右铭（上、下册）	2 册
钱南园丛帖（3—6 册）	4 册
鲜于枢草书《石鼓歌》	1 册
僧怀素草书千字文	1 册
怀素自叙帖真迹	1 册
唐怀素论书帖	1 册
唐怀素小草千字文墨迹	1 册
僧怀素书《四十二章经》	1 册
唐释怀素圣母帖	1 册
岳武穆书出师表	1 册
董其昌书山抹微云词	1 册
董其昌书海市诗	1 册
郑板桥书重修文昌祠记	1 册
刘石庵行书	1 册
张旭草书李青莲序	1 册
王觉斯草书墨迹	1 册
祝枝山草书诗稿墨迹	1 册
王虚舟临万岁通天帖	1 册
怀素书秋兴八首	1 册

清道人书大鹤仙人诗稿	1 册
刘石庵相国墨迹第一集	1 册
上田桑鸠先生草书范本	1 册
玉虹鉴真帖	24 册
祝枝山书秋兴八首	1 册
王阳明书矫亭记七言诗真迹	1 册
苏东坡清虚堂诗	1 册
米南宫手札	1 册
苏米合璧	1 册
王梦楼寿屏十二轴合册	1 册
何蝯叟行书墨迹	1 册
明王文成矫亭记真迹	1 册
何子贞临麓山寺碑	1 册
梁山舟先生墨迹	1 册
遗民为僧之遗墨	1 册
白云居米帖卷（1—12）	12 册
翁松禅写书谱墨迹	1 册
宋拓苏长公雪堂帖	1 册
王觉斯诗册墨迹	1 册
姜西溟先生墨迹	1 册
宋拓方园庵记	1 册
曾宾谷章口三山联句	1 册
元鲜于太常赵文敏合书千文真迹	1 册
北山移文合璧	1 册
明莫廷韩词翰册	1 册
明王铎行书诗卷	1 册
王梦楼自书快雨堂诗稿	1 册
王梦楼法书第二集	1 册

荆谿十景六十自寿诗	1 册
快雪堂法帖（1—5）	5 册
戏鸿堂法书（1—16）	16 册
拟山园帖（1—10）	10 册
怀素藏真律公二帖石刻	1 册
褚书阴符经怀素山居诗	1 册
大鹤山人诗汇册	1 册
书谱	1 册
赵孟頫书寿春堂记	1 册
明文征明墨迹选	1 册
苏轼丰乐亭记	1 册
宋黄山谷书墨竹赋等五种	1 册
养泉斋遗墨	1 册
元鲜于枢书透光古镜歌	1 册
明陈白阳草书诗帖	1 册
元鲜于枢书王安石诗	1 册
董玄宰草书	1 册
平远山房法帖	1 册
明唐荆川草书诗稿真迹	1 册
祝枝山草书杜诗	1 册
明董文敏日诗月诗	1 册
明董文敏行书李太白诗墨迹	1 册
明董文敏虎丘诗真迹	1 册
宋拓中兴颂	1 册
刘文清公法书	1 册
岳飞帖	1 册
放大古法帖（上、下册）	2 册
听雨楼法帖	1 函 8 册

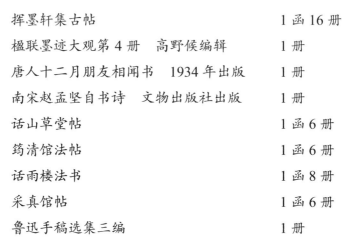

挥墨轩集古帖　　　　　　　　　　　1 函 16 册

楹联墨迹大观第 4 册　高野候编辑　　1 册

唐人十二月朋友相闻书　1934 年出版　1 册

南宋赵孟坚自书诗　文物出版社出版　1 册

话山草堂帖　　　　　　　　　　　　1 函 6 册

筠清馆法帖　　　　　　　　　　　　1 函 6 册

话雨楼法书　　　　　　　　　　　　1 函 8 册

采真馆帖　　　　　　　　　　　　　1 函 6 册

鲁迅手稿选集三编　　　　　　　　　1 册

……

　　这个目录当然不是毛泽东晚年所看碑帖、字帖、墨迹、真迹、手书、手稿等书作的全部，但从中我们约略可以看出：毛泽东晚年很爱看的都是历史名人、名篇、名句书作，书作中有历史，书作中有文化，书作中有故事。看字帖、墨迹、手稿等书法作品，就是学习中国源远流长的历史和文化。

　　笔者还清楚地记得，从 1974 年 4 月开始，毛泽东看碑帖、字帖、墨迹逐渐增多，后来越来越多，到了 8 月份，笔者每天的工作基本上就是全国到处找字帖。北京各家图书馆、博物馆找遍了，又到南京、上海等地去查找。为毛泽东选找字帖、墨迹就成了我们这一时期服务工作的中心任务。

　　从 7 月 31 日到 8 月 14 日，整整半个月时间，在北京有关单位找出来送给主席的字帖一共是 92 种、174 册。根据我们当时的记录，除当时他老人家看后陆续退还有关单位的之外，还有 21 种字帖一直放在他的身边。

　　这 21 种字帖墨迹，毛泽东一直留在他的身边，后来还时常翻阅。我们看到，这些字帖除个别之外几乎都是线装本，字都比较大，也比较清楚，差不多也都是行书和草书。21 种中近一半书写的是古诗或古文，使阅读者既可以品味书法艺术，也可以欣赏古诗古文，学习中国历史和中国文化，可谓一举多得。例如，有一种叫《楹联墨迹大观》的字帖，这册中有赵书禾行楷"与人相见以诚，造物所忌者巧"的联句，毛泽东在阅看中用红铅笔在联句旁画了两个大圈。还有一册《玉虹鉴真帖》中写有毛泽东很爱读的唐代早逝诗人李贺的诗，李贺字长吉，所以毛泽东在这一册封面题签字旁用黑铅笔写了"李长吉诗"四个字，并用红铅笔在这四个字的旁边粗粗地画了一条曲线，在字的上面又画了一个大圈。《玉虹鉴真帖》是套帖，一套24册，在其中一册写有19首古诗的封面上，主席又用红铅笔画了两个大圈，表明他对这册字帖的喜爱。还有《怀素自叙帖真迹》等有关怀素的字帖，毛泽东更是爱不释手、百读不厌。1974年，日本外务大臣大平正芳来我国访问时，毛泽东在游泳池住地亲切地接见了他，并十分高兴地将自己非常喜爱的一册《怀素自叙帖真迹》亲手赠送给大平正芳。使大平正芳高兴得连连向主席鞠躬感谢。还有《唐人十二月朋友相闻书》和《南宋赵孟坚自书诗》这两种字帖，毛泽东也都有圈画。这些都从一个侧面说明，毛泽东看字帖，不光是在看字，而且是在看诗、看文。他老人家看字帖、看墨迹，实际上是又一种形式的看书。特别是有风格的草书，书写的内容又是思想性、艺术性较高的诗词、文赋等，这样的字帖、墨迹是毛泽东最爱看的。这是毛泽东晚年读书生活的一大特点。

第三，为了休息、调整，也为了转移、缓解内心深处复杂的情感。

笔者认为，毛泽东晚年每天不停地看书（包括看字帖、名人墨迹、手书、手札等），除了上述的两个方面属于主观方面原因之外，还有一个重要的客观方面的原因。那就是党事、国事、家事等多方面的情况，使毛泽东晚年精神遭受很大的损耗，身体受到很大的损害，感情遭受很多的创伤，使他时常感到忧虑、不安、痛楚、孤独、寂寞、悲凉。这种情境下的看书、看字帖、看墨迹、看书法作品，显然

有着排遣烦闷的功用。

我们知道，毛泽东晚年读书的兴趣仍然是很广泛的。他每天的习惯，除了开会和找人谈话外，总是整天看文件、看书、看新华社编印的《参考资料》。看文件和工作累了，就广泛地浏览各种中外著作，尤其是中国古典文学作品，特别是名人字画、墨迹、真迹，笑话、诗话、楹联等等来调节一下。放松一下大脑，调整一下身体，让内心的孤独、寂寞、痛楚、悲凉得以转移。毛泽东曾对身边的工作人员说过：工作之余，看看名人字画、墨迹，这也是一种休息。在这种情境下的读书，看字帖、看墨迹、看真迹等，一般是以浏览为主，批画较少。根据时间和环境，看多少就多少，看到什么地方就到什么地方，显得比较轻松随意。一位年过八旬的老人，而且身患多种疾病，每天还有大量的工作，要长时间地阅看文件，还要读二十四史、《资治通鉴》等严肃正史，自然是很累的。很需要休息，很需要调节。怎么休息？怎么调节？毛泽东有他独到的做法，看正书看久了，看累了，就换着看闲书，看轻松的书，字帖、墨迹、书法真迹等就是他常看的休闲书籍。前面已经提到过的毛泽东晚年爱看的《鲁迅手稿选集三编》（线装本）也是这样的书籍。

服务工作的实践，使我们逐步认识到，毛泽东晚年翻阅字帖、墨迹，更多的已经不是在研究书法艺术，而是自我放松、调节大脑的一种方式。毛泽东生命的最后几年，因体弱多病，连喜爱的游泳、散步等活动都不能坚持了。会见外宾时，站立、行走都很困难，全靠张玉凤、吴旭君等同志的搀扶。但他老人家每天还是不停地看文件、看资料、看书，这种书看累了，又换一种书。根据笔者当时的记录，1975年下半年，有一段时间，毛泽东还看过小人书。1974年底1975年初，这段时间毛泽东还常听京剧录音和侯宝林等人说的相声。看笑话书、小人书，欣赏名人字画，听京剧、听相声，这些都是晚年毛泽东的娱乐活动，也是他休息调节的重要方式。出于这种实际情况的考虑，我们的服务工作就不能仅从学习书法艺术的角度出发了。我们在字帖、墨迹的挑选上既要考虑到他原有的喜好（老人家喜欢行书和草书，特别是草书更喜爱），又要考虑到他当时的身体状况、健康条件、视力情况。就是说，既有书体的要求，又有书写内容的要求，同时还要兼顾开本、装帧、式样、墨迹等要求。除了字体和书写的内容是他老人家喜欢的，我们找来的书和字帖等，字要印得大些、清楚些，因为他老人家晚年视力减弱，字小看不清；本子要小一点、轻一点，他老人家体力不支，常常半躺在床上看书，书太厚、太重、太大，他老人家拿着不方便。这些具体要求都是我们选书、选字帖墨迹时必须考虑到的。

如果说游泳、散步、爬山等运动增强了毛泽东的体质，使其以旺盛的精力投入革命工作，那么，一生不懈地博览群书、学字学书、钻研书法，则为毛泽东的精神生活带来愉悦和享受。毛泽东一生爱好书法，爱好欣赏名人书法、墨迹。一册册古今名人字帖、墨迹、真迹等书法作品一直陪伴着毛泽东度过了人生的最后旅程。

17 问

为什么学习自然科学书籍
垂老不倦？

　　毛泽东对自然科学的学习和钻研也是融贯他一生的，下了不少的功夫，始终保持着浓厚的兴趣。到了晚年为什么还对自然科学书籍兴致不减？笔者认为主要有以下两个方面的原因。

　　第一，毛泽东学习自然科学的主要目的是"为着要在自然界里得到自由，就要用自然科学来了解自然，克服自然和改造自然"。①

　　这是毛泽东学习自然科学书籍的根本目的，也是毛泽东学习自然科学的主要动力。早在青少年时代，毛泽东就用心读过达尔文的《物种起源》、赫胥

---

① 《毛泽东文集》第二卷，人民出版社 1993 年版，第 269 页。

黎的《天演论》等自然科学著作。这些世界名著对毛泽东认识自然，了解自然界的演变、进化和发展产生过重要影响。毛泽东晚年还多次提到过赫胥黎和达尔文。1970年他在一个批示中写道："《人类在自然界的位置》请找一本给我。《天演论》前半是唯物的，后半是唯心的。"① 这两部书都是赫胥黎的著作。对达尔文及其著作，毛泽东也是十分钦佩的，在他的著作和谈话中，曾多次提到达尔文和进化论。在《关于正确处理人民内部矛盾的问题》一文中，毛泽东指出："历史上新的正确的东西，在开始的时候常常得不到多数人承认，只能在斗争中曲折地发展。正确的东西，好的东西，人们一开始常常不承认它们是香花，反而把它们看作毒草。哥白尼关于太阳系的学说，达尔文的进化论，都曾经被看作是错误的东西，都曾经经历艰苦的斗争。"②

据有关史料记载，1974年英国首相希思来中国访问时，送给毛泽东一张达尔文的照片，上面有达尔文的亲笔签名和达尔文自己写的一段话："这是我的确十分喜欢的一张照片，同我的其他照片比，我最喜欢这一张。"还有达尔文的《人类原始及类择》第一版。希思对毛泽东说：这些是达尔文的后人提供的。

毛泽东看了达尔文的照片后对希思说：达尔文，世界上很多人骂他。希思说：但我听说，主席很钦佩达尔文的著作。毛泽东点头，说：我读过他的书。帮他辩护的，叫 Huxley（赫胥黎）。希思点头说：他是十分杰出的科学家。毛泽东说：他自称是达尔文的咬狗。赫胥黎是达尔文说的忠实的捍卫者。③

1943年12月20日，毛泽东在给胡乔木的一封信中写道："请你就延安能找到的唯物史观社会发展史，不论是翻译的，写作的，搜集

---

① 龚育之、逄先知、石仲泉：《毛泽东的读书生活》，生活·读书·新知三联书店1986年版，第91页。

② 《毛泽东文集》第七卷，人民出版社1999年版，第229页。

③ 参见龚育之、逄先知、石仲泉：《毛泽东的读书生活》，生活·读书·新知三联书店1986年版，第91—92页。

若干种给我。听说有个什么苏联作家写了一本猴子变人的小说，我曾看过的一本赖也夫的社会学，张伯简也翻过（或是他写的）一本《社会进化简史》，诸如此类，均请收集。"①

这本"猴子变人的小说"，是指苏联科普文学作家伊林和他的夫人谢加尔合著的《人怎样变成巨人》一书，这是一本讲人类发展史的通俗读物。看来毛泽东是很想读一读这本书的，尽管是"通俗"的。

四天以后，毛泽东给刘少奇写信，向他推荐一本上海泰东图书局出版的《从猿到人》的小册子。毛泽东在信中写道："此书有恩格斯两篇短文，十分精彩，可以看。郭烈夫的一篇亦可一阅。"② 随信还寄去这本《从猿到人》。这本书收入的恩格斯的两篇文章是《劳动在从猿进化到人过程中的作用》和《人类进化的过程》（即《"自然辩证法"导言》中的一段）。信中提到的郭烈夫（原名波里斯·伊萨科维奇）的文章是指《马克思主义观点的达尔文主义》。以上这三篇文章都是以马克思主义唯物史观来谈论人类进化问题的，是自然辩证法领域的重要著作。这些著作对丰富毛泽东的唯物史观的思想产生了重要的作用。

万里长征大转移来到陕北延安，在艰难的战争岁月，毛泽东还读了很多自然科学书籍。1948 年至 1949 年曾经兼任过中共中央图书馆主任的自然辩证法专家于光远，深情地写过一篇名为《毛泽东同志与自然辩证法》的回忆文章。于光远在文章中写道："在这个图书馆的藏书中，有毛泽东同志阅读过的书籍，其中有不少他圈点过、画过杠杠、作过记号、批注有字句的书籍。这些书中有不少本是自然科学方面的。虽然我当时没有特别注意学习其中有哲理性的批注，但是有一个印象是明确的，那就是毛泽东同志在抗日的烽火中，在日理万机的情况下，仍不时阅读自然科学和自然哲学方面的书籍。"③

① 《毛泽东书信选集》，中央文献出版社 2003 年版，第 195 页。
② 《毛泽东书信选集》，中央文献出版社 2003 年版，第 196 页。
③ 《难忘的回忆——怀念毛泽东同志》，中国青年出版社 1985 年版，第 101—102 页。

　　笔者从保存下来的藏书中看到，延安时期的毛泽东就很关心自然科学，收藏并潜心阅读了不少关于自然科学的书籍。他对恩格斯的《反杜林论》和《自然辩证法》等具有丰富自然科学知识的著作，曾反复阅读钻研过。还读过麦开柏著的《进化：从星云到人类》、约翰杰德著的《进化论发见史》、G.伏古勒尔著的《天文学简史》、罗素著的《原子说发凡》、王刚森著的《电学 ABC》、汤姆森著的《科学大纲》、蒲郎克著的《科学到何处去》、秦斯著的《环绕我们的宇宙》、爱丁顿著的《物理世界的本质》等。这些自然科学书籍，有的是从当时的图书馆借来的，有的是从外地购买转带到延安的。书中的许多地方他还都作过圈点批注，其中有不少已经退还给图书馆了。这一时期，延安开办了第一个气象训练班，缺少业务教材，毛泽东非常关心和支持党培养自己的技术科学干部，把自己珍藏多年的一本《自然地理》送给了训练班，书上清晰地盖着"毛泽东藏书"的印章。我国人民的第一个气象台，就是在毛泽东和党中央的亲切关怀下诞生的。1940年2月5日，延安召开陕甘宁边区自然科学研究会成立大会，毛泽东作为发起人之一事前听取了会议筹备工作的汇报，开会时又亲自到会讲了话。毛泽东在讲话中说："自然科学是人们争取自由的一种武装。人们为着要在社会上得到自由，就要用社会科学来了解社会，改造社会，进行社会革命。人们为着要在自然界里得到自由，就要用自然科学来了解自然，克服自然和改造自然，从自然里得到自由。"① 在讲话中，毛泽东着重强调自然科学与社会制度的关系，深刻阐述了资本主义发展同自然科学发展相对立的矛盾，指明了在党的领导下，边区自然科学工作者的光明前途。在讲话最后，毛泽东号召广大共产党员和科技工作者："马克思主义包含有自然科学，大家要来研究自然科学，否则世界上就有许多不懂的东西，那就不算一个最好的革命者。"② 陕

---

① 《毛泽东文集》第二卷，人民出版社 1993 年版，第 269 页。
② 《毛泽东文集》第二卷，人民出版社 1993 年版，第 270 页。

甘宁边区自然科学研究会遵循毛泽东的指示，组织大家学习和研究恩格斯的《自然辩证法》，用马克思主义哲学指导科学研究工作，使自然科学紧密地为现实服务，推动了边区工农业的生产和建设。此后，延安又创建了自然科学院，晋西北地区也成立了自然科学研究会，实行科学种田的光华农场也开办起来了。当时在延安学科学、用科学渐成风气，边区工农业建设日益兴旺发达。

在延安时期，毛泽东不仅自己潜心学习自然科学著作。1941 年 1 月 31 日，他满怀深情地给在苏联上学的两个儿子岸英、岸青写信，他说："你们长进了，很欢喜的。……惟有一事向你们建议，趁着年纪尚轻，多向自然科学学习，少谈些政治。政治是要谈的，但目前以潜心多习自然科学为宜，社会科学辅之。将来可倒置过来，以社会科学为主，自然科学为辅。总之注意科学，只有科学是真学问，将来用处无穷。"① 毛泽东这一席话既是给儿女的建议，也是他一生读书实践的真知灼见，对广大青年学生成长、成才都有重要的指导意义。

自然科学知识浩如烟海，典籍繁多。作为一个立志改造世界、建设社会主义新中国的伟大领袖，毛泽东一生都在注意尽可能地挤出更多的时间阅读各种自然科学著作，或从各种书刊中了解一些世界自然科学的发展及其学术思想的变化。

第二，毛泽东学习自然科学、学习技术科学，是为了更好地领导、指导自然科学、技术科学工作，是为了让自然科学、技术科学更好地为祖国社会主义建设工作服务，为人民服务。

新中国成立后，随着我国社会主义建设事业的不断前进，我国社会对工农业生产、科学技术的发展等都提出了新的要求。20 世纪 50 年代和 60 年代期间，毛泽东亲自主持制定国民经济发展的五年计划、全国农业发展纲要、十二年科学发展规划等等国家长远规划。为了领导这些工作，毛泽东夜夜黄卷青灯，常常通宵达旦学习阅读农

---

① 《毛泽东文集》第二卷，人民出版社 1993 年版，第 327 页。

业、土壤、机械、物理、化学、水文、气象等自然科学方面的书籍。他不仅自己这样做，而且要求全党的同志也这样做。就读自然科学方面的书而言，毛泽东最喜欢的是生命科学、天文学、物理学、土壤学等。1951年4月中旬的一天，毛泽东邀请周世钊和蒋竹如到中南海作客，曾对他们说："我很想请两三年假学习自然科学，可惜，可能不容许我有这样长的假期。"①

1956年党中央专门召开知识分子问题会议，毛泽东到会讲话，号召全党努力学习科学知识，同党外知识分子团结一致，为迅速赶上世界科学先进水平而奋斗。②

在党的八大的第二次预备会议上，毛泽东进一步提出这样一个重要论点："中央委员会中应该有许多工程师，许多科学家。现在的中央委员会，我看还是一个政治中央委员会，还不是一个科学中央委员会。"③

1958年初，毛泽东要求把全党工作的重点转到技术革命和经济建设上来，他说："提出技术革命，就是要大家学技术，学科学。"他还说，"过去我们有本领，会打仗，会搞土改，现在仅仅有这些本领就不够了，要学新本领，要真正懂得业务，懂得科学和技术，不然就不可能领导好"。④ 他是这样要求全党同志的，实际上他也是这样做的。他见缝插针挤出时间认真阅读了许多关于农业、土壤、机械、物理、化学、水文、气象等自然科学方面的书籍。

1958年7月，毛泽东在中南海瀛台参观一机部的机床展览后，即要秘书给他寻找几本《无线电台是怎样工作的》、《1616型高速普通车床》等科技小册子。1958年9月，张治中陪同他一起外出视察

---

① 龚育之、逄先知、石仲泉：《毛泽东的读书生活》，生活·读书·新知三联书店1986年版，第4页。

② 参见《新华半月刊》1956年第4号。

③ 《毛泽东文集》第七卷，人民出版社1999年版，第102页。

④ 《毛泽东文集》第七卷，人民出版社1999年版，第350页。

工作。在行进的列车上，毛泽东正聚精会神地看一本冶金工业的书。张治中诧异地问道：你也要钻研科技的书？毛泽东说：是呀，人的知识面要宽些。从 9 月 10 日至 21 日，毛泽东同志视察长江流域的湖北、安徽、江苏、上海、浙江等省市，沿途参观工厂、矿山、学校、农村时，每天都要乘车六七个小时，途中十分辛苦，即使如此，他仍不知疲倦地学习多种农业、土壤、植物学的著作。1958 年 10 月 27 日，一个阳光灿烂的下午，毛泽东兴致勃勃地来到北京西郊的中关村，参观各个研究所的成果展览会，对每一件展品都看得很仔细，足足看了两个半小时。

在一个全身布满黑点的人体模型前，时任中国科学院副院长的张劲夫介绍说："这是针灸穴位和皮肤电位分布的比较。试验证明，祖国医学上的经络学说还是值得重视的。"毛泽东边听边看说明，就祖国医学的科学性问题对大家说："这就有了科学了，不能再说没有科学喽！"在技术科学展览馆，他看了展出的重量轻、强度高、经济实用、便于安装的建筑材料后，高兴地指出："如果全国都是这样，那就太好了。"

参观后，毛泽东会见了各学部和各研究所的负责人和科学家，勉励大家要敢于走前人没走过的道路，破除迷信，解放思想，努力赶超世界先进水平。

1959 年 1 月，苏联发射了"月球 1 号"星际探测器。第二天，毛泽东就向有关人员索要了若干本关于火箭、人造卫星和宇宙飞船的通俗著作。

1960 年 11 月，毛泽东看到《光明日报·哲学》专刊上一篇题为《从设计"积木式机床"试论机床内部矛盾运动的规律》的文章，这是一篇提交全国第一次自然辩证法座谈会的论文，是结合当时"蚂蚁啃骨头"（小机床加工大工件）、"积木式机床"等技术革新成果写成的。读后，毛泽东大为赞赏，他请《红旗》杂志加以转载，并代《红旗》杂志编辑部给论文的作者写了一封信：

中国哈尔滨工业大学机械系机床及自动化专业分总支委会同志们：

看了你们在 1960 年 11 月 25 日《光明日报》上发表的文章，非常高兴，我们已将此文在本杂志上转载。只恨文章太简略，对六条结论使人读后有几条还不甚明了。你们是否可以再写一篇较长的文章，例如一万五千字到两万字，详细地解释这六条结论呢？对于车、铣、磨、刨、钻各类机床的特点，也希望分别加以分析。我们很喜欢读你们的这类文章。你们对机械运动的矛盾的论述，引起了我们很大的兴趣，我们还想懂得多一些，如果你们能满足我们的（也是一般人的）要求，则不胜感谢之至。①

信末原署"毛泽东 1960 年 11 月 28 日"，后来改署为"《红旗》杂志编辑部 1960 年 12 月 6 日"。

作者们看到这封信受到很大的鼓励。他们原来的文章，转载在《红旗》杂志1960年第24期上。他们按照信的要求写出的第二篇《再论机床内部矛盾运动的规律和机床的"积木化"问题》，《红旗》杂志在 1961 年第 9、10 期上予以发表，还加了一个按语。按语说了前面那封信的要求，说了这篇文章的论点还可以讨论，还有不同意见，还需要经过实践的检验，并且表示希望："如果每一个专业，每一个科学研究机关，每一个生产单位，都能用从实际出发，具体地分析具体矛盾的方法，抓住他们自己业务中的一个特殊性的矛盾，用一定的时间（哈尔滨工业大学研究机床内部矛盾运动的同志，从 1958 年 10 月开始，到这篇文章的写成，共用了两三年的时间），进行深入的、系统的、全面的研究，那就可以预期，我们的科学研究工作将获得愈来愈多的成果，将出现更加繁荣的百家争鸣、百花齐放的景象。"

---

① 《建国以来毛泽东文稿》第九册，中央文献出版社 1996 年版，第 378 页。

半年以后，在《红旗》杂志 1961 年第 24 期上，发表了一篇关于机床内部矛盾的讨论综述，介绍了这个问题上的不同看法。

毛泽东在信中提到的"很喜欢读你们的这类文章"、"还想懂得多一些"，说明他对科学研究、技术研究的重视，也说明他对科学技术发展思路和战略探讨充满了兴趣并高度地关注。

1962 年，毛泽东在七千人大会上说过："拿我来说，经济建设工作中间的许多问题，还不懂得。工业、商业，我就不大懂。对于农业，我懂得一点。但是也只是比较地懂得，还是懂得不多。要较多地懂得农业，还要懂得土壤学、植物学、作物栽培学、农业化学、农业机械，等等；还要懂得农业内部的各个分业部门，例如粮、棉、油、麻、丝、茶、糖、菜、烟、果、药、杂等等；还有畜牧业，还有林业。我是相信苏联威廉斯土壤学的，在威廉斯的土壤学著作里，主张农、林、牧三结合。我认为必须要有这种三结合，否则对于农业不利。所有这些农业生产方面的问题，我劝同志们，在工作之暇，认真研究一下，我也还想研究一点。但是到现时止，在这些方面，我的知识很少。我注意得较多的是制度方面的问题，生产关系方面的问题。至于生产力方面，我的知识很少。"①

1963 年 12 月，聂荣臻等向毛泽东汇报新的十年科学技术规划的时候，毛泽东说了两段极重要的话："科学技术这一仗，一定要打，而且必须打好。过去我们打的是上层建筑的仗，是建立人民政权、人民军队。建立这些上层建筑干什么呢？就是要搞生产。搞上层建筑、搞生产关系的目的就是解放生产力。现在生产关系是改变了，就要提高生产力。不搞科学技术，生产力无法提高。""科学研究有实用的，还有理论的。要加强理论研究，要有专人搞，不搞理论是不行的。"②

新中国成立以后，毛泽东对自然科学的学习和研究是下了很多

---

① 《毛泽东文集》第八卷，人民出版社 1999 年版，第 302—303 页。

② 《毛泽东文集》第八卷，人民出版社 1999 年版，第 351 页。

功夫的。曾担任过国家主席、中央办公厅主任的杨尚昆回忆说：毛泽东提倡学习，不是说说而已，他买了许多书来读，还把中学物理、化学实验的仪器买来摆在寝室外面。他的求知欲是没有止境的。有一次他外出的时候，轻工业部部长李烛尘陪着他，他就跟李烛尘学化学，谈起硫酸是什么成分，他还能写出硫酸的分子式，当时我在旁边，看见毛主席记得很多的化学分子式。

毛泽东虽然不是一位专门从事自然科学、技术科学研究的专家，但他却是一位对自然科学研究、技术科学研究有着浓厚的兴趣，并予以高度重视的党和国家的最高领导人。他一生都在尽可能地从繁忙的工作中挤出时间来学习和了解自然科学、技术科学的发展情况。延安时期如此，进城以后也是如此，直到逝世前几年，视力很差了，全身患病，卧床不起，每天还非常用心地阅读一些印成大字的自然科学书刊，如达尔文的《物种起源》、杨振宁的《基本粒子发现简史》,《动物学》杂志、《化石》杂志、《自然辩证法》杂志、《科学大众》期刊等。直到 1976 年，在他生命垂危的最后岁月，他还在读英国人李约瑟著的多卷本《中国科学技术史》。实践证明，毛泽东对自然科学、技术科学的关注和重视有力地推动了我国科学技术事业的发展。这是毛泽东的愿望，也是毛泽东一贯的追求。

18 问

为什么耄耋之年还天天读
报章杂志？

　　每天读书看报是毛泽东一生的习惯，耄耋之年
也未曾改变。究其原因，笔者认为主要有如下几个
方面：

　　第一，这是毛泽东在几十年革命战争岁月中养成
的一种特殊的习惯。

　　在延安时，毛泽东就曾讲过，要是一天不看报
就是缺点，三天不看报就是错误了。1958 年 9 月 19
日，视察安徽芜湖时还说过："读书看报，每天都不
能少！"毛泽东是这样说的，他自己几十年也一直是
这样做的。天天都要读书看报，是毛泽东每天生活中
必不可少的内容。在图书服务工作中，笔者保存着这
样的记录：

1973 年 2 月 25 日，主席要看 1971 年 1 月 6 日、1971 年 3 月 16 日两天的《文汇报》，我们从主席书库找出后即送主席阅；

1974 年 3 月 12 日，主席要看《人民日报》国际部编辑的《苏联与东欧》第 1、2 期，因主席视力原因，我们即改印大字线装本送主席阅；

1974 年 9 月 6 日，主席要看新华社国际部编印的《国际动态清样》第 1—3 期，我们从主席书库找出即送主席阅；

1974 年 9 月 24 日，主席要看新出版的《化石》杂志，我们从主席书库找出即送主席阅；

1974 年 10 月 6 日，主席要看新出版的《动物学》杂志，我们从主席书库找出即送主席阅；

1975 年 12 月 19 日，主席要看《中华民国史资料丛稿·人物传记》第 1 辑，我们从中国书店购买一册即送主席阅；

1976 年初，主席还向我们要过《自然辩证法》杂志和《大众科学》等期刊。

我们知道，新出版的这些科普、大众刊物，毛泽东几乎期期翻看，他曾说过，《大众科学》里的知识可广了。他读过的《化石》、《动物学》、《自然辩证法》、《哲学研究》、《历史研究》、《文史哲》、《文物》、《诗刊》、《新建设》、《新观察》、《红旗》、《中国妇女》等许多杂志，这些都还存放在中南海毛泽东故居里。

毛泽东与书相伴，以书为友。他老人家辞世时身边的床上、书架上、床前的桌子上放有数千种图书报章，其中就有他爱看的、常看的《人民日报》、《红旗》杂志、《光明日报》、《文汇报》、《解放军报》、《工人日报》、《中国青年报》及《哲学研究》、《历史研究》和《参考资料》、《参考消息》等数百种报刊资料。如果说，毛泽东在书籍的海洋里生命不息、遨游不止的话，那么，阅读报章杂志就是在他遨游书海时每天用心采撷的果实。

无论行军、打仗走到哪里，对毛泽东来说，最迫切需要的就是报纸。战争岁月，毛泽东常说，情况从哪里来？除了靠打入敌人内部和深入实际调查之外，就是靠看报刊资料。通过读报纸、刊物了解国内大事，也可以了解一些国外大事，从中发现敌对势力之间的矛盾，了解敌对势力内部的情况，从而更好地分析、判断敌对势力的动向、意图及其将要采取的政策、行动。

在艰难的革命战争年代，特别是在建立井冈山革命根据地时期，因为敌人的严密封锁，得到书报资料很不容易。毛泽东迫切需要早日读到报纸资料。他认为，在战争中要打胜仗，就要知己知彼，而看报纸就是了解敌情的一个重要渠道。所以，在那时，为了多了解对手的信息，他总是想尽办法，去搞报纸资料。在当时红四军前委给中央的一个报告中毛泽东就指出："在湘赣边界时，因敌人的封锁，曾二三个月看不到报纸。去年九月以后可以到吉安、长沙买报了，然亦得到很难。到赣南闽西以来，邮路极便，天天可以看到南京、上海、福州、厦门、漳州、南昌、赣州的报纸，到瑞金且可看到何键的机关报长沙《民国日报》，真是拨云雾见青天，快乐真不可名状。"① 可见，报纸多了，信息多了，了解敌情的渠道来源也多了，战斗的形势也随之发生了改变。毛泽东不仅自己天天如饥似渴地阅读报纸，有时他还把读到的重要信息及时摘报中央。1932 年 4 月 20 日，毛泽东率红军占领了漳州，5 月 3 日即将 4 月 26 日以前上海、香港、汕头等地的报纸新闻，摘要电告苏区中央局、临时中央政府和中革军委。摘报的内容，从国际形势到国内形势，从中日战事到中苏关系，从国民党内部的分裂情况到国民党对付红军的军事策略，以及打下漳州以后，在国民党内部引起的惊慌和帝国主义蠢蠢欲动的消息，共十六条，写得提纲挈领、简明扼要。

毛泽东所以如此重视报纸、爱读报纸、关注报纸，就是"为着了解敌人的情况，须从敌人方面的政治、军事、财政和社会舆论等方

---

① 《毛泽东文集》第一卷，人民出版社 1993 年版，第 61—62 页。

面搜集材料"①，就是为"知己知彼，百战不殆"。对于这一点，曾跟随毛泽东工作过多年的曾志同志在回忆文章中是这样写的："毛主席特别重视报纸，看报非常仔细，连报纸中间的小广告和寻人启事都不放过。我们每到一个有邮政的镇子，第一大任务是去邮局找报纸杂志。为了找报纸，有一次派了两个连，打进一个城里去取报纸。通过报纸了解国内大事，也可以了解一些国外大事，从中发现军阀之间的矛盾，了解军阀混战的情形，分析敌军的行动方向等。毛主席常常把报纸看作军队行动的指南。"②

经过二万五千里长征大转移，毛泽东率领的红军部队来到了陕北延安。在延安的岁月里，由于所处的环境相对稳定，国民党统治区出版社的报纸刊物比较容易收集到，所以，这一时期为毛泽东购买、订阅的报刊就逐步地增多了。根据当时为毛泽东管理图书的史敬棠回忆，订阅的报纸有：《中央日报》、《扫荡报》、《大公报》、《益世报》、《新华日报》、《新蜀报》、《时事新报》、《商务日报》、《新民日报》、《秦风报》、《工商日报》、《西京日报》、《前线日报》、《新工商》、《大刚报》、《新中国日报》、《光华日报》、《国家社会报》等。刊物有：《世界知识》、《群众》、《经济建设季刊》、《人与地》、《中农月刊》、《财政评论》、《四川农情报告》、《农业推广通讯》、《中国农村》、《四川经济季刊》、《中国农民》、《新闻周报》、《文化杂志》、《经济论衡》、《西南实业通讯》、《国论》、《新经济》、《民主周刊》、《文萃》、《中苏文化月刊》、《国讯》等。1941年3月1日，毛泽东曾致电周恩来、董必武，请他们订阅一批报纸书刊，在上述目录中以外的，还有《四川经济参考资料》、《贵州经济》、《列强军事实力》、《中外经济年报》、《中外经济拔萃》。据当时的不完全统计，20世纪40年代初期，毛泽东订阅的报刊至少有三四十种。

---

① 《毛泽东选集》第一卷，人民出版社1991年版，第201页。

② 曾志：《谈谈我知道的毛主席》，载《缅怀毛泽东》（上），中央文献出版社1993年版，第404页。

对报刊上的一些重要文章，毛泽东不但自己看，而且还及时地批送给其他中央领导同志看。早在 1948 年，由复旦大学文摘社编辑出版的《文摘》(第三十卷第二期)刊登了《李普曼论"冷战"》(上)一文，毛泽东对这篇文章看得非常仔细，许多地方都用墨笔画了杠杠。他看后，又及时批送给朱德、周恩来、任弼时同志看。毛泽东看报也和看书一样，常常在报上圈圈、画画，一些他觉得重要的文章和内容，他都在上面画上杠杠，加上圈圈，有的还写上"此文很好，可看"等批注。有时为了探讨一个哲学、学术问题，还特地邀集有关的同志和作者座谈讨论。在延安的时候，常常为着弄清某个哲学问题，邀请艾思奇、何思敬等同志到他自己的住地座谈。在座谈讨论中，他一面阐明自己的看法，一面认真倾听别人的意见。同志们对毛泽东这种虚心好学、探求真理的精神是非常佩服的。

说到毛泽东在延安时期阅读报纸杂志的事，笔者在这里特向读者介绍一则毛泽东通过读报纸发现田家英这个人才的小故事。

1942 年 1 月 8 日，田家英在延安《解放日报》上发表了《从侯方域说起》一文。文章虽只有千余字，但可以看出作者是有一定文史功底的。毛泽东读后，颇为赞赏。

侯方域是明末的"四公子"之一，入清后参加河南乡试，中副榜，曾向清总督出谋献策。田家英对这个"生长在离乱年间的书生"作了犀利的解剖，他写道："两年前读过《侯方域文集》，留下的印象是：太悲凉了。至今未忘的句子'烟雨南陵独回首，愁绝烽火搔上毛'，清晰地刻画出书生遭变，恣睢辛苦，那种愤懑抑郁，对故国哀思的心情。""一个人，身经巨变，感慨自然会多的，不过也要这人还有血性、热情、不作'摇身一变'才行，不然，便会三翻四覆，前后矛盾。比如侯方域吧，'烟雨南陵独回首'，真有点'侧身回顾不忘故国者能有几人'的口气。然而曾几何时，这位复社台柱，前明公子，已经出来应大清的顺天乡试，投身新朝廷了。这里自然我们不能苛责他的，'普天之下'此时已是'莫非'大清的'王土'，这种人也就不

能指为汉奸。况且过去束奴的奴才已经成为奴隶，向上爬去原系此辈常性，也就不免会企望龙门一跳，跃为新主子的奴才。'后之观今，亦犹今之视昔。'近几年来我们不是看得很多：写过斗争，颂过光明，而现也正在领饷作事，倒置是非的作家们的嘴脸。……"

文笔如此深沉老辣，而作者当时只有20岁！当毛泽东听说作者田家英的大概情况后，特地约他到住地谈了一次话。鼓励他给"大后方"因看不见国家前途消极悲观、空虚颓废的人，抽一鞭子。毛泽东的话深深地印在田家英的记忆里。此后，毛泽东就一直注意这个"少壮派"。当毛岸英从苏联学习回到延安后，需要为他请一位老师时，毛泽东立刻想到了田家英。田家英精心辅导岸英，师生如同兄弟，两人几乎形影不离。

当时，正处于历史性胜利的前夜，毛泽东的工作非常忙，需要增加一位秘书。田家英接受毛泽东"面试"，当场为毛泽东草拟一份电文，结果获得毛泽东的首肯，于是调为秘书。担任秘书以后，田家英先后为毛泽东和米高扬会谈担任过记录。进城后，为毛泽东处理群众来信，建议各级领导机关应指定专人或成立专门机构认真处理人民来信来访，加强了党同人民群众的联系。最让毛泽东赞许的事是让田家英代他起草党的八大开幕词。时间不长，田家英就草拟出来了。"虚心使人进步，骄傲使人落后"这句名言，就出自田家英写的这篇开幕词。八大大会上，毛泽东致辞后来到休息室，当他听到许多人称赞开幕词写得好时，毛泽东十分高兴地对大家说："开幕词是谁写的？是个年轻的秀才写的，此人是田家英。"

田家英这位人才，就是毛泽东在延安注意浏览报纸，从报纸上发现的。

第二，及时了解、掌握全国各地宣传理论动态和学术讨论争鸣中的新观点、新情况的需要。

新中国成立之后，毛泽东阅读的报纸杂志数量更多了，范围更宽了，不仅有哲学，还有法学、文学，以及政治、经济、工业、农业、军事、艺术、文化、体育等社会科学领域的，也有多种自然科学领域的。上至天文，下至地理，就连讲琴棋书画之类的报刊文章，他也爱读。据当时为毛泽东管理图书报刊的逄先知同志回忆：为毛泽东每年订阅的报刊，包括出版社赠送的，有百种以上之多。在 1956 年之后，毛主席开始考虑适当摆脱一些政务，用更多的时间研究理论问题，特别是从 1958 年起，我们又给他增订了全国各主要高等院校出版的综合性的学报或社会科学方面的学报。

逄先知在回忆文章中写道：毛泽东阅读报刊也是有所侧重的。每天必读的报纸有：《光明日报》、《人民日报》、《文汇报》、《大公报》、《解放军报》、《工人日报》、《中国青年报》、上海《解放日报》、《天津日报》等。经常看的杂志主要有：《哲学研究》、《历史研究》、《新建设》、《文史哲》、《经济研究》、《红旗》、《学术月刊》、《文艺报》、《诗刊》、《文物》、《科学画报》、《大众科学》以及《自然辩证法研究通讯》、《现代佛学》等，有时还翻阅中国科学院出版的某些刊物。他最喜欢读的是有关哲学、历史、中国古典文学的文章，所以对《光明日报》的"文学遗产"、"哲学"、"史学"等专栏特别有兴趣；而对《人民日报》在一个时期比较缺少理论文章和学术文章提出过意见。1964年，他说过："《人民日报》要注意发表学术性文章，发表历史、哲学和其他的学术文章。"又说，"《人民日报》要搞理论工作，不能只搞政治。《人民日报》最近组织一些学术讨论，这样做好。"后来《人民日报》加强了理论方面的内容，得到毛泽东的称赞，他说："现在，《人民日报》有看头了，理论上加强了，也有一些有意思的东西。"①

毛泽东对报刊上有争论的问题尤为关注。有时为了研究一个问题，还召集有关专家和人员共聚一堂，进行自由的、无拘束的交谈和讨论。

从 1955 年起，我国学术界对形式逻辑与辩证法问题在报刊上展

---

① 上述内容均引自《毛泽东新闻工作文选》，新华出版社 1983 年版，第 217—218 页。

开了讨论，1956 年达到高潮，这个讨论引起毛泽东的浓厚兴趣。有关这方面的情况，前面的文章已有叙述，这里不再多说。

从 1958 年以来，我国哲学界在报刊上开展了关于矛盾的同一性与斗争性、思维与存在有没有同一性等问题的讨论（应当指出，思维与存在有没有同一性的讨论，后来无限放大到政治立场问题上，这是错误的）。凡属这方面的重要文章，毛泽东几乎都要看的。1958 年 6月 24 日他曾邀集一些同志谈论发表在 1956 年第 2 期《哲学研究》的《对"矛盾的同一性"的一点意见》一文，该文对苏联《简明哲学辞典》关于同一性的解释提出不同意见。①1960 年 11 月 12 日，毛泽东看到当天《人民日报》登载的一篇关于矛盾的同一性和斗争性的讨论的综合介绍，当即要我们把文中提到的分别刊登在《新建设》、《光明日报》、《学术月刊》、《文汇报》上的几篇不同观点的文章全部找给他。

对苏联哲学界讨论社会主义社会的矛盾问题的文章，毛泽东也很注意。1958 年 2 月 1 日，他要看这方面的文章，我们收集了一批送给他。当时苏联有一位哲学家写信给毛泽东，并寄来他的一篇关于社会主义社会矛盾的文章，毛泽东对这篇文章很重视。②

五六十年代是毛泽东读报纸杂志兴趣很浓的年代。他读报纸杂志，与读书一样，兴趣很广泛。政治、理论、经济、历史、哲学（包括佛学）等类文章他都爱读，就是关于文艺批评方面的文章，他也爱看。1957 年 3 月 8 日，在中国共产党全国宣传工作会议期间，毛泽东同文艺界代表的谈话时说：

> 我看到文艺批评方面围剿王蒙（作家），所以我要开这个宣传工作会议。从批评王蒙这件事情看来，写文章的人也不去调

---

① 苏联《简明哲学辞典》说，不能把"像战争与和平、资产阶级和无产阶级、生和死等等现象"认为是同一的。

② 参见龚育之、逄先知、石仲泉：《毛泽东的读书生活》，生活·读书·新知三联书店 1986 年版，第 256—258 页。

查研究王蒙这个人有多高多大，他就住在北京，要写批评文章，也不跟他商量一下，你批评他，还是为着帮助他嘛！要批评一个人的文章，最好跟被批评人谈一谈，把文章给他看一看，批评的目的，是要帮助被批评的人。可以提倡这种风气。

《新观察》上有一篇《在惠泉吃茶记》的文章，你们看过没有？就在一月份第二期上，可以看看，作者叫姚雪垠。我对他描写喝茶的人有些兴趣，他的文章说在那里喝茶的群众不会喝茶，可是他们还喝得很有一股劲。他还批评这个茶馆合作社经营得不好，有缺点，这个批评是对的，有很多这样的事情，经过公私合营与合作化以后，把原来的许多优点都丢掉了，这以后应当整顿。但是他轻视那些喝茶的群众是不对的，这就是"君子"、"小人"的观点。"君子"在那里喝茶，"小人"也来了，文章就显得这个作家在群众中落落寡合的样子。驳他的文章，我也看了一些，有个姚文元，写得还是比较有说服力的，我还看得下去。还是要帮助姚雪垠。无论资产阶级思想也好，小资产阶级思想也好，在知识分子中还是占大多数的，他们还没有跟群众打成一片。我看还是跟工农兵打成一片才有出路，不能打成一片，你写什么呢？光写那五百万知识分子，还有身边琐事？不能永远只写这些人，这些人也会要变的。文艺作品，总是要写点这一部分人跟那一部分人的关系。①

《在惠泉吃茶记》是作家姚雪垠写的一篇很普通的文章，就是这样的文章，毛泽东都仔细阅看，批评这篇文章的文章，他也读，并明确地表明他的观点和看法。毛泽东的这次讲话，对引导当时正确开展文艺批评起了很好的作用。

据当年有关的记载，《自然辩证法研究通讯》，也是毛泽东每期必

---

① 《毛泽东文集》第七卷，人民出版社 1999 年版，第 255 页。

读的。该杂志（季刊）1956 年创刊，1960 年中停刊，1963 年秋天复刊。中央文献研究室原副主任龚育之回忆说：

> 这个杂志发行量不大，开头不过二千份，后来也不过一万份。读者圈大致限于自然辩证法工作者和一些对自然辩证法有兴趣的教师和学生。哲学界多数人都不大注意。然而毛泽东注意到了。这一情况，我们最先是 1963 年底知道的。
>
> 1963 年 12 月 16 日，中央科学小组的聂荣臻、张劲夫、韩光、于光远、范长江等同志到颐年堂向毛泽东汇报新的科学技术十年规划。谈话中，毛泽东问起这个杂志，说：有一本杂志《自然辩证法研究通讯》，中间停了很久，现在复刊了，复刊了就好。现在第二期已经出了。这个刊物哪里出的？
>
> ……
>
> 1964 年 8 月 18 日，在北戴河，我参加了毛泽东同几位哲学工作者的谈话。这次毛泽东又讲到这个杂志，特别讲到杂志上刊登的坂田昌一的文章，赞赏坂田关于"基本"粒子并不是最后的不可分的粒子的观点。根据我当时整理的谈话记录，毛泽东是这样说的："列宁讲过，凡事都可分。举原子为例，不但原子可分，电子也可分。可是从前认为原子不可分。原子核分裂，这门科学还很年轻。近几十年来，科学家把原子核分解了。有质子、反质子，中子、反中子，介子、反介子，这是重的，还有轻的。至于电子同原子核可以分开，那早就发现了。电线传电，就利用了铜、铝的外层电子的分离。电离层，在地球上空几百公里，那里电子同原子核也分离了。电子本身到现在还没有分裂，总有一天能分裂的。'一尺之棰，日取其半，万世不竭'。这是个真理。不信，就试试看。如果有竭，就没有科学了。世界是无限的。时间、空间，是无限的。空间方面，宏观、微观，是无限的。物质是无限可分的。所以科学家有工作可做，

一百万年以后也有工作可做。听了些说法，看了些文章，很欣赏《自然辩证法研究通讯》上坂田昌一的文章。以前没有看过这样的文章。他是辩证唯物主义者，引了列宁的话。"①

毛泽东在坂田昌一《基本粒子的新概念》上的批画

我们从毛泽东生前读批过的书刊中看到，在《自然辩证法研究通讯》1963 年复刊第 1 期的刊物上，毛泽东在坂田《基本粒子的新概念》这篇文章的题目前面，用铅笔画了三个大圈。在作者的名字下，画了一道。全文在杂志上占八面，几乎每面都画满了横道，夹有一些波纹线或双线。文末的译者名字下面，也画了一道。

这一期刊物，毛泽东还读了两篇文章。一篇是何祚庥对坂田文

---

① 龚育之、逄先知、石仲泉：《毛泽东的读书生活》，生活·读书·新知三联书店 1986 年版，第 101—103 页。

章的简短评注，占一面，大部分文字下面画了横线或波纹线。另一篇是郁里《评 M. 玻恩的〈物理学中的实在概念〉一文》，在文章的第一部分画了横线或波纹线。

1964 年第 1 期的目录上，毛泽东在《我所辑的〈马克思主义者关于科学实验的论述〉》这个题目前面画了一个大圈。在正文中，在这个题目前面也画了一个大圈。这篇材料的第二部分，集纳了马克思、恩格斯、列宁的有关论述，毛泽东在这一部分的导语下面画了横线。

1964 年第 2 期上，毛泽东在席泽宗的《宇宙论的现状》一文的最后两段，画了横线或波纹线。

我们还知道，毛泽东对报纸杂志上刊载的关于宗教研究的文章也是很为关注、很有兴趣的。1963 年 12 月 15 日，中共中央外事小组、中央宣传部关于加强研究外国工作给中央写了一个报告，1963 年 12 月 30 日，中共中央为转发这个报告写了指示稿，毛泽东在这个指示稿上写了一段批语：

> 这个文件很好。但未提及宗教研究。对世界三大宗教（耶稣教、回教、佛教），至今影响着广大人口，我们却没有知识，国内没有一个由马克思主义者领导的研究机构，没有一本可看的这方面的刊物。《现代佛学》不是由马克思主义者领导的，文章的水平也很低。其他刊物上，用历史唯物主义的观点写的文章也很少，例如任继愈发表的几篇谈佛学的文章，已如凤毛麟角，谈耶稣教、回教的没有见过。不批判神学就不能写好哲学史，也不能写好文学史或世界史。这点请宣传部同志们考虑一下。①

---

① 《毛泽东文集》第八卷，人民出版社 1999 年版，第 353 页。

第三，为了休息和调节大脑，转移心中悲凉、忧愁、痛楚、不安的心情。

说到毛泽东读报纸杂志意在休息和调节的情况，中共中央组织部原副部长曾志的回忆文章是这样说的："五十年代到六十年代初毛主席经常来广州，随身带的除了一个十多斤重的荞麦大枕头，就是一大堆书报。一天，我问毛主席：'您到哪里都带许多书报，一天究竟看多少书报，看得过来吗？成天在看，不觉得疲劳吗？'主席说：'我一天收到的报刊、杂志、参考资料等不下二百份，每天都有几十万字，仔细看是看不完的。我请了几位秘书，有专门读书的，有专门看报纸杂志、参考资料的，他们先看一遍，值得我看的，用红笔划出来，我就挑着看。一样东西看读多了，也实在累，我的休息方法，就是一样东西看久了，觉得疲倦了，就放下来，换上另一本再看，兴趣一来，疲倦就打消了。换着看书，就等于休息。'我看毛主席除了开会、处理文电、游泳、写字、吃饭、睡觉以外，都在看书读报，他睡眠基本上是倒着的，白天睡觉，晚上看书报，写作。"①

1966 年初，"文化大革命"开展起来之后，全国各地的红卫兵组织陆续建立起来。随着种种红卫兵群众组织的相继成立，由他们创办的种种报刊也纷纷出刊送到中南海毛泽东身边。对红卫兵群众组织创办的种种报纸，毛泽东也常常翻看，有的边看还边用红铅笔圈画。那时候，我们每天都要收到很多全国各地的红卫兵组织赠送给毛泽东的报纸和刊物。有的毛泽东翻看一下，有的根本就没拆封，连同看过的报刊一起退给我们保管。我们估算了一下，60 年代中期到 70 年代的时候，毛泽东身边的各种报刊，除了我们根据毛泽东的需要订阅的百种以上之外，加上各地出版部门、红卫兵群众组织赠送的，一共要有近三百种之多。除了上文逄先知说到的每天必读的报刊之外，还有

---

① 曾志：《谈谈我知道的毛主席》，载《缅怀毛泽东》（上），中央文献出版社 1993 年版，第 402 页。

《人民画报》、《中国画报》、《解放军画报》、《民族画报》、《湖南画报》、《苏联画报》、《罗马尼亚画报》、《朝鲜画报》、《越南画报》、《新朝鲜》、《新阿尔巴尼亚画报》，等等，毛泽东翻看这些报刊，我们知道，大部分都是在工作之余，看正书时间很长、感到累的时候，随手翻看的。其本意是在于休息、在于调节。

从60年代中期以后，他老人家看后的报刊和他不看的报刊，都及时退给我们保管存放。这里我特别说一下，"文化大革命"中全国各地红卫兵组织送给毛泽东的报刊，大报、小报，大刊、小刊，专刊、号外，等等，至少也有百种以上。这些报刊，毛泽东看过的是少数，大多数是没有拆封过。从1973年到1975年，我们曾对这部分报刊进行过整理，凡是毛泽东阅画过的报刊，我们逐一登记，妥加保管。其余的按六个大行政区，分省、市，按地区进行分类、整理。因为数量比较多，还有其他重要的日常工作，所以，整理工作进展很慢。当时，我们是这样想的："文化大革命"以来，红卫兵群众组织编辑、出版的报刊，毛泽东处应当是最齐全的。这是研究"文化大革命"最珍贵的资料。我们一定要把它好好整理、好好保管好。因此，我们决定下工夫进行整理、装订。事情不是想象的这样简单。毛泽东主席逝世后，中南海毛泽东书库（增福堂、永福堂、来福堂）三个大院的存书要全部搬动，毛泽东的图书要全部搬放到中南海丰泽园故居。红卫兵组织编辑、出版的报刊也随之一起搬放到丰泽园松寿斋小院南厢房最西头的卫生间里，大大小小一共有一百多捆。从此我们对这部分报刊的整理工作就停止了。不久，因工作需要，这部分报刊占用的房子要全部腾空，当然这部分报刊就要另择地方了。报经当时中央、中办有关领导同志同意，这部分报刊就交给当时的中央书记处研究室图书馆（在沙滩北街2号）了。后来，这部分报刊的存放、处理情况，我就不清楚了。

19 问

为什么晚年每天必读《参考消息》
和《参考资料》？

　　我们知道，对于报纸杂志，毛泽东在晚年的岁月，读得最多的是新华社有关部门编辑、出版的《参考消息》和《参考资料》。这一报一刊，是他老人家每天必读的。

　　关于晚年重病在身他老人家每天还爱读新华社编印的《参考消息》的原因，笔者认为，主要有以下几个方面：

　　第一，这是毛泽东在几十年革命战争岁月养成的一种特殊的习惯。在革命战争年代里，行军、打仗走到哪里，对毛泽东来说，最迫切需要的就是《参考消息》等报纸。

　　据有关史料记载，中国工农红军第一方面军在第一次反"围剿"期间，于 1930 年 12 月 30 日和 1931 年 1 月 1 日的两次战斗中，从敌人手中缴获了可装一部半电台的器材，抓获了 6 名电务人员。当时任红一方面军总政委的毛泽东和朱德总司令等，于 1 月 3 日下午抽出时间接见了这几位电务人员，对他们表示热烈欢迎，希望他们"好好地为红军建立无线电通信努力工作"。很快，红军的第一部电台就于 1931 年 1 月 6 日开始工作，抄收国民党"中央社"电讯和截抄敌军电台之间的联络通报。电台抄收到的这些外界信息和敌情，就是毛泽东和朱德总司令最早看到的"参考消息"。

1931 年 11 月 7 日，中华苏维埃第一次全国代表大会在瑞金召开，红中社编辑创办的《参考消息》正式油印创刊，当天即送给与会代表参阅。创刊号的主要内容是军委电台抄收的国民党"中央社"电讯。从这时起，直到 1934 年 10 月长征开始的 3 年时间里，红中社每天把油印的《参考消息》送给毛泽东等中央领导阅读，毛泽东也从中了解到敌情和敌人的种种动向，这对毛泽东正确判断形势和制定政策等发挥了很好的作用。

1933 年 5 月，党中央根据工作的需要从军委抽出一部电台，专门抄收国民党"中央社"的电讯，供编《参考消息》。长征开始后，油印的《参考消息》停刊。"新闻电台"随军长征，坚持抄收国民党"中央社"电讯。在党中央同外界几乎完全处于隔绝的状态下，这些电讯成为毛泽东等中央领导观察形势、指挥战斗的重要情报信息来源。中央红军长征胜利到达陕北后，于 1935 年 11 月 25 日，红中社恢复工作，《参考消息》同时复刊。

在陕北期间，从事参考报道的翻译、译电、编辑和电务人员，占了新华社工作人员的大多数。毛泽东多次指示新华社要重点搜集国内外的情况，尽可能多地抄收外电。《参考消息》成为毛泽东和党中央重要的情报来源和决策依据。毛泽东在 1944 年 10 月 4 日看望解放日报社和新华社人员时说："中央了解国内外情况有许多来源，但是主要靠你们。别的方面来的东西也有一些，但是不多，主要还是靠你们。你们的工作很重要。"① 抗战期间，毛泽东天天看各国通讯社电讯，研究分析世界反法西斯战争的军事形势和复杂的外交斗争、中国沦陷区的形势，特别是国民党的动向，等等，那时，毛泽东根据收到的情报、信息等亲手撰写了许多在国内外产生了重要影响的文件、文电、文章、谈话、评论和报道，在促成国内抗日统一战线的胜利、声援世界反法西斯斗争方面，都起了重大作用。

抗日战争胜利后，在与国民党反动派的复杂斗争中，毛泽东等领导同志更加迫切需要了解、把握敌人方面的情况、动向等重要信息、情报。为了适应这场决定中国命运的斗争的需要，1946年春，毛泽东发出"全党办通讯社"的号召，党中央采取措施加强和扩大新华社的"耳目、喉舌"作用，对解放日报社和新华社进行了重大改组。中央决定由范长江带领一个新华社小分队，跟随毛泽东转战陕北。这个"小新华社"的第一条任务，就是"抄译国民党'中央社'电讯和路透、美联、合众等通讯社的部分英文电讯，供中央领导同志及时了解国内外情况"。② 在转战陕北13个月期间，这个"小新华社"克服重重困难，编辑出版《参考消息》供党中央和有关的领导同志阅读。每天还送给毛泽东一大沓手写的电讯译稿，遇到大事和紧急消息则立即汇报。

毛泽东、周恩来、任弼时等中央领导同志，对这些参考报道看得非常仔细，他们根据参考报道提供的情报信息，及时分析时局发展动向，并撰写新华社社论、评论70多篇。如《蒋介石政府已处在全民的包围中》、《努力奋斗，迎接胜利》和《人民解放军大举反攻》等等。其中，毛泽东写的为数不少，其他同志写的，也大都经毛泽东修改定稿。

---

① 《毛泽东百周年纪念——全国毛泽东生平和思想研讨会论文集》(中)，中央文献出版社1994年版，第326页。

② 《毛泽东百周年纪念——全国毛泽东生平和思想研讨会论文集》(中)，中央文献出版社1994年版，第328—329页。

　　1948 年春，解放战争胜利在望，中国共产党在政治上同国民党的斗争也更加激烈。在党中央转移到西柏坡后，毛泽东为新华社撰写的新闻、述评和评论等越来越多。在这些被誉为"射向国民党的重发炮弹"的评论文章中，毛泽东援引了大量的参考报道材料。如《将革命进行到底》一文中驳斥孙科当"行政院长"后大谈"光荣的和平"的声明，及合众社对该声明的鼓噪；《评战犯求和》批驳的蒋介石元旦致辞和外电关于上海对蒋致辞反应冷淡的报道；《中共发言人评南京行政院的决议》中引用的该决议内容；《四分五裂的反动派为什么还要空喊"全面和平"?》中引用的美国大使司徒雷登的谈话；等等，都来自参考报道提供的"中央社"和外电报道。

　　为满足毛泽东、党中央日益增多的对外部情报信息的需要，这期间，新华社抄收的各国通讯社电讯不断增多，共计抄收 30 家的新闻广播。收集的信息内容范围也越来越广，更加注意配合当时斗争的需要。比如，"三大战役"时，有不少外国记者在北平、天津和南京等城市甚至前线采访，发出不少反映当地情况的现场报道。新华社电台想方设法抄收这些报道，及时提供给毛泽东和党中央阅看。这些来自敌占区的报道，为毛泽东等中央领导同志正确指导解放战争的胜利起到了很好的作用。

　　党的七届二中全会后，1949 年 3 月，毛泽东、党中央即北上北平，新华总社也随之进驻香山。

　　从进北平到中华人民共和国成立半年时间内，毛泽东及时而充分地使用参考材料，撰写评论，与国民党反动派和以美国政府为首的国际反动派进行政治、外交上的斗争。比如，在我军渡江前夕，同国民党进行的关于《国内和平协定》的谈判，关系重大，中外关注。毛泽东通过参考报道，及时了解国民党内及国民党统治区各方的态度及反应，以及国际上特别是美国的动向和反应，撰写了评论《南京政府向何处去?》。4 月下旬，他起草的《中国人民解放军总部发言人为英国军舰暴行发表的声明》中，丘吉尔叫嚷要对中国"实行武力的报复"、艾德礼的撒谎造谣及其声言"英国有权开动军舰进入中国的长江"的谈话，都是由参考报道提供的。新中国成立前夕，对美国关于中美关系白皮书的批判，有着重大的政治意义和深远的影响。毛泽东从 8 月 14 日起接连发表了《丢掉幻想，准备斗争》、《为什么要讨论白皮书?》和《"友谊"，还是侵略?》等 5 篇评论，深刻地揭露了美国对华政策的本质，指出国内知识分子阶层中一些人对美国存在不切实际的幻想，并从理论上论述了中国革命的发生和取得胜利的原因。这场批判的靶子——美国国务院 1949 年 8 月 5 日发表的关于中美关系的白皮书及艾奇逊国务卿 7 月 30 日给美国总统杜鲁门的信，都是根据外电报道及时译编提供的。

第二，毛泽东认为：《参考消息》是"天下独一无二的报纸"，它能"使我们的干部接触细菌，增强免疫力"。

新中国成立之后，毛泽东的工作更加繁忙，但他仍然坚持每天

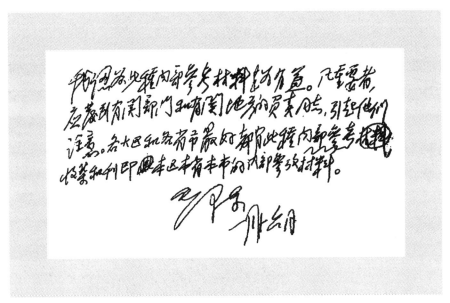

毛泽东 1953 年 1 月 16 日对新华社《内部参考》的意见："我认为此种内部参考材料甚为有益。凡重要者，应发到有关部门和有关地方的负责同志，引起他们注意。各大区和各省市最好都有此种《内部参考》，收集和刊印本区本省本市的内部参考材料。"

读《参考消息》。不仅自己天天读《参考消息》，而且还主张扩大发行。1956 年，他曾提出把只限党内高级干部看的《参考消息》扩大发行到县委以上干部。1957 年 1 月 27 日，在省市自治区党委书记会议上的讲话中，毛泽东还谈到扩大《参考消息》的发行范围。他说："现在，我们决定扩大发行《参考消息》，从两千份扩大到四十万份，使党内党外都能看到。"①

1957 年 3 月 17 日，毛泽东在天津党员干部会议上的讲话中，又从扩大《参考消息》发行范围问题，讲到了党内党外都应该受锻炼、见世面，同那些反马列主义的东西见面，以便同它作斗争，使自己发展起来。他说："不要把自己关在房子里，把眼睛封起来，把耳朵封起来，那很危险。马克思主义是同它的敌对力量作斗争中创造出来的，发展起来的，现在还要发展。比如我们中国办事情，如果我们不发展马克思主义，那末事情就办不好。马克思主义的原理原则到中国来实行的时候，就要带有中国的色彩，就要按照具体情况解决问题。如采取压服的方法，不让百花齐放、百家争鸣，那就会使我们的民族不活泼，简单化，不讲道理，使我们的党不去研究说理，不去学会说理。马克思主义要跟非马克思主义作斗争才能发展起来，百花齐放、百家争鸣之所以需要，就是这个道理。"②

1957 年 5 月 18 日晚上，在中南海丰泽园菊香书屋召开的中央政治局常委会议上，在谈到新闻的阶级性问题时，毛泽东又一次谈到了《参考消息》扩大发行的问题。他说："无产阶级的新闻政策和资产阶级的新闻政策，有一个共同点，这就是新闻有阶级性、党派性。资产阶级报纸只登对他们有利的东西，不登对他们不利的东西。无产阶级和人民大众的报纸也不登对我们有害的东西。这都是阶级利害关系，是普遍规律。赫鲁晓夫的反斯大林秘密报告，资产阶级报纸大登特

① 《毛泽东文集》第七卷，人民出版社 1999 年版，第 196 页。

② 逄先知、金冲及主编：《毛泽东传（1949—1976）》（上），中央文献出版社 2003 年版，第 643—644 页。

登，我们的报纸就一字不登。西方通讯社有些消息，我们就不采用。它们也不采用我们的东西。倒是我们办了一个《参考消息》，登了许多西方官方和报刊骂我们的东西，可以说天天替帝国主义作义务宣传，目的是使我们的干部接触细菌，增强免疫力。中央决定《参考消息》扩大发行40万份，过一段时间，总结一下经验，加以改进，进一步扩大发行。"

这时大家议论纷纷，对西方报纸封锁我们的消息举了许多实例，也谈到了西方许多对我们有害的东西我们也不刊登。大家还很关心《参考消息》扩大发行的情况。当时被通知参会的吴冷西作了扼要的汇报。还谈到苏联及东欧社会主义国家，也有类似《参考消息》的内部刊物，不过发行范围很小，一般干部和大学生看不到。①

毛泽东在《参考消息》扩大发行后不久，就提出要把它办成"天下独一无二的报纸"。《参考消息》的"独一无二"首先是它刊登的内容不同于一般报纸，在1956年12月18日《中共中央关于扩大〈参考消息〉订阅范围的通知》中指出："它选载当天收到的各外国通讯社、台湾国民党通讯社所播发的消息，和各外国报刊、台湾香港报刊所发表的有参考价值的材料。……这些材料是从资产阶级的立场出发的（其中很大部分是敌视我们的，是颠倒是非和歪曲事实的……）"② 既然如此，为什么要这样做呢？毛泽东说："目的就是把毒草，把非马克思主义和反马克思主义的东西，摆在我们同志面前，摆在人民群众和民主人士面前，让他们受到锻炼。不要封锁起来，封锁起来反而危险。这一条我们跟苏联的做法不同。为什么要种牛痘？就是人为地把一种病毒放到人体里面去，实行'细菌战'，跟你作斗争，使你的身体里头产生一种免疫力。发行《参考消息》以及出版其他反

---

① 转引自吴冷西：《新闻的阶级性及其他——毛主席几次谈话的回忆》，载《缅怀毛泽东》（上），中央文献出版社1993年版，第200页。
② 《中共中央文件选集（一九四九年十月——一九六六年五月）》第24册，人民出版社2013年版，第437页。

面教材，就是'种牛痘'，增强干部和群众在政治上的免疫力。"①

第三，《参考消息》刊登的稿件，没有多少倾向性，有利于培养读者分析问题的能力。

毛泽东很关注《参考消息》刊登的稿件。他在一些批示中指出，稿件登不登《参考消息》，主要看其登出后是否既有助于读者正确认识形势与问题，又不会产生不利的社会效果，不会诱发社会动荡、思想混乱，至于说得好听与不好听，不是登不登的标准。

毛泽东一再指示《参考消息》报道不要倾向性太大，让读者自己判断，以培养他们分析问题的能力。针对"有的同志希望每一条国际消息都加按语"的意见，他说："那样就麻烦了。同志！都不加按语。我们就是叫人们自己去思考……"1972年10月7日，周恩来指示："《参考消息》从今天起一概不要有倾向性，完全客观，毛主席已说过多次。"

在毛泽东的重视、主张和提倡之下，《参考消息》阅读、发行范围不断扩大。1958年毛泽东又指示："要把《参考消息》的阅读范围扩大到全国的高等院校学生"。这样，不仅领导干部可以看，共产党员可以看，广大干部、群众也可以看，学生们也可以看。很快其发行量就居全国报刊之首。三年困难期间，由于纸张严重不足，《参考消息》不得不大大压缩订数。当经济形势一出现好转，他便提出增加《参考消息》的发行份数。1964年6月，他在同外宾谈话中说：《参考消息》的订阅范围，"以后要逐步扩大，今后可以增加到50万份，80万份。只要纸张问题能够解决，做到每个公社、每个工厂都有一份，还可以发给个人。"一个月后，他又提出，《参考消息》发行量今后增加到100万份。

"文化大革命"开始后，《参考消息》扩大发行受到影响。1970年夏，毛泽东指示，《参考消息》扩大发行到基层党支部。1971年6

---

① 《毛泽东文集》第七卷，人民出版社1999年版，第196页。

月，毛泽东批准《参考消息》刊登斯诺采访毛泽东、周恩来的一组报道后，订数猛增，当年底达到 604 万余份。①

进入 70 年代，毛泽东的身体越来越差，在身患多种老年性疾病的情况下，还天天坚持读《参考消息》。我们记得，在他老人家眼病厉害的时候，只有一只眼睛能看书看报。后来，随着病情加重，小号字看不清了。根据毛泽东读书读报的需要，1974 年、1975 年，有一段时间，曾组织中办秘书局的同志、毛主席身边的工作人员，一起用近似毛笔的碳素笔将毛主席要看的《参考消息》上刊载的有关文章、报道等抄写成大字（近似 36 磅黑体字大小）送主席看，有的文章、报道文字较长，又要让主席及时阅读，我们工作人员加班加点，常常抄写到深夜两三点钟，睡几个小时觉，第二天上午继续抄写。我们记得，1975 年 8 月白内障摘除手术之前，他老人家两只眼睛都不能看东西了，每天仍要工作人员给他读书读报，包括读《参考消息》。

随着《参考消息》订阅范围不断扩大，订阅数量不断增多，新华社从 1955 年 3 月 1 日起，在继续编辑出版《参考消息》的同时，创办了《参考资料》这个内部刊物（该刊创刊后，曾每天出上午版、中午版和下午版，60 年代改为上午版、下午版两册，80 年代改为每天一册）。《参考资料》一出刊，就受到毛泽东的青睐。这份每天 15 万—20 余万字的刊物，无论当天的工作多忙，毛泽东都要坚持阅看。1953 年 3 月，毛泽东曾说过："现在的报纸我只看一些新闻和文章，但是《参考资料》、《内部参考》每天必看。"②

毛泽东每天读《参考资料》的习惯一直保持到生命的最后时刻。我们知道，最后两年多时间里，毛泽东的健康状况越来越差，步履蹒跚，行动艰难，他两腿和双脚浮肿得像发面馒头，没有人搀扶已经走不了路了，两眼看不清楚，文字写得歪歪斜斜，有些字还重叠在

---

①　以上内容参见卫广益：《毛泽东与大小"参考"》，《党的文献》1994 年第 2 期。

②　卫广益：《毛泽东与大小"参考"》，《党的文献》1994 年第 2 期。

一起，使人难以辨认。就是在这种状况下，他每天还坚持读书，坚持读《参考资料》。据笔者的记录，1974年9月7日下午，主席要看从8月起的《国际动态》清样第1—4期，上面载有日本《产经新闻》的文章——《蒋介石秘录》。我们从主席存书中找出即送主席阅看。1974年12月27日，在与周恩来、王洪文的谈话中，当王洪文提到江青的任职问题时，毛泽东冷淡地回答："她的工作是研究国际，读《参考》（指新华社编印的《参考资料》——笔者注），两本。我也是啊。"①"两本。我也是啊。"这短短几个字，说明直到1974年底，毛泽东每天还在坚持读《参考资料》（上午一本，下午一本——笔者注）。1975年2月8日，毛泽东从江西南昌来到他的第二故乡杭州，在杭州汪庄住了两个多月。这段时间，毛泽东的身体状况很不好，除了双目白内障、说话含混不清外，两腿还时常疼痛，脚也肿得很厉害，行动更加不便。医生建议他每天尽可能少看书、少看报、少看资料。他老人家的身边放着各种图书，伸手就可以翻看，谁能阻止他看呢！各种文件（包括《参考资料》等资料），中央办公厅机要交通每天有专机送到杭州毛主席的住地。毛主席每天看过的、不用的或者要办理的文件材料等，交中办机要交通带回北京。毛主席这次在杭州住了两个多月。1975年4月14日，毛主席回到北京。毛泽东的健康状况在回北京后越来越坏，吃药也没有多少效果。1975年下半年以后，在床上躺着的时间多，不愿意起来。1975年7月23日，毛泽东同意对拖延已久的白内障眼病施行手术治疗。当天下午，眼科专家唐由之大夫为他的左眼做了针拨手术。第二天毛泽东的左眼能看见东西了。视力稍有好转，毛泽东又和往常一样看书、看文件、看资料了。1976年9月7日到8日下午，已在垂危之际的毛泽东仍坚持要看文件、看书报、看资料，直到生命的最后时刻，他老人家还要看当时的日本首相三木武夫的材料。

---

① 逄先知、金冲及主编：《毛泽东传》第六册，中央文献出版社2011年版，第2680页。

关于毛泽东晚年重病在身每天还读新华社编印的《参考资料》的原因，笔者认为，主要有以下几个方面：

第一，毛泽东把读《参考资料》作为了解国际情况和国际动态、学习国际知识的主要来源。

毛泽东看《参考资料》，除了看重要新闻，对刊登的西方资产阶级政治活动家的回忆录，也饶有兴味。他说，这些回忆录里写了许多过去我们不知道的帝国主义国家内部的矛盾和斗争的情况，很值得看看。毛泽东从《参考资料》上得到的国外的情况，学习掌握的国际知识，常常使得一些著名的外国记者为之惊讶。1960年斯特朗在回忆她1946年同毛泽东谈话时说，他首先问我美国的情况。美国发生的事有许多他知道得比我还详细。这使我惊讶……他像安排打仗的战略那样仔细地安排知识的占有。……主席对世界大事的知识是十分完备的。

毛泽东虽然出国不多，也没有去过美国、英国、法国等国家，但是，他对于纷纭复杂的国际形势发展趋势的判断，对国际关系的分析和把握都是很准确的。这同他经年累月、一天也不间断地阅读和研究大量国际问题的资料和新闻是分不开的。对于这一点，澳大利亚前总理高夫·惠特拉姆也谈过他与毛泽东一次近一个小时的会见时的情景，他们的谈话范围涉及历史、当前问题、亚洲地区、文学和当代的一些人物。毛泽东很熟悉情况，知道西方世界正在发生的情况，乐意对一些人物和问题发表意见。①

毛泽东阅读《参考资料》像读书一样地圈点批画，读到重要之处，他总是习惯用红铅笔或黑铅笔在有关的文字旁画线或圈点；在有疑问处则打问号或写出质疑；发现有差错还认真地加以校正；对一些有重要参考价值的文章，他还作眉批旁注，并推荐给其他领导同志或身边工作人员阅读。如1958年9月24日下午版的《参考资料》，他

---

① 参见江东然编著：《博览群书的毛泽东》，吉林人民出版社1993年版，第308页。

就对其中 20 篇文章作了眉批旁注，在有关的报道中画了密密麻麻的圈圈点点和杠杠线线。毛泽东对一些有助于了解世界形势、认清对立面意图的参考报道，常常批示有关报刊转载，或者印发有关人员参阅。比如，1950 年 12 月 28 日，他批示"可将胡佛演说以资料名义刊于人民日报第四版及世界知识上"。1958 年 12 月，中共八届六中全会期间，毛泽东将《参考资料》上刊登的杜勒斯的两篇演说和美国"新教领袖们"通过的一个声明等三篇报道亲自重拟标题、重写提要，批示小平同志印发给与会中央委员阅读。

第二，毛泽东一直把《参考资料》作为他增加知识的重要"教材"和做重大决策的重要"依据"。

1959 年 9 月 15 日，毛泽东在民主党派负责人座谈会上的讲话中在谈到当时中央为解决台湾海峡关系问题所作出的重大决策时强调指出："每天全世界的一切舆论，一切消息，你都要看完，每天两大本（指新华社编的内部资料《参考资料》——笔者注），你才了解情况，才知道动向，不然怎么决策？"①1962 年 11 月 19 日下午，毛泽东从当天的《参考资料》（第 5406 期）上看到，印度总理和总统在 18 日的讲话中都说希望通过和平谈判解决中印边界冲突。他当即批示："突然大谈和平解决。送总理阅。请外交部研究一下，印度领导人过去几天，是否有过十八日这种论调。"他抓住这一契机，作出了一项没有先例的大胆决策：中国边防部队在自卫反击战取得胜利的情况下，主动实行全线停火，并主动后撤。② 这一重大决策，对当时中印边界局势的稳定起了重要的作用。

对太平洋彼岸的美国方面的新动向，毛泽东也早已注意。1968 年冬天，他饶有兴趣地读了有关美国总统竞选的材料，并对在中国的美籍专家柯弗兰写的文章（其中称共和党候选人理查德·尼克松将当

---

① 逄先知、金冲及主编：《毛泽东传》第四册，中央文献出版社 2011 年版，第 1843 页。

② 参见逄先知、金冲及主编：《毛泽东传》第五册，中央文献出版社 2011 年版，第 2229 页。

选本届美国总统）表示"欣赏"。他还仔细阅读了不久后当选第 37 届美国总统的尼克松所写的《六大危机》，认为该书"写得不错"。1969 年 1 月，根据毛泽东的意见，《人民日报》全文刊登了尼克松在 1 月 20 日发表的就职演说。

1971 年他到外地巡视途中对各地负责人谈话时说："我天天当学生，每天看两本《参考资料》，所以懂得点国际知识。"周恩来 1972 年 8 月 1 日在人民大会堂对各部门负责人讲话时说："毛主席天天看《参考资料》，忙时看《参考消息》。我们不看心里过不去。毛主席说，他要学点新知识，主要靠两本《参考资料》。"

毛泽东还特别关注《参考资料》编发的为中央提供的参考报道，他要求正面的反面的、好的坏的都要反映。他很重视"唱反调"的言论。比如，他看了 1957 年 6 月 24 日《参考资料》刊登的美国《新共和》杂志的一篇文章，在给陈云同志的批语中写道："17 页有一句话，值得研究一下。这一句话是唱反调的，但也应当促使我们注意。"

他要求编辑从选材到制作标题，都不要带主观成分，尽量客观。同《参考消息》一样，他对《参考资料》上的一些标题倾向性太大的问题，曾多次提出意见。1970 年 6 月，周恩来强调指出："毛主席交代过，《参考资料》不要自己标标题，原来怎么标就怎么标，让读者自己判断。"1971 年 10 月 28 日，周恩来在一次同外宾谈话中又说："《参考资料》编辑有时有些主观，标题作的不一定符合实际内容，其实可以不这样搞，按照毛主席的指示，用人家原来的标题。"

1969 年 5 月 17 日，毛泽东针对《参考资料》关于我党"九大"反映报道的标题批示说："外国人，外国党评论九大，编者不要随意加'妄评'字样，如实地向中央提供就可以了。"关于记者写内参，毛主席说："中央给记者的任务就是如实反映情况。记者反映情况就是执行自己的职责。中央怎样判断，这是中央的事。"对调查的态度，毛泽东指示："调查应本实事求是原则，有则有，无则无，多则多，少则少，力避主观夸大，但也不要故意缩小。"

　　毛泽东要求报道准确无误，发现译编差错便给予批评指正。1958年10月，《参考资料》关于台湾海峡地区局势的报道未抓住美台矛盾加剧的动向，不符合中央政策，他批评说："从最近《参考资料》上台湾海峡地区局势新闻的标题和编排可以看出，《参考资料》的编辑人员不了解中央在这方面的政策和方针。他们应该好好学习。"①

　　进入70年代，毛泽东的体质日渐下降，根据他的健康状况，医护人员要他每天作半个小时的"日光浴"。于是他就给工作人员规定：作"日光浴"时要给他拿来当天的《参考资料》、《参考消息》及其他的报刊，充分利用这半个小时时间了解国内国际发生的大事、重要新闻和信息等。工作人员都知道他平时休息时间很少，希望他能利用"日光浴"的机会静静地休息一下。因此，有几次就故意不给他拿《参考资料》和其他报刊。当他知道工作人员的好意时，就微笑着对工作人员说：我每天工作很忙，没有时间看书看报，利用这半小时的时间，看看资料、报纸，既可以增强体质，又可以了解新闻时事和国内外大事，这不是一举两得嘛！

　　第三，毛泽东把看《参考资料》称之为"换换脑筋"、"特殊的休息"、"积极的消遣"。

　　对于《参考资料》和其他各种书刊，一般情况下他都自己阅看。这种看累了，再看看那一种；《参考资料》看累了，再看看其他的报刊；报刊看累了，再看看书，或者再看看字帖、字画；中文的看累了，再翻翻英文版的，如英文版的《人民中国》、《北京周报》杂志，以及新华社的英文新闻稿和英文参考的新闻、通讯、时事评论和各种政论文章；看报刊、看书看累了，他还常常在深夜里练习书法。从60年代到70年代，他每天入睡前都要服一点安眠药，在服药后临睡前的时间里，他还经常挥毫书写。毛泽东把他的这种读书刊、读英文、练习书法的方法称之为"换换脑筋"、"特殊的休息"和"积极的消遣"，

---

① 以上内容转引自卫广益：《毛泽东与大小"参考"》，《党的文献》1994年第2期。

认为有"转移精力"、"养神健康"、"增进健康"的功效。对毛泽东来说，读书是一种休息，读《参考资料》等报刊是一种休息，练习书法也是一种休息，这就是毛泽东的一个独到之处。

第四，通过阅读《参考资料》等国际时事评论和各种新闻、信息报道，结合本国具体实际及时作出重大决策、应对措施和办法。

毛泽东除了自己每天都读《参考资料》之外，有时还让身边的工作人员每天也读，读了之后给他讲。对于这一点，护士长吴旭君在回忆文章中是这样写的：

我们看的《参考》分两种：一种是现在一般人都可以看到的小开张的我们叫一张纸《参考消息》；另外一种是《参考资料》，其内容比前者多是供首长们看的，有上午版、下午版各一本，还有一本是国际共产主义运动，每天定时送来新出版的当天资料，这三本加起来可能不止几十万字。从此，我便开始每天把《参考资料》当成教科书一样认真阅读，然后，每天找到适当的时间去向主席汇报，在交谈中，我发现他对国际上每个国家以及每个地区的问题了如指掌，非常熟悉，来龙去脉讲得头头是道，我问他："主席，外交方面的事已经分工有人管了，您还这么操心干吗？"

主席说："我一直没有放松对国际问题的关注，当个主席哪能只顾国内不顾国外，要兼顾。以后，我要多抓抓国际外交上的大事，否则，时间就来不及了。你以后在这些方面也要多看些东西和我多交谈，我们就有共同语言了。"……

1971年3月21日，由毛主席决定派出的我国乒乓球代表团抵达日本名古屋，准备参加于28号开始的第31届世界乒乓球锦标赛。

代表团一离开北京，主席就对我说：

"你每天要把各通讯社对于我们派出去的代表团的反映逐条

地对我讲。"

3月21号这一天，主席像着了魔似的躺在床上三四个小时睡不着。平时起床总有一套事要做，比如穿衣服、擦脸、漱口、吸烟、喝茶等等。这些天他觉得做这些事是多余的浪费时间，马马虎虎地做完就看文件。这天，他因为几个小时睡不着，决心不睡了。我来到他的卧室，刚打开台灯，他就说话了，只一个字"讲"。

"讲"是"开讲"的简单说法。所谓"开讲"就是让我向他报告《参考资料》中一些国际上的大事。我把我看过的参考的内容一一说给他听。他认真地听着，两眼看着我。我坐在他床旁对面的椅子上。我讲的这些只是前一天下午版的情况，当天的参考还没送来。因为当时还是早晨六点钟，人们还没上班呢。听完我的汇报，他不耐烦地说：

"告诉徐秘书，催催新华社的参考清样一出来立即就送来，我等着看。"这时，他才心事重重地起床，穿上睡袍，擦脸，漱口。

……

我禁不住好奇地问：

"主席，您怎么这么关心乒乓球代表团的反映？"

主席说："这件事事关重大，非同一般呀！这是在火力侦察，以后我要争取主动，选择有利时机。让人们看看中国人不是铁板一块。"

这次派出的球队是六年来第一次在世界上露面。

果然，中国队重返世界乒坛，立即引起了世界舆论的关注。

……

世乒赛期间，主席说了，要我认真看参考，把全部情况及时向他汇报。那阵子我每天跟他谈参考和有关的情况反映材料，直谈得口干舌燥，嗓子疼。

有一次参考里有这么一段，我觉得挺有意思，就跟主席说了。这条消息的大意是说4月4号，美国队3号选手格伦·科恩去场馆练球，出来之后找不到车，结果上了中国队的汽车。科恩吃惊地看着一车中国人有些尴尬地说："我知道我的帽子、头发、衣服让人看了好笑。"科恩是个嬉皮士，留着长发。当时中国的乒乓球队队员庄则栋站起来说："我们中国人民和美国人民一直是友好的，今天你来我们车上，我们大家都很高兴。我代表同行的中国运动员欢迎你。为表达感情，我送给你一件礼物。"于是庄则栋把一尺多长的杭州织锦送给了科恩。科恩也非常高兴，想回赠什么，可发现什么也没带。

那时候中美关系十分僵，双方都处于敌对状态，庄则栋的举动可以说是相当勇敢的。

就这么一条花絮，主席听后眼睛一亮，立刻让我原原本本地把这条消息念了两遍。听完了，他脸上带着满意的笑容说："这个庄则栋不但球打得好，还会办外交。此人有点政治头脑。"

听了主席的话，我心里也挺高兴，心想，这条消息我算选对了。国际上的事很微妙，但这件事看来办到了主席的心坎上。①

就在第31届世界乒乓球锦标赛将要结束的时候，毛泽东又下决心邀请美国乒乓球队访华。邀请美国乒乓球队的消息一传到名古屋，立刻在全世界引起轰动。日本各大报纸都在头版显要位置登出有关报道，并大加评论。这件事产生的影响，在当时超过了第31届世界乒乓球锦标赛的消息。消息很快传到美国白宫。美国总统尼克松后来回忆道：

---

① 吴旭君：《毛主席的心事》，载《缅怀毛泽东》（下），中央文献出版社1993年版，第633—640页。

　　这个消息使我又惊又喜。我从未料到对华的主动行动会以乒乓球队访问的形式得到实现。我们立即批准接受了邀请。中方作出的响应是发给几名西方记者签证以采访球队。

　　4月14日，我宣布结束已存在20年的对我们两国间贸易的禁令。我还下令采取一系列新的步骤，放宽对中华人民共和国的货币和航运管制。同一天在北京，周恩来亲自欢迎了我们的乒乓球运动员。①

　　"乒乓外交"获得了"小球转动大球"的戏剧性效果。正如周恩来接见美国乒乓球队时所说：它打开了中美两国人民友好往来的大门。毛泽东的上述重大决策，与他每天阅读《参考资料》，翔实、准确把握国际形势和美国动态等是分不开的。

　　说到毛泽东通过阅读《参考资料》等国际时事评论和各种新闻、通讯报道，及时作出重大决策的事，还有一件事不能不提。

　　中国是联合国的创始会员国，也是安全理事会五个常任理事国之一。1949年10月1日新中国成立当天，毛泽东就向全世界郑重宣告：中华人民共和国中央人民政府是代表全中国人民的唯一合法政府。然而，在以美国为首的西方势力的操纵下，中国在联合国的合法席位却一直被台湾当局窃据。新中国成立二十多年来，中国政府始终不渝地坚持一个中国的原则，坚决反对"两个中国"、"一中一台"的论调。毛泽东曾在许多场合表示，台湾当局的"代表"继续留在安理会完全是非法的，应将它驱逐出联合国，同时恢复中华人民共和国在联合国的合法席位。他还曾在1965年预计：大多数国家可能会不顾美国的反对而赞成恢复中国在联合国的合法席位；如果联合国有2/3的国家邀请我们参加，我们不会不接受。

　　对恢复中国在联合国合法席位这件事，毛泽东一直看得很重，

---

① 《尼克松回忆录》（中册），裴克安等译，商务印书馆1979年版，第237页。

一直放在心上。他曾对身边工作人员多次说过:"联合国,我们总有一天可以进去。""世界不能始终让美、苏两国霸占下去,中国人在世界上说话也得算数。"林彪叛逃事件发生后,毛泽东认为在这方面已经没有多少问题需要他思考了,而把大部分时间用到研究国际形势和外交工作上。他广泛收集国际上对恢复中国在联合国合法席位的反映,认真阅读新华通讯社所编的每天两本的《参考资料》,或者要工作人员把有关消息读给他听,还要看大量文件、电报。那时,局势仍不明朗,不少人对联合国这次能否通过这项决议抱着怀疑的态度。毛泽东说:"看问题不要只看表面现象,要看实质。"接近联大投票时,他说:"我们就算有十亿人口,在联合国也只是一张票,一个小国也是一张票,我奉劝你不要看不起小国。"当得知联合国大会通过恢复中国在联合国合法席位的决议时,毛泽东很高兴,说:主要是第三世界兄弟把我们抬进去的。①

在联合国大会通过恢复中华人民共和国合法席位的当天下午,毛泽东召集周恩来及外交部有关人员开会,决定立即组团出席联大。以乔冠华为团长、黄华为副团长的中国代表团很快组成。代表团离京前的11月8日晚,毛泽东接见代表团的成员。当周恩来带领大家来到中南海时,毛泽东站在书房门口同大家一一握手。谈话当中,毛泽东兴致很高,从世界大势一直谈到国内问题。他说:你们这次去联合国可以放心了,我的那个"亲密战友"不在了。我国今年有两大胜利,一个是林彪倒台,一个就是恢复联合国合法席位。②第二天,代表团启程。按照毛泽东提出的送行规格"宜高一点"的意见,周恩来、叶剑英等前往机场送行。

几天后,中华人民共和国代表团首次出现在联合国裁军问题的大会上。会上,各国代表不顾原定议题,纷纷登台发表一篇篇热情洋

① 以上内容参见逄先知、金冲及主编:《毛泽东传》第六册,中央文献出版社2011年版,第2602—2603页。
② 参见《新中国外交风云》第三辑,世界知识出版社1994年版,第99页。

溢的贺词,欢迎中国代表团的到来。每天阅读外电报道的毛泽东指示有关部门:要将联大会议上各国代表的发言全文刊登在国内报纸上,不要只登摘要。

据我们所知,当时,毛泽东每天读《参考资料》所刊载的国际问题的多种材料的时间,远远早于读国内公开出版的各种报刊的时间。《参考资料》每天必看,每期必看,对刊载的国际上发生的重大事件、重要新闻、西方各国政要的言论及传记、对重大事件的评论,等等,毛泽东都看得很细,许多地方都用粗红色、黑色铅笔点画,还有的写了批注。

20 问

为什么在生命垂危最后的日子里要读《容斋随笔》?

毛泽东到了晚年，病魔缠身、视力减退、身体日渐衰老，每天仍以惊人的毅力坚持看书。平装小字本的看不见了，就看新印的大字线装本的。他要看什么书，除身边有的他自己信手拈来就看之外，其余的书都由我们负责提供和查找。当时我们的工作制度规定：毛泽东要看的书，是什么时候要的，从什么地方找出来的，是新购买的还是从外单位借来的，以及书名、作者、译者、出版单位、出版时间、开本、册数、退回时间、阅读批注、批画情况等都要一一登记清楚。根据我们当时的记载，毛泽东生前要看的最后一部书是《容斋随笔》。时间是 1976 年 8 月 26 日。

这一次的登记，是在一组（为了保密的关系，

毛泽东读过的《容斋随笔》

当时几位中央主要领导同志处按顺序分别称为组，毛泽东处称为一组，有时也叫一办）"1976年毛泽东用书登记本"（每本 100 页）第 56 页的中间，当时的记录文字是这样的：

> 8 月 26 日晚 9 时 45 分　《容斋随笔》（宋）洪迈撰　明刻本两函 14 册　借北京图书馆。

这条登记信息是很平常的，因为以前一直都是这样做的。这样的登记本已记满了一本又一本。然而这一次的登记又不同于往常，往常的登记后面还有一行又一行、一页又一页、一本又一本的延续。后面的一行延续了前一行，后面的一页延续了前一页，后面的一本延续了前一本。然而这一次的登记却是毛泽东用书的最后一次登记，后面永远不会再有延续的了，空格子永远是空格子、空页永远是空页、空本永远是空本了。它是毛泽东读书生涯结束的显著历史佐证，而我们为他老人家提供和查找借阅购买图书的服务工作也就戛然而止了……后来每当我们看到这一本本、这一页页毛泽东读书登记记录的时候，总是激起我们对他老人家深切的怀念，激起我们对他老人家晚年读书生活的不灭的回忆。

1976 年 8 月 26 日，距离 9 月 9 日老人家闭上眼睛，永远离开

我们仅仅有 14 天。几乎是在生命的最后时刻，毛泽东为什么还要读
《容斋随笔》呢? 笔者的理解，主要原因有以下几点:

第一，"活到老，学到老"，"生命不息，读书不止"，"决心学习，
至死方休"。

毛泽东从青少年时代就酷爱读书。他的一生就是读书的一生。
1939 年，他 46 岁的时候曾说过:"年老的也要学，我如果再过十年
死了，那末就要学九年零三百五十九日。"①毛泽东是这样说的，行动
上也是这样做的。直到 1976 年病危的日子里，他也在坚持读书。

1974 年 8 月，毛泽东被确诊为"老年性白内障"，两眼渐渐地都
看不清东西了。1975 年 8 月中旬，北京广安门医院的唐由之大夫主
刀，成功地为毛泽东做了白内障摘除手术。术后第二天，终于有一只
眼睛能看东西了。尽管还只有这一只眼睛，毛泽东仍然坚持夜以继日
地看书。病重、病危期间，日不进食，体弱无力，老人家的手已无力
举书，就让工作人员给他拿书;自己不能看书时，还让身边的同志给
他读书。1976 年 8 月 26 日，毛泽东已经是重病卧床，每天 24 小时
几乎都是躺在床上（此时他已经不能下床行走了），吃饭也都是靠别
人一勺一勺地喂。这时候，身边的工作人员都为他的病情焦虑，大家
此时想得更多的还是他老人家的健康，祈盼他的身体能康复、转好。
可是他自己呢，明知马克思已经向他发出了邀请，可还是废寝忘食
不分昼夜地看书。这天晚上 9 时 45 分，秘书张玉凤告诉我，说主席
要看《容斋随笔》，你赶快找一部大字的送过来。我急忙跑到"毛主
席书库"（即中南海增福堂，因毛泽东个人藏书比较多，为便于保管
和使用，经当时的中央有关领导同志批准，特将增福堂命名为"毛主
席书库"，毛泽东个人的大部分图书包括报纸杂志等都集中存放在这
里）查找，但由于书库里的全部图书、报纸和杂志，都是刚刚从别的

---

① 逄先知、金冲及主编:《毛泽东传》第五册，中央文献出版社 2011 年版，第 2000 页。
出自毛泽东 1939 年 1 月 28 日在十八集团军延安总兵站检查工作会议总结时的演讲，
引文中的"三百五十九日"，是按中国农历算的。

地方搬过来的，还没有来得及整理和编排好顺序，所以他以前看过多次的那部大字线装本《容斋随笔》一时找不出来。为了不耽误主席看书，我立即与北京图书馆联系，请他们帮助速找一部大字线装本《容斋随笔》。

毛泽东有夜晚看书的习惯，特别是从 20 世纪 60 年代中期开始，经常深夜里要书。为了保证和及时满足毛泽东、周恩来等中央领导同志夜晚看书的需求，北京图书馆的领导经过研究，专门成立了一个办事小组。这个办事小组，白天、晚上、节日、假日，都有人轮流值班，晚上、假日里，馆里领导都有一人在馆，还有其他各方面的工作人员。有了这个办事小组，我们可就方便多了，凡是毛泽东要书，他的书库没有或一时找不到（因藏书较多，分类不准确），我们就可以与这个办事小组联系。再难找的书，再难查的话和诗句，有北京图书馆同志的支持，一般都很快地就能解决。在没设这个办事小组之前，也就是在我们刚开始给毛泽东管理图书的时候，一是对毛泽东藏书情况不熟悉；二是个人缺少这方面的知识，所以，起初毛泽东要书时，我们的心情是很紧张的。那时，毛泽东要看书，我们主观上都想立刻找出来送去，如果时间长找不出来，就会影响毛泽东看书；不能及时满足毛泽东的需求，为毛泽东服务的工作就没有做好，我们心里就感到不安。随着时间的推移，尽管自己也下了很多功夫，作了很大的努力，但知识的海洋是浩瀚无垠的，学问是没有穷尽的，我们也是不可能在短时间内就能达到学海的彼岸的。因此还是会出现有的书特别是古籍线装书不能马上查找出来，有的典故、名人诗句、警语、箴言等不能很快地查找出来的状况。自从有了这个办事小组，毛泽东再要书，再查什么诗句、典故等，我们心里就踏实多了。这个办事小组的同志，当时和我们的心情是一样的，在那"三忠于四无限"的年代里，尽管有时找一本书、查找一句话、一个典故，要在深夜里惊动许多人，如值班馆长、目录室人员、参考部人员、库房管理人员、出借组人员，还有门卫，等等，但大家都怀有共同的心情，那就是"为毛主席服务是最大的光荣,最大的幸福"。所以,不论深夜里也好,还是节日、假日里也罢,凡是毛泽东要书,他们都是以最快的速度,把最好的版本查找出来送给毛泽东。如果说我们为毛泽东晚年的读书生活做了点什么工作的话,那么,这些工作中也凝结着北京图书馆领导和各方面同志的辛苦和付出。

在与北京图书馆办事小组取得联系大约 35 分钟之后,办事小组的同志告诉我,书已从柏林寺书库找到了。柏林寺书库位于北京市东城区北新桥附近孔庙的东侧,距中南海大约 8 公里。从柏林寺书库取回《容斋随笔》后,我按照惯例,迅速地翻检了一遍,这是我们当时的工作制度,凡是从外单位借来的图书,送给毛泽东之前都要认真仔细地检查一遍,主要是看看里面有没有夹带什么危险品、易燃易爆品及信件、字条等。一是为了保证毛泽东的安全;二是为了防止将不该送的信件、字条及其他东西夹带送给毛泽东,给他老人家带来不必要的干扰,分散他老人家的精力和时间。检查完毕后,我急忙将该书送到毛泽东住地。当时的时间是 10 时 50 分。送完书在回我自己办公室的路上,没有了以往完成任务后的轻松心情,这一次怎么也轻松不起来,只觉得夜一下子变得那样的寂静,马路两旁的棵棵青松似乎也都失去了神采,显得焦虑和不安,路灯好像也霎时变得黯淡起来,连宝光门的哨兵脸上也失去了笑容。大家都为毛主席的健康担忧啊!

在最后的日子里,毛泽东要读《容斋随笔》,根据笔者理解,这也许并没有什么特殊的背景或者是特殊的缘由,只是他老人家终身酷爱读书的习惯使然,是一种自然而然的驱动。那一刻,不知是什么元素在他的大脑里发生了作用,促使他要读《容斋随笔》而不是其他什么书,具体原因就只有他本人知道了。

第二,为了摆脱内心的不安、忧虑、忧伤,在最后岁月里,毛泽东选择要读《容斋随笔》。

笔者认为,毛泽东晚年内心深处最大的忧虑和不安是关于"文化大革命"。他内心很清楚，对于这件事，"拥护的人不多，反对的人不少"。1976年，在与华国锋等的谈话中，说到发动"文化大革命"时，毛泽东说过："这笔'遗产'得交给下一代。怎么交？和平交不成就动荡中交，搞不好就得'血雨腥风'了。"①"文化大革命"是他亲自发动、亲自领导的，是他认为一生当中做的"两件大事"之一。1975年11月2日，他对毛远新也说过："有两种态度，一是对文化大革命不满意，二是要算账，算文化大革命的账。"②邓小平是对"文化大革命"不满意、有看法的人之一。毛泽东也是知道的。就是在这种情况下，毛泽东还是提议由邓小平主持起草个关于"文化大革命"的决议。"对文化大革命，总的看法：基本正确，有所不足。现在要研究的是在有所不足方面。三七开，七分成绩，三分错误。"③但是，毛泽东没有想到，邓小平没有接受，委婉地拒绝了。邓小平说，由我主持写这个决议不适宜，我是桃花源中人，"不知有汉，何论魏晋"。这使毛泽东感到十分失望。毛泽东认为，这件事不只是邓小平一个人的想法和看法，而是涉及相当多的老干部对"文化大革命"的想法和看法。在毛泽东政治生命的紧要关头，肯定、捍卫"文化大革命"，还是否定、推翻"文化大革命"，对这非常重要的重大原则问题，留给毛泽东自己的日子已经不多了，怎样才能捍卫这笔"遗产"，怎样才能把这份"遗产"顺利地移交给下一代？是在"和平"中交，还是在"动荡"、"血雨腥风"中交？这就是毛泽东晚年内心深处最大的忧虑和不安。

除了有许多的忧虑和不安，毛泽东晚年内心中还有很多的悲伤和痛楚。我们知道，毛泽东在生命最后半年多的日子里，先后失去了周恩来、朱德两位患难与共的老战友，为此老人家曾多次痛哭流泪。战争年代，长征路上，牺牲了很多的战友和同志，毛泽东都是把悲痛

① 逄先知、金冲及主编：《毛泽东传》第六册，中央文献出版社2011年版，第2750页。
② 逄先知、金冲及主编：《毛泽东传》第六册，中央文献出版社2011年版，第2723页。
③ 逄先知、金冲及主编：《毛泽东传》第六册，中央文献出版社2011年版，第2724页。

深埋在自己心里，带领部队继续前行。可进入 1976 年，毛泽东的健康状况迅速恶化，吃药吃饭都需要靠人喂，每天吃的也很少，行走更是困难。而这种状况，除了当时他身边的工作服务人员知道外，外界一般都是不知道的。人们无限敬爱的周恩来总理于 1 月 8 日在北京 305 医院病逝，毛泽东得到噩耗后，沉默很久。在听工作人员为他读中央政治局报送的《讣告》时，他不禁老泪纵横。14 日下午，当痛苦万状的毛泽东听到邓小平代表中共中央宣读悼词时，他再也不能控制自己，失声痛哭起来，这在他波澜壮阔的一生中是极少见的。7 月 6 日，又一位与他并肩作战的亲密战友朱德委员长突然逝世。短短不到半年的时间里，两位与自己患难与共、风雨同舟几十年的老战友都走了，毛泽东此时内心的痛楚和悲伤是可想而知的。就在朱德逝世后的 22 天，7 月 28 日，河北唐山、丰南一带又发生了 7.8 级大地震，得知地震造成极其惨重的人员伤亡和财产损失后，原本就很痛楚、悲伤的毛泽东情难自禁，再一次放声大哭起来。

那些日子，病情危重的毛泽东饱受内心忧虑、不安、痛楚、悲凉等的情感与情绪的折磨，一天中也说不了几句话。他老人家只能用"读书"这个办法来转移和摆脱内心深处的痛苦。

第三，寂寞的晚年与书为伴。

毛泽东晚年的生活，特别是宁静的夜晚，或是逢年过节的时候，他老人家是很寂寞和孤独的。再加上江青当时不断地在政治上、工作上、生活上制造事端，干扰主席，为此毛泽东很生气。应当说在最后几年的岁月里，毛泽东内心里也有痛楚、也有难言之苦。苦闷、孤独、痛楚的心情，国事、后事、家事，一件件都不尽如人意，涌扰在心头。

对于此时的毛泽东来说，读《容斋随笔》也许是一种放松。《容斋随笔》是南宋洪迈撰写的关于经史百家、文学艺术以及宋代掌故、人物评价等方面内容的笔记，分《随笔》、《续笔》、《三笔》、《四笔》、《五笔》五集。实际上就是一部读书"随笔"的汇集。作者把

当年自己所见所闻、道听途说中有价值的掌故、轶事及他读书时所受到的启发、产生的灵感等随手记下，有时还加点个人的评论、想象和发挥，既有知识性、趣味性，也有一定的思想性。篇幅都不长，好读好记、开卷受益。它是毛泽东一生中比较喜欢读的笔记体书籍之一。

《容斋随笔》这部书，毛泽东生前读过多次。在延安时期，毛泽东读过的《容斋随笔》是扫叶山房藏版、乾隆甲寅重刊的线装本，分上、下两函，共十四册。当时，延安的读书条件，同大革命时期、长征途中相比虽然好了一些，但所能得到的书籍还是为数很少的，远远不能满足毛泽东的需求。那时候，毛泽东多次托人从解放区、从上海等地替他买书，也常到当地的图书室（馆）去借书。他读过的这部《容斋随笔》就是从当时的"马克思列宁研究院图书室"借来的。这部《容斋随笔》他读过之后还曾转借给其他同志读过。毛泽东 1944 年 7 月 28 日给谢觉哉写过一封信，信中提到《容斋随笔》的事。这封信的全文如下：

　　觉哉同志：
　　　　《明季南北略》及其他明代杂史我处均无，范文澜同志处或可找得，你可去问讯看。《容斋随笔》换一函送上。其他笔记性小说我处还有，如需要，可寄送。
　　　　敬礼！

毛泽东
七月二十八日①

《容斋随笔》这部书，毛泽东很为珍爱。在那戎马倥偬的战争年代，不少的用品和书籍都遗弃或丢失了，可是这部书连同他读过的马

---

① 《毛泽东书信选集》，中央文献出版社 2003 年版，第 213 页。

列著作、哲学书籍、鲁迅著作等书刊，一直带在身边，转移、行军到哪里，他就把书带到哪里。从延安东渡黄河带到河北省平山县西柏坡，又从西柏坡带到北京城，带进中南海。1949年6月到中南海丰泽园的菊香书屋居住之后，两函《容斋随笔》连同其他有关书籍一起就放在他卧室里的书柜上。现在，这部书还珍藏在中南海毛主席故居里。书中不少地方，如《随笔》卷七"羌庆同音"、"佐命元臣"、"名世英宰"及卷十、卷十三等许多则，《续笔》卷十一"古錞于"、"孙玉汝"、"唐人避讳"、"名将晚谬"及卷十二、卷十六等许多则，毛泽东都用黑铅笔圈、点过或者画上了杠杠。

新中国成立以后，毛泽东到外地开会或视察工作，还常在工作间隙读《容斋随笔》。1959年10月23日外出视察之前，除了他亲自点名要带上马列著作、哲学、政治、经济、历史、文学等多种有关书籍外，还特别嘱咐要带上《容斋随笔》、《梦溪笔谈》等自宋以来的多种笔记体小说。20世纪60年代，毛泽东先后两次要过《容斋随笔》。一次是1966年11月，他让把他以前看过的那部《容斋随笔》两函十四册全送上。一次是1967年9月23日，这一次要的不是全书，只要《五笔》两册。到了70年代，毛泽东还几次读过《容斋随笔》。笔者记得《容斋随笔》卷五中有一篇随笔，题目叫《盗贼怨官吏》。这篇随笔中写道：

陈胜初起兵，诸郡县苦秦吏暴，争杀其长吏以应胜。晋安帝时，孙恩乱东土，所至醢诸县令以食其妻子，不肯食者辄支解之。隋大业末，群盗蜂起，得隋官及士族子弟皆杀之。黄巢陷京师，其徒各处大掠，杀人满街，巢不能禁，尤憎官吏，得者皆杀之。宣和中，方腊为乱，陷数州，凡得官吏，必断脔支体，探其肺肠，或熬以膏油，丛镝乱射，备尽楚毒，以偿怨心。杭卒陈通为逆，每获一命官，亦即枭斩。岂非贪残者为吏，倚势虐民，比屋抱恨，思一有所出久矣，故乘时肆志，人自为怒乎？

洪迈在这一篇随笔中列举的案例有一个共同点，都有官府贪财虐民的行为。陈胜起兵是因为秦二世大规模发动民众徭役，因大雨误了时间，据法当斩，所以才揭竿而起。各郡县苦秦吏者，也群起而杀其长吏。官逼民反，"比屋抱恨"，这是很自然的。毛泽东青少年时代就有强烈的反抗精神。年老了，对"倚势虐民"的恶劣行为仍然深为憎恨，对苦难的劳动人民深表同情。这也是很自然的。

　　读《容斋随笔》等这类闲书就如同读故事、读轶闻和趣事，读起来随意，理解起来容易。想读就读，不想读就放下。这类书篇幅一般都不长，一则一则故事几十字到几百个字。读这样的书主要是在于休息，在于调节大脑，在于缓解自己的寂寞、苦闷、痛楚的心情，让自己头脑里增加一些轻松快乐的元素，从而带来精神上、身体上的放松。这也是毛泽东生命最后日子要读《容斋随笔》的一个深层的原因。

后　记

　　这本《毛泽东晚年读书生活20问》，是笔者研究毛泽东晚年读书生活的一本新著，也是笔者研究毛泽东晚年读书生活的继续与深入。研究毛泽东，学习毛泽东，宣传毛泽东，继承毛泽东，弘扬毛泽东，这是笔者退休之后唯一的选择与追求。毛泽东一生的实践是艰难曲折和波澜壮阔的，毛泽东一生的阅读也是浩如瀚海、垂老不倦的。毋庸置疑，毛泽东的思想和实践与他一生的读书活动都是密切相连的。读书充实了毛泽东的生活，丰富了毛泽东的头脑，增加了毛泽东的智慧。读书使毛泽东解除了疲劳、休整了身体。读书也为毛泽东消除了寂寞与孤独，缓解了内心的不安、忧虑、忧伤和痛楚，给他晚年的生活带来了些许乐趣，以及精神上的愉悦。《毛泽东晚年读书生活20问》一书的出版，对广大读者全面深入地认识和了解毛泽东晚年的读书生活，研究晚年毛泽东都是有益的。

　　据笔者所知，毛泽东晚年的岁月，特别是在他老人家生命的最后几年，每天除了开会、会见外宾、找人谈话等重大事务外，其余的时间和精力几乎都用来读书。白天读，夜晚读，在中南海游泳池住地读，在外出的火车上读，走到哪里把书带到哪里，有时间就读书。读书、谈书、评书是毛泽东晚年生活中的一件重要事项。毛泽东读书数万册，批注数千条，圈画数万处。其读书过程中的所作批注、圈画，是研究毛泽东晚年思想、实践的重要参考资料。本书是笔者研究毛泽

东晚年读书生活的新的尝试，也可看作是抛砖引玉。

随着时间的推移，关于毛泽东晚年读书生活的新的历史资料被不断公开与发布，这必将引领对毛泽东晚年读书及思想的研究越来越深入，越来越多姿多彩，越来越贴近实际。毛泽东晚年很爱读史籍，毛泽东晚年读史本身也可看成是一种历史。把毛泽东晚年读史研究与毛泽东晚年思想、实践的研究紧密联系起来，定会开创毛泽东晚年研究的新局面。因为笔者是为毛泽东晚年做图书服务管理工作的，所以，总想把自己在实际服务工作中的所见所闻、所思所想、所记所录，原原本本、原汁原味、毫无保留地介绍给读者，以此助力、推动毛泽东晚年读书生活研究、实践思想研究的蓬勃开展。但由于本人的水平、能力、才智有限，想做的很多而做到的又不多，想做得很好而做得又不很好。这是盼请广大读者能予谅解的。

有待研究的内容还很多，例如毛泽东晚年读书生活中的具体的读书批注、读书圈画、书籍的评论、书中人物评论、历史事件的评论、战争评论和议论，等等，这些都是需要研究的问题，随着时间的推移和研究工作的深入，必将有更多更好的成果逐步呈现给广大读者。本书只是结合毛泽东晚年的读书生活实际提出了 20 个有关的问题，笔者通过亲身工作的实践，对这"20问"作出了回答，希望能够带着读者去理解、认识和体会伟人毛泽东的思想、内心以及意志品格。书中若有不妥不当之处，恳请读者批评指正。

本书的撰写，是我的助理徐建波和团队几位工作人员共同努力完成的。江苏中远助学帮老基金会办公室的同志帮我做了全部文秘工作。

本书的出版得到了人民出版社的大力支持，在本书撰写过程中，引用了曾在毛泽东身边工作过的同志写的回忆文章和一些研究毛泽东的专家、学者的研究成果，在此一并表示感谢！

徐中远

2018 年 12 月 26 日

责任编辑：李之美

图书在版编目（CIP）数据

毛泽东晚年读书生活 20 问/徐中远 著. —北京：人民出版社，
　　2020.9
ISBN 978－7－01－022405－3

Ⅰ.①毛…　Ⅱ.①徐…　Ⅲ.①毛泽东（1893-1976)-生平事迹
　　②毛泽东（1893-1976)-读书方法　Ⅳ.①A75

中国版本图书馆 CIP 数据核字（2020）第 168902 号

毛泽东晚年读书生活 20 问

MAO ZEDONG WANNIAN DUSHU SHENGHUO 20 WEN

徐中远　著

人民出版社 出版发行
（100706　北京市东城区隆福寺街 99 号）

中煤（北京）印务有限公司印刷　新华书店经销

2020 年 9 月第 1 版　2020 年 9 月北京第 1 次印刷
开本：710 毫米×1000 毫米 1/16　印张：19
字数：250 千字

ISBN 978－7－01－022405－3　定价：56.00 元

邮购地址 100706　北京市东城区隆福寺街 99 号
人民东方图书销售中心　电话（010)65250042　65289539